XINFAZHAN LINIAN XIA DE
MINSHENG YU SHEHUI

新发展理念下的
民生与社会

丁元竹　著

人民出版社

前　言

今年是中国共产党成立一百周年。一个世纪以来，中国共产党人把马克思主义的基本原理与中国社会主义革命和建设的具体实践相结合，探索增进民生福祉，建设中国人民自古以来梦寐以求的美好社会。当前我国进入新发展阶段，我国新发展阶段的社会主要矛盾是人民日益增长的美好生活需要和不平衡不充分的发展之间的矛盾，必须坚持以人民为中心的发展思想，不断促进人的全面发展、全体人民共同富裕。

2021年两会期间，习近平总书记要求，新发展理念是一个整体，必须完整、准确、全面理解和贯彻，着力服务和融入新发展格局。把高质量发展与满足人民美好生活需要紧密结合起来，推动坚持生态优先、推动高质量发展、创造高品质生活有机结合、相得益彰。破解民生难题，兜牢民生底线，办好就业、教育、社保、医疗、养老、托幼、住房等民生实事，提高公共服务可及性和均等化水平。

2021年是我国"十四五"规划和社会主义现代化国家建设新征程开局之年。《中华人民共和国国民经济和社会发展第十四个五年规划和2035年远景目标纲要》（以下简称《规划纲要》）在谋篇布局中把民生福祉放在更加突出的位置，在第十三篇中突出"提升国民素质，促进人的全面发展"，第十四篇中"增进民生福祉。提升共建共治共享水平"，寓意深刻。

2021 年 3 月 5 日，李克强总理在政府工作报告中强调，2021 年要"切实增进民生福祉，不断提高社会建设水平"。

基于以上认识，我在本书的第一部分导言中梳理出了这样一个主线：一个世纪来，中国共产党把马克思主义的基本理论与中国社会主义革命和建设的具体实践相结合，探索增进人民的民生福祉。建设中国人民自古以来梦寐以求的美好社会。"中国共产党一经成立，就把实现共产主义作为党的最高理想和最终目标，义无反顾肩负起实现中华民族伟大复兴的历史使命，团结带领人民进行了艰苦卓绝的斗争，谱写了气吞山河的壮丽史诗。"[①] 第二部分突出了中国共产党与时俱进，让人民享有更美好、高质量的生活。高质量发展不只是一个经济要求，而是对经济社会发展方方面面的总要求；不是只对经济发达地区的要求，而是所有地区发展都必须贯彻的要求；不是一时一事的要求，而是必须长期坚持的要求。第三部分阐述党的十九届五中全会提出改善人民生活品质，提高社会建设水平的重要思想。2021 年全国两会通过的《规划纲要》进一步提出增进民生福祉，提升共建共治共享水平。在新发展理念指导下改善人民生活福祉，提高社会建设水平，要回答一系列的问题，比如如何提高社会建设水平？如何让人民群众享有更美好的生活？等等。中国共产党坚持立党为公、执政为民的本质要求就是增进民生福祉。民生就是人民生活。保障和改善民生就是动员全体人民为自己的生活奋斗，鼓励和帮助人民实现美好生活的愿望，不断提升人民的获得感、幸福感和安全感。时代在发展，社会发展的方式要不断创新。创新社会建设方式是提高社会发展水平的基本内容。新时期科学技术发展对社会发展提出了新要求，互联网、各种平台的广泛应用改变了人们的生活方式，改变了社会治理、民生保障的技术环境，为社会建设

---

① 《习近平谈治国理政》第三卷，外文出版社 2020 年版，第 11 页。

在新时期的创新提供了技术支撑。第四部分论述了让人民群众的生活福祉得到不断改善，必须构建社会治理新格局，使社会发展更有秩序、更加稳定，为人民群众创造一个和谐、温馨、舒适的社会环境，这是社会治理的基本要求。第五部分分析了要实现社会建设水平提高这一目标，必须有坚强的制度保障。中国特色社会主义制度是实现改善人民生活品质，构建共建共治共享的社会治理格局，创新社会建设方式的制度保障。必须不断发展和完善社会主义制度，把中国特色社会主义制度优势转化为改善人民生活品质，增强社会发展水平的强大动力。

目录

导　论：
中国共产党领导增进民生福祉思想的发展

　　中国共产党坚持立党为公、执政为民的本质要求就是增进民生福祉。民生就是人民生活。保障和改善民生就是动员全体人民为自己的生活奋斗，鼓励和帮助人民实现美好生活的愿望，不断提升人民的获得感、幸福感和安全感。2021 年是中国共产党成立一百周年。一个世纪以来，中国共产党把马克思主义的基本原理与中国社会主义革命和建设的具体实践相结合，探索增进民生福祉，建设中国人民自古以来梦寐以求的美好社会。迈入新发展阶段，实现全体人民的共同富裕是中国共产党民生福祉思想的新发展，将成为中国特色、中国风格、中国气派社会政策的出发点和落脚点。

一、背负中国人民追求美好生活、建设美好社会的理想

（一）增进民生福祉是永恒的话题

　　追求美好生活、建设美好社会是人类孜孜以求的理想。处理好生产

和生活的关系是一个古老的话题。"民生在勤，勤则不匮。"① 这是"民生"概念在中国历史上的最早表述，后来民生这一概念为不同时代的人们所用，赋予了其时代内涵。孟子在回答梁惠王提问时说，"七十者衣帛食肉。黎民不饥不寒。然而不王者，未之有也"②，在此表达了治理国家者必须把百姓生活摆在重要位置，使其衣食无忧的愿望。中国传统文化不仅关注民生，也充满对未来社会的向往，各种文学作品、绘画、雕塑等艺术作品中对未来社会进行了描述。孔子在其《论语·子路》篇中讲道："子适卫，冉有仆。子曰：'庶矣哉！'冉有曰：'既庶矣，又何加焉？'曰：'富之。'曰：'既富矣，又何加焉？'曰：'教之。'"③ 在这里，孔子把自己的社会理想分为：庶、富、教。庶，要有一定人口规模方能形成发展规模，尤其在传统的农业社会，大量耕地开垦必须有足够的人力，发展要解决人们的生计问题；富，要使人民逐步富裕起来，富民是治国之要；教，教育是人力资本价值提升的基础，既是重要的民生问题，也是重要的发展问题，所以孔子主张"有教无类"④。《诗经·大雅·民劳》有"民亦劳止，汔可小康"⑤ 之说，这是中国文化中首次提出"小康"这一说法，尽管"小康"在各个历史时期承载的内容不一样，但是它是中国文化中表达民生和美好社会的重要词语。近代革命先驱孙中山说："民生就是人民的生活——社会的生存，国民的生计，群众的生命。"⑥ 孙中山把民主、民生、民权作为其三民主义的基本内容。

改革开放后，人们常说"劳动致富"就是对先人智慧的现实表述。1979 年邓小平在会见日本首相大平正芳时首次用它来表达了中国人民对

---

① 《四书五经》第四卷，《宣公十二年》，燕山出版社 2007 年版，第 1616 页。

② 《四书五经》第一卷，《孟子》，燕山出版社 2007 年版，第 155 页。

③ 《论语》，南海出版公司 2013 年版，第 113 页。

④ 《论语》，南海出版公司 2013 年版，第 113 页。

⑤ 《四书五经》第二卷，《诗经》，燕山出版社 2007 年版，第 900 页。

⑥ 《孙中山选集》，人民出版社 1981 年版，第 802 页。

美好生活的向往和憧憬，同时指出中国要实现自己的、具有中国特色的现代化的愿望，当时邓小平说道："我们要实现的四个现代化，是中国式的四个现代化，不是像你们那样的现代化概念，而是'小康之家'，即到本世纪末，达到第三世界中比较富裕一点的国家的水平，实现国民生产总值人均一千美元。"① 改革开放初期，邓小平提出的中国必须坚持走自己特色的道路和中国特色社会主义道路的原则非常明确、非常务实：首先解决贫困问题、温饱问题，从中国社会主义革命、建设和改革开放的历程中看到民生的阶段性特征问题。2021 年 2 月 25 日，习近平总书记在全国脱贫攻坚总结表彰大会上的讲话中指出："一部中国史，就是一部中华民族同贫困作斗争的历史。从屈原'长太息以掩涕兮，哀民生之多艰'的感慨，到杜甫'安得广厦千万间，大庇天下寒士俱欢颜'的憧憬，再到孙中山'家给人足，四海之内无一夫不获其所'的夙愿，都反映了中华民族对摆脱贫困、丰衣足食的深深渴望。"② 这是对中国人民在数千年历史发展进程中追求美好生活、建设美好社会理想的高度概括。

民生概念的提出展示了中国文化的智慧。民生在不同的阶段有不同的内容，人们赋予其不同的含义和有着不同的要求。比如说，改革开放初期，人们关注温饱和小康问题，小康解决之后就有精神领域的问题，民生永远是进行时，是人们无法回避的话题，制定政策的中心。近现代以来，随着中国经济、社会、文化与国际交流，西方经济学和社会科学的"福祉"（Well-being）、"福利"（Social Welfare）、"社会保障"（Social Security）等概念相继进入中国，慢慢与中国文化和社会科学碰撞、融合，交叉使用。历史上，国际上没有民生这一概念，只有福利、福祉③。20 世纪后期和 21

① 《改革开放三十年大事记·1979 年》，《中广网》2008 年 10 月 10 日。
② 习近平：《在全国脱贫攻坚总结表彰大会上的讲话》，《人民日报》2021 年 2 月 26 日。
③ 李小宁：《民生论》，"前言"，人民出版社 2015 年版，第 2 页。

世纪初期，随着我国一些地区开展生活品质、生活质量的改善实验和探索，学界又引入、学习和研究一些国际组织、国家在经济发展到一定阶段提出的"生活质量"（或生活品质）问题，出现了客观社会品质和主观社会品质之说。客观社会品质和主观社会品质之说的提出实质在探索如何使人们获得更多物质产品和服务的同时，精神上也能够得到满足。

（二）中国共产党义无反顾肩负其为人民谋幸福的使命

近代以来的工业革命为人类带来的巨大物质财富，改善了人类的生活状况。方兴未艾的信息技术革命正在进一步改善人类的生活品质。近代以来的历史表明，一个民族、一个国家要立足于世界之林，成为世界强国，必须发展经济、扩大贸易，推动科技进步和开展国际交流。历史上的西班牙、葡萄牙，特别是近代英国和美国崛起，依靠的是经济发展、扩大贸易和科技进步。"20 世纪 70 年代以来世界经济及欧洲内部所发生的事件，加之 1979 年以来英国的政治进展，大大改变了英国人 20 世纪末的生活方式。"① 第一次世界大战，特别是第二次世界大战后，美国利用国际环境、技术进步形成的世界格局，推动经济和社会发展，成为 20 世纪的世界强国。以工业革命为标志的"现代经济增长的主要特征之一便是：它不是在世界上所有的地区于同一个时期开始，而是缓慢地跨越欧洲和北美，除了日本之外，直至 20 世纪五六十年代，才在非欧文化居主导地位的地区发生"②。20 世纪 50 年代人们采取出口替代战略，20 世纪 70 年代，劳动密集型技术、出口、投资被认为是经济发展的驱动力。中国在改革开放初期

---

① ［英］埃里克·霍布斯鲍姆：《工业与帝国：英国的现代化历程》，中央编译局 2016 年版，第 373 页。

② ［美］吉利斯·波金斯、罗墨·斯诺德格拉斯：《发展经济学》，中国人民大学出版社 1998 年版，第 19 页。

也走了这样一条道路。这个过程伴随着劳动力转移和在城市中集中，形成了城市化过程，与之相适应的各类社会政策，诸如社会保障、社会保护、人口、户籍制度、公共卫生、住房、反贫困等，都摆上日程。

近代以来，由于清王朝闭关锁国，中国错过了第一次工业革命的机会，从一个封建社会沦为半殖民地半封建社会，受到外来侵略势力的凌辱和外国资本技术的洗劫，中华民族一度处于危难之中。"鸦片战争前，中国是清王朝统治下的一个独立、统一的中央集权的封建国家。"① 第一次鸦片战争前，中国是一个独立自主、统一的多民族国家。第一次鸦片战争后，帝国主义列强开始瓜分中国，国家失去独立自主的地位，小农经济与家庭手工业为主体的自给自足的自然经济逐渐沦陷。随着资本主义入侵，"劳动人民的负担更加沉重。地主、官僚、贵族也加剧了土地的兼并。地租剥削率很高。加以灾荒连年，1846 年至 1850 年，黄河流域和长江领域各省都连续遭到严重的水旱灾害，两广地区也是水、旱、蝗灾不断。人祸天灾，使人民陷于失业、破产、饥饿、死亡的困境"② 外国大机器产品的倾销给中国农民生活带来深重灾难，这些灾难可以从费孝通在 20 世纪 30年写的《江村经济》一书中看到："当前经济萧条的直接原因是家庭手工业的衰落。经济萧条并非由于产品的质量低劣或数量下降。农民生产同等品质和同样数量的蚕丝，他们却不能从市场得到同过去等量的钱币。萧条的原因在于乡村工业和世界市场之间的关系问题。"③"中国农村的基本问题，简单地说，就是农民的收入降低到不足以维持最低生活水平所需的程度。中国农村真正的问题是人民的饥饿问题。"④

①　李侃等著：《中国近代史》，中华书局 1994 年版，第 1 页。

②　李侃等著：《中国近代史》，中华书局 1994 年版，第 45 页。

③　《费孝通全集》第二卷，内蒙古人民出版社 2009 年版，第 264 页。

④　《费孝通全集》第二卷，内蒙古人民出版社 2009 年版，第 264 页。

面对外敌入侵和人民陷入深重灾难，中国共产党领导中国人民进行了反帝反封建的新民主主义革命。"十月革命促进了中国人民的觉醒，中国的先进分子受到十月革命胜利的鼓舞，从十月革命的胜利看到了中国的新出路。"[①]1919年的五四运动成为中国历史的转折点，它标志着资产阶级领导的旧民主主义革命的终结和中国共产党领导的新民主主义革命的开始。自从有了中国共产党，中国的面貌就焕然一新了，正如习近平总书记说过的，"只要我们深入了解中国近代史、中国现代史、中国革命史，就不难发现，如果没有中国共产党领导，我们的国家、我们的民族不可能取得今天这样的成就，也不可能具有今天这样的国际地位"[②]。"中国共产党一经成立，就把实现共产主义作为党的最高理想和最终目标，义无反顾肩负起实现中华民族伟大复兴的历史使命，团结带领人民进行了艰苦卓绝的斗争，谱写了气吞山河的壮丽史诗。"[③]

中华人民共和国成立不久，以毛泽东为核心的党的第一代中央领导集体，确定了实现"四个现代化"的目标，1954年第一次全国人民代表大会勾画了"四个现代化"的宏伟蓝图，党的八大正式把"现代化"写入党章，成为指导全国人民为之奋斗的指导思想。之后的各个历史时期，党都在不懈探索推进中国特色社会主义现代化建设，推动中国成为世界强国。中国共产党的根本目标就是为人民谋幸福，为民族谋复兴。

（三）增进民生福祉的积极探索

新中国成立以来，中国共产党对社会主义时期增进民生福祉的规律的认识经历了一个逐渐深化的过程。党的"八大"报告对社会主义生产目的

---

① 李侃等著：《中国近代史》，中华书局1994年版，第496页。
② 《习近平谈治国理政》第二卷，外文出版社2017年版，第20页。
③ 《习近平谈治国理政》第三卷，外文出版社2020年版，第11页。

作了明确的规定。"一五"和"二五"时期，主要是完成生产资料的社会主义改造和进行工业化建设，重视人民生活水平的提高；在经历了三年自然灾害之后，进行经济调整，"三五"计划开始强调要重视解决吃穿用问题；但"四五"和"五五"计划由于在"文化大革命"时期，带有强烈的政治色彩，以加强"大三线"建设，加强战备为主要任务。前五个五年计划的指导思想虽有所差别，从总体上看，对人的发展和社会发展的认识主要着眼于基本生活水平的保障和提高。"六五"计划体现了改革开放后经济建设指导方针的转变，提出在研究和安排计划顺序时，首先考虑人民生活改善；"七五"和"八五"将人民生活和社会保障、发展教育、建设精神文明、实行环境保护等有关人的发展的任务和目标列入发展计划。在总结了以往经验教训的基础上，《中华人民共和国国民经济第九个五年计划和2010年远景目标的建议》更加注重社会建设，这是党对社会主义初级阶段的任务和目标的更深刻、更全面、更成熟的认识，中国共产党愈加重视经济发展与社会发展之间、人类发展与环境资源之间的关系协调，强调实行可持续发展战略和经济与社会协调发展战略，将保护和改善人的发展环境，提高人的自身素质摆在了更加重要的位置。

在各个历史时期，中国共产党励精图治，千方百计处理当时的主要问题与民生福祉的关系。社会政策自其产生之日起，就试图在经济增长和民生福祉之间寻求一个平衡点，协调经济发展与社会进步之间的关系。像中国这样一个发展中的大国，人口众多、人均水平还有很大提升空间，综合国力有待于进一步提升，仍处于并将长期处于社会主义初级阶段，国家和各地的社会政策首先要把发展作为解决一切问题的关键和基础，作为社会政策制定的出发点，坚持在发展中解决好不平衡不充分的矛盾。

二、立足发展是解决一切问题的关键和基础，扎实推进共同富裕

（一）不断在实践中发展马克思主义的基本原理

坚持在发展中保障和改善民生是马克思主义的基本要义。马克思恩格斯指出，只有发展生产力，创造生产的物质条件，"才能为一个更高级的、以每个人的全面而自由的发展为基本原则的社会形式创造现实基础"①。民生问题是马克思主义理论的重要内容。1883 年，恩格斯《在马克思墓前的讲话》中指出，"正像达尔文发现了有机界的发展规律一样，马克思发现了人类历史的发展规律，即历来为繁芜丛杂的意识形态所掩盖着的一个简单事实：人们首先必须吃、喝、住、穿，然后才能从事政治、科学、艺术、宗教等等；所以，直接的物质的生产资料的生产，从而一个民族或一个时代的一定的经济发展阶段，便构成基础，人们的国家设施、法的观点、艺术以至宗教观念，就是从这个基础上发展起来的，因而，也必须由这个基础来解释，而不是像过去那样做的相反"②。这始终提醒社会政策研究者要把发展作为社会政策立足点和出发点，综合考虑在发展中实现社会公平正义和保障改善民生问题，坚持历史唯物主义是社会政策研究的理论指南。

中国共产党人始终把增进民生福祉摆在重要位置。即便是在革命战争年代，毛泽东都不忘记发展经济，1933 年他在中央革命根据地召开的南部十七县经济建设大会上指出，"革命战争的激烈发展，要求我们动员

---

① 《马克思恩格斯全集》第 23 卷，人民出版社 2006 年版，第 649 页。
② 《马克思恩格斯选集》第三卷，人民出版社 2012 年版，第 1002 页。

群众，立即开展经济战线上的运动，进行各项必要和可能的经济建设事业"①。同时他要求关心群众生活，注意工作方法，"领导农民的土地斗争，分土地给农民；提高农民的劳动热情，增加农业生产；保障工人的利益；建立合作社；发展对外贸易；解决群众的穿衣问题，吃饭问题，住房问题，柴米油盐问题，疾病卫生问题，婚姻问题。总之，一切群众的实际生活问题，都是我们应当注意的问题"②。"新民主主义革命时期，党团结带领广大农民'打土豪、分田地'，实行'耕者有其田'，帮助穷苦人翻身得解放，赢得了最广大人民广泛支持和拥护，夺取了中国革命胜利，建立了新中国，为摆脱贫困创造了根本政治条件。"③

1959 年，毛泽东在庐山会上指出，"要把衣、食、住、用、行这五个字安排好，这是六亿五千万人们安定不安定的问题"④。1959 年邓小平在主持中央书记处会议听取工业情况汇报时指出，"我看解决了人民生活问题，饭吃饱，有油、菜、肉，生产起来劲头就大了"⑤。这句话非常质朴，但说明了深刻的道理：人们必须解决好生计问题，才能有生产活动和自身的再生产。2021 年，习近平总书记在参加"两会"青海代表团审议政府报告时指出，"要着力补齐民生短板，破解民生难题，兜牢民生底线，办好就业、教育、社保、医疗、养老、托幼、住房等民生实事，提高公共服务可及性和均等化水平"。毛泽东、邓小平、习近平在不同的历史条件下分别从不同的角度分析民生的意义：一是民生决定社会秩序，是社会治理的基础；二是民生是经济发展的最终目的；三是随着经济的发展要更加关注不

---

① 《毛泽东选集》第一卷，人民出版社 1991 年版，第 119 页。

② 《毛泽东选集》第一卷，人民出版社 1991 年版，第 136—137 页。

③ 习近平：《在全国脱贫攻坚总结表彰大会上的讲话》，《人民日报》2021 年 2 月 26 日。

④ 《庐山会议讨论的十八个问题》，《毛泽东文集》第 8 卷，人民出版社 1999 年版，第 78 页。

⑤ 《邓小平文选（1949—1974）》（下卷），人民出版社 2014 年版，第 37 页。

平衡不充分问题，在发展中补齐民生短板。只有把人民群众生活搞好了，才能得到人民群众的拥护和爱戴。民生问题事关人民生存，事关社会秩序，是江山社稷的基础。党的领袖们深刻认识到了民生的社会意义、经济意义和政治意义，把民生摆在重要议事议程，把经济和民生的关系非常清晰地梳理出来了：人民群众只有解决好生活问题，才能有精力、体力从事生产活动，社会才能稳定，才会有秩序和活力，社会才能不断进步发展。在发展中保障和改善民生是久久为功的事情。

党的十八大以来，面对错综复杂的国际国内形势，艰难复杂的国内改革发展稳定任务，以习近平同志为核心的党中央紧紧围绕经济建设和保障改善民生这一中心不动摇，努力践行"人民对美好生活的向往，就是我们的奋斗目标"①这一庄严承诺，领导国家稳步前进，实现了国民经济稳步健康增长，特别是面对新冠肺炎疫情严重冲击，波澜不惊，谨慎从容，使利益格局逐步调整，高质量就业稳步推进，社会保障体系基本成型，公共服务体系基本建成，教育公平得到落实，全民健康状况明显改善，应对老龄化取得新进展，互联网使居民享受公共服务更加便捷，使中国特色、中国风格、中国气派的社会政策在实践中不断丰富和发展。2019年11月份在上海考察时，习近平总书记要求，"要抓住人民最关心最直接最现实的利益问题，扭住突出民生难题，一件事情接着一件事情办，一年接着一年干，争取早见成效，让人民群众有更多获得感、幸福感、安全感"。②习近平总书记在这里阐述了民生的客观性质和主观品质，是对马克思主义唯物史观的重大发展，也给实际工作提出了新的、更高的要求：关心群众生活，注意工作方法。

---

① 《2012年11月15日习近平总书记在人民大会堂同采访十八大的中外记者亲切见面时的讲话》，《习近平谈治国理政》第一卷，外文出版社2014年版，第4页。

② 《习近平谈治国理政》第三卷，外文出版社2020年版，第346页。

（二）精准判断抓住主要矛盾

改革开放初期，邓小平把当时社会的主要矛盾界定为人民群众日益增长的物质需求与落后生产力之间的矛盾，突出了物质生产和物质生活的重要性。从物质匮乏时代走过来的人们对此深有体会、记忆犹新。这不是说那个年代没有社会生活，一个社会在任何时候都有人们自己的社会生活。不同历史时期，党和政府需要考虑工作重点，1978 年启动改革开放，中国人均国内生产总值只有 381 元人民币，整个国家的近 10 亿人口中，有两亿人口生活在贫困线以下，这是当时确定主要矛盾的基本依据之一。在这样的条件下，邓小平把社会主义现代化分三步走。邓小平指出："社会主义制度优越性的根本表现，就是能够允许生产力以旧社会所没有的速度发展，使人民不断增长的物质文化生活需要能够得到满足，使人民的物质生活好一些，使人民的文化生活、精神面貌好一些。"① 这里的"好"就是讲生活品质，这是马克思主义关于生产力决定生产关系基本原理在中国的具体运用。邓小平多次强调，社会主义的基本原则第一是发展生产力，第二是共同富裕。发展生产力是社会主义本质的体现，也是实现共同富裕的根本途径。共同富裕则是社会主义生产力发展的方向和目标，是发展生产力和人的全面发展的有机统一。共同富裕既是社会主义建设的核心内容，也是社会主义社会中人的全面发展的主要标志之一。邓小平认为，人民群众的利益在社会主义现代化建设时期集中体现在社会主义现代化建设事业上。他提出了著名的"三个有利于"，即"判断的标准，应该主要看是否有利于发展社会主义社会的生产力，是否有利于社会主义国家的综合国力，是否有利于提高人民的生活水平"②。在这个意义上，才能更加深刻理

---

① 《邓小平文选》第三卷，人民出版社 2001 年版，第 123 页。
② 《邓小平文选》第三卷，人民出版社 2001 年版，第 372 页。

解习近平总书记反复强调的发展是解决一切问题的基础和关键这一思想。

21 世纪初，面对"上学难、看病难、住房难"等一系列人民群众最关心、最直接、最现实的问题，党及时提出了推进基本公共服务均等化的战略思想，并将其转化为五年重点专项规划。以习近平总书记为核心的党中央把加快构建现代公共服务体系纳入"四个全面"战略布局，现代公共服务体系发展步入发展快车道。"十二五"以来，我国初步建立起覆盖全民的基本公共服务制度体系。基本公共服务设施进一步改善，基本公共服务项目丰富多彩，基本公共服务标准扎实落实，保障能力和群众获得感明显提升。义务教育均衡发展稳步推进，国民受教育机会显著增多，公共就业创业服务和职业培训不断加强，覆盖城乡的社会保障体系逐步健全，城镇保障性安居工程和农村危房改造进展顺利，现代公共文化服务体系日趋完善。新发展阶段，要在完善基本公共服务体系、提升基本公共服务均等化水平基础上，鼓励和支持非基本公共服务体系的发展和完善，不断满足人民群众对公共服务的多样化需求，不断改善人民生活品质。

党的十九大报告在中国特色社会主义进入新时代这样一个历史背景下提出，现阶段社会主要矛盾是人民群众日益增长的对美好生活的需求与发展不平衡不充分之间的矛盾，就把人民群众的需求提升到了经济生活基础上的社会生活领域。从基本民生到品质民生的转变是生产力发展的必然结果，到党的十九届五中全会进而提出"改善人民生活品质，提高社会建设水平"，短短 40 多年，中国国内生产总值从 1978 年在世界上排第 11 位，上升到第 2 位（参见表 1）。国家综合实力大大加强，人民生活水平得到改善，国际地位大大提高，正如习近平总书记在 2021 年两会期间所说的，"中国已经可以平视这个世界了"①。

---

① 《建党百年，习近平两会"下团组"特别谈到这件大事》，《人民日报》2021 年 3 月 9 日。

表 1　中国 GDP 居世界位次和占世界比重

年份	1978	1980	1990	2000	2010	2017	2018	2020
GDP 居世界位次	11	12	11	6	2	2	2	2
GDP 占世界比重	1.8	1.7	1.6	3.6	9.2	15.0	15.9	17

数据来源：国家统计局：《国际统计年鉴 2019》，中国统计出版社，2020 年版。

2020 年面对百年不遇的疫情，我国发挥社会主义制度优势，有效控制疫情，使我国经济成为世界范围内唯一呈正增长态势的大国，经济迈上了新的台阶。面对疫情给世界带来的冲击，中国政府妥善处理疫情冲击，稳步推进经济建设，加快经济结构调整，推动经济与社会协调发展，形成了经济、社会、文化等各个领域，特别是生态文明的协调发展，逐步形成新发展格局。

（三）把促进全体人民共同富裕摆在更加重要的位置

中国共产党是一个智慧大党，21 世纪初期，中国经济发展到一定水平后，及时把以民生为重点的社会建设提上议事议程，把社会建设纳入中国特色社会主义现代化总体布局中。党的十八大以来，以习近平同志为核心的党中央审时度势，从满足人民的新期待出发，提出了不断满足人民的获得感、幸福感和安全感的重要思想，做出了相应的战略决策，极大丰富了中国特色、中国风格、中国气派的社会政策。2021 年在"十三五"规划收官，"十四五"规划开启，整个进入社会主义现代化国家建设新阶段的历史基础上，习近平总书记指出，"要始终把最广大人民根本利益放在心上，坚定不移增进民生福祉，把高质量发展同满足人民美好生活需要紧密结合起来，推动坚持生态优先、推动高质量发展、创造高品质生活有机结合、相得益彰"①。习近平总书记指出"随着我国全面建成小康社会、开启全面建设社会主义现代化国家新征程，我们必须把促进全体人民共同富裕摆在更加重要的位置，脚踏实地，久久为功，向着这个目标更加积极有为地进行努力"②。为此，《中华人民共和国国民经济和社会发展第十四个五年规划和 2035 年远景目标纲要》要求"坚持居民收入增长和经济增长基本同步、劳动报酬提高和劳动生产率提高基本同步，持续提高低收入群体收入，扩大中等收入群体，更加积极有为地促进共同富裕③。"

把高质量发展与满足人民美好生活需要紧密结合起来是我们党矢志不渝的追求，从邓小平的社会主义现代化"三步走"战略，到江泽民、胡锦涛推进"全面建设小康社会"的战略思想，到以习近平同志为核心的党中央立足新时代新发展阶段的"把高质量发展同满足人民美好生活需要紧密结合起来"，反映了中国共产党在发展中保障和改善民生政策与时俱进，孜孜追求，着实回应了习近平总书记在党的十八大刚刚闭幕时所说的，"人民对美好生活的向往，就是我们的奋斗目标"这一庄严承诺。

经过 70 多年的发展，我国在 2021 年摆脱绝对贫困，实现中华民族几千年追求美好生活、建设美好社会的梦想。党的十九届五中全会提出实现全体人民共同富裕，确定新发展阶段社会建设的基本目标，确定了社会政策制定、社会政策研究的基本价值取向：紧紧围绕实现全体人民的共同富裕这一目标设计社会政策。正如习近平总书记在对十四五规划建议所作的说明中指出的，"建议稿在到 2035 年基本实现社会主义现代化远景目标中

---

① 《坚定不移走高质量发展之路坚定不移增进民生福祉》，《人民日报》2021 年 3 月 8 日。

② 习近平：《关于〈中共中央关于制定国民经济和社会发展第十四个五年规划和二〇三五年远景目标的建议〉的说明》，新华社，新华社官方账号 2020 年 11 月 3 日。

③ 《中华人民共和国国民经济和社会发展第十四个五年规划和 2035 年远景目标纲要》，《海报新闻》，大众报业集团旗下账号 2021 年 3 月 13 日。

提出'全体人民共同富裕取得更为明显的实质性进展'，在改善人民生活品质部分突出强调了'扎实推动共同富裕'，提出了一些重要要求和重大举措"①。习近平总书记在阐述中把"扎实推动共同富裕"作为"十四五"时期和 2035 年建设社会主义现代化的社会建设目标，并将其作为改善人民生活品质的重要内容，这为中国特色、中国风格、中国气派的社会政策研究、制定和实施指明了目标和方向：新发展阶段的社会政策研究要立足实现全体人民共同富裕，通过不断改善全体人民生活品质，在评估人民群众客观获得和主观感受上下功夫，积极探索实现客观标准和主观要求的有机统一。

三、在统筹协调发展与民生之间的关系中 探索推进共同富裕

习近平总书记指出，"实现社会公平正义是由多种因素决定的，最主要的还是经济社会发展水平"②。要在坚持发展中保障和改善民生，在改善人民生活品质和实现全体人民共同富裕中建立和完善中国特色、中国风格、中国气派的社会政策，必须以党的十九届五中全会提出的"坚持系统观念"为基本遵循，深入研究社会发展的特点和经济发展规律，在经济社会协调发展中不断完善社会政策。

---

①　习近平：《关于〈中共中央关于制定国民经济和社会发展第十四个五年规划和二○三五年远景目标的建议〉的说明》，新华社 2020 年 11 月 3 日，中华人民共和国中央人民政府网站，http://www.gov.cn/xinwen/2020-11/03/content_5556997.htm。

②　《习近平谈治国理政》第一卷，外文出版社 2014 年版，第 96 页。

（一）从经济增长到社会建设

经济增长与民生改善之间并非线性关系，这中间最为关键的是生产出来的东西如何分配，人们怎样去占有和分享，尤其是如何使全体人民都能在公平正义和公平保障基本原则上分享发展成果，这是中国特色社会主义制度的本质要求，也是中国特色、中国风格、中国气派社会政策的核心价值。按照格兰诺维特的理解，"所有的经济活动都是社会性的"①。人们在交易、分配、生产等环节既是一种经济活动，也同时与交易对象、参与分配的利益相关者、生产中的同事，发生社会性的交往交流，进而形成心与心的交融。

社会和经济的复杂关系源自利益和社会地位，在阶级社会，尤其表现为阶级关系。现实生活中，不同文化背景下，人们的日常生活不仅受着经济水平、收入水平的制约，还受到社会地位和社会关系的制约（参见表2）。从表2可以看出，决定一个国家收入差距的并非经济水平，美国的人均 GDP 最高，但基尼系数也不低，简单的解释就是：收入和资产分配在一些经济发达国家偏离完全平等状态的程度，甚至一些人均 GDP 程度很高的国家，偏离的程度更高。总体看，"富裕国家的低收入群体总体上比过去大多数人富裕，最不发达国家中处境最不利的居民也要比他们的祖先活得更长"②。要进一步研究人们在这个过程中形成的社会关系模式，因为它直接影响着人们的主观感受、主观生活品质。就一个国家整体而言，全体人民民生质量取决于经济水平的同时，还取决于这个国家的整个利益格局和社会体制。例如，历史上的印度，在种姓制度下，一些职业、社会活

---

① [美] 马克·格兰诺维特：《社会与经济：信任、权力与制度》，中信出版社 2019 年版，"序一"，第 3 页。

② [美] 沃尔特·沙伊德尔：《序言：不平等的挑战》，《不平等社会》，中信出版集团2019 年版，第 XXI 页。

动、政治活动参与受制于社会等级，一些行业禁止低种姓人群进入。近代美国，新兴的商业阶层是被排斥在某些社会圈子之外的，他们不被允许参与到历史上已经形成的社会组织中，新兴商业阶层后来不得不自己组织社会团体，如俱乐部等，这也是新社会阶层的形成过程和新社会体制的形成过程。

表 2　主要国家人均 GDP 与基尼系数

国家	人均国内生产总值		基尼系数	
	年份	人均 GDP（美元）	年份	基尼系数
美国	2018	62641	2016	0.42
日本	2018	39287	2016	0.32
德国	2018	48196	2015	0.32
英国	2018	42491	2015	0.33
意大利	2018	34318	2015	0.35
俄罗斯	2018	11289	2015	0.38
印度	2018	2016	2011	0.36
南非	2018	6340	2014	0.63
中国	2018	9771	2015	0.39

数据来源：国家统计局：《国际统计年鉴 2019》，中国统计出版社，2020 年版。

政府作为公共服务制度的安排者，要为全社会提供公共品，如国防教育、教育、公共卫生和基本医疗。在很多公共服务领域中，政府是作为购买者出现的，这要求我们对公共服务作为国民生产总值的组成部分有了一定认识，它不完全是公共品，政府也是市场主体之一；另外，为了实现社会公平正义，政府又必须对欠发达地区提供必要的转移支付，对低收入群体提供必要的社会救助，在此，它又扮演着再分配角色。由此可以理解各类社会主体、市场主体的角色在一个社会体系中是多么复杂和如此多元化。政府的宏观调控政策和一般意义上的市场体制决定了我们可以生产多少产品，经济总量需要或可能达到什么程度；具体和微观的经济体制，利益格局、利益关系则决定了谁在这个总量分配中能够得到多少，通过什么样的方式获得等。经济和社会运行是极其复杂的体制机制组成的机体，不了解这个机体的内部机理，就难以理解发展与民生的关系。社会的整体福祉状况取决于经济发展水平和经济总量，但是全体社会成员之间的社会差别，以及反映在人与人之间的社会平等与社会歧视，则是由建立在财富的占有和财富的使用基础上的社会体制的具体特征决定的。经济发展可以带来全体人民福祉的整体水平的提升，也可能带来不平等的加剧，甚至造成一部分人生活状况的恶化。在全球化体系中，围绕着新冠疫苗在不同国家的分配已经和正在展示了不同财富在世界范围内的分配是如何决定着疫苗成为公共品，需要怎样的全球治理机制。

党的十八大报告指出，"中国特色社会主义制度，就是人民代表大会制度的根本政治制度，中国共产党领导的多党合作和政治协商制度、民族区域自治制度以及基层群众自治制度等基本政治制度，中国特色社会主义法律体系，公有制为主体、多种所有制经济共同发展的基本经济制度，以及建立在这些制度基础上的经济体制、政治体制、文化体制、社会体制等各项具体制度"①。在社会体制中，社会关系的核心是利益关系。作为个体的人要与他人发生各种关系，要在自己生活的社会环境中确认自己的社会地位，所以"真正要紧的不是一个人的实际收入和生活水平，而是与他人比较时他所处的位置。也许平均水平一点也不重要，要紧的是你是比别人强，还是比别人差，也就是你所处的社会层次"②。某种意义上说，个体

---

① 胡锦涛：《坚定不移沿着中国特色社会主义道路前进，为全面建成小康社会而奋斗》，人民出版社 2012 年版，第 10 页。

② ［英］理查德·威尔金森、凯特·皮克特：《不平等的痛苦——收入差距如何导致社会问题》，新华出版社 2010 年版，第 13 页。

的幸福指数不是取决于收入和生活状况的绝对水平，而是相互比较中的感受。2020 年美国出现的问题，包括种族之间的冲突不是由于美国不富裕，而是由于人口和族群之间的收入差距和社会差距。纵观美国历史，社会公平不是直线趋势，而是曲曲折折，就拿 20 世纪至今来说，20 世纪初，美国收入差距扩大成为导致 1929 年经济危机的原因之一，罗斯福上任后采取了一系列经济社会政策，美国社会差距开始缩小，20 世纪 70 年代，里根推动公共领域的改革和公共领域私有化。自那时起至今，美国的收入差距一直呈拉大趋势。经济不平等的社会，必定会产生社会不平等。总的发展趋势是，经济发展会让大多数人的生活绝对水平得到提升和改善；有时候，经济发展并不总是让每个人都受益；很多情况是，一部分人受益，另一部分人却被剥夺，有时候剥夺状况非常悲惨，使他们处于生活平均线以下，不能得到体面生活所需要的生产资料和生活资料。从各个国家的横向视角和人类历史的纵向视角看，这种情况非常普遍，现实中有，历史中也有。现代世界，很多发达国家总体经济水平非常高，人均 GDP 总量和拥有富裕的群体规模非常庞大，但贫穷人口规模也不少，比如说，20 世纪 70 年代以后美国经济发展非常快，目前人均 GDP 接近 6 万美元，但贫困的低收入群体规模也非常大。像英国等其他国家，历史上也曾经出现过经济快速发展，但创造的就业机会并不多，甚至出现不创造就业岗位的现象。2020 年发生的新冠肺炎病毒全球大流行使我们看得更加清楚：一些主要经济体的疫情传染速度之快，传染人数之多，死亡人数之多，出乎预料，经济强国并非无所不能，并非比经济水平低的国家更能处理民生问题——公共卫生和公共安全。这其中的原因是非常复杂的，不是简单用经济单一要素可以全面解释的。中国在 2020 年抗击疫情中取得的举世瞩目的成绩，取决于中国共产党的坚强领导和习近平总书记的亲自决策指挥，取决于中国特色社会主义制度的优越性和党政机关、人民团体的高效协调，以及广大人民群众的协调一致。

被联合国用来测量社会发展水平和人民生活状况的重要指标——人类发展指数是由经济、教育、卫生等指标组成的，它与一般意义上的国家经济总量和人均国内生产总值并不呈正相关关系（参见表3）。

表3　主要国家人均 GDP 与人类发展指数排名

国家	人均国内生产总值		人类发展指数排名	
	年份	人均 GDP（美元）	年份	排名
美国	2018	62641	2018	15
日本	2018	39287	2018	19
德国	2018	48196	2018	4
英国	2018	42491	2018	15
意大利	2018	34318	2018	29
俄罗斯	2018	11289	2018	49
印度	2018	2016	2018	129
南非	2018	6340	2018	113

数据来源：国家统计局：《国际统计年鉴2019》，中国统计出版社，2020年版。

随着经济水平的提升、新技术在经济社会领域的应用，社会结构、利益关系会越来越复杂。21世纪以来，人们看到财富向新兴产业，包括互联网等领域集中，出现了一批因此暴富的群体，暴富速度之快超出历史上的传统产业。关于这类问题，早在改革开放初期，邓小平就讲到，发展起来以后的问题不见得比没有发展起来少，特别是经济发展到了一定阶段后，做大蛋糕和如何分好蛋糕，如何调整利益关系等问题都会凸显出来；物质领域的问题反映到经济层面，表现在社会领域，体现为人们关注的民生问题，甚至反映到精神领域，精神卫生问题会成为民生的重要内容。

（二）抓住经济增长与民生改善关系的核心问题

当前，中国在全面建成小康社会取得决定性成就，开始迈入"十四五"时期和开启社会主义现代化国家建设新发展阶段，从保障和改善民生到改善人民生活品质已经成为社会政策研究和制定的新课题。例如，随着人们预期寿命的不断提升（参见表4），如何提高健康年龄就摆上了议事日程，在衣食住行得到保障和不提升的基础上，通过改善生活方式、精神世界，使老年人活得更久，健康得更久，既提高了自己的生活品质，又减轻了家庭的生活压力和国家的社会保障、医疗保险负担。改善人民生活品质是一个具有丰富时代内涵的民生概念。敬畏生命、终身锻炼、健康起居、积极心态、美感培养、欣赏卓越、注重细节、提高品位、愉悦他人等，都应当成为改善人民生活品质的重要内容。

表4　中国平均预期寿命

年份	合计	男性	女性
1981	67.77	66.28	69.27
1990	68.55	66.84	70.47
1996	70.80		
2000	71.84	69.63	73.33
2005	72.95	70.83	75.25
2010	74.83	72.38	77.37
2015	76.34	73.64	79.43

数据来源：国家统计局：《中国统计年鉴2020》，中国统计出版社，2020年版。

人类对于发展问题的认识经历了一个由片面到全面不断深化的过程。在增长经济学盛行一时的20世纪60年代，发展成了经济学家们的"第一等优先经济议题"。当时，人们片面地认为，"经济增长"就是发展，并试图以人均国民生产总值的水平和增长率来衡量发展。这个时期，各国把发展的重点转移到经济建设上，以单纯的经济增长作为发展的主要目标。经济学被乐观地认为是解决人民福祉问题最核心的办法，因为个人或社会福祉都与收入直接相关。经济学家把生活水平定义为人均 GDP，这就意味着生活水平测量就是一种对食物、衣服等基本需求满意度的测量。人均 GDP 和人均 GNP 被广泛用于测量世界各国的人民生活水平。然而，人均 GDP 却经常被批评，因为它"忽视了收入的分配，忽视了生活中的重要方面，如尊敬他人、隐私保护和道德评价，等等"[①]。与此同时，20 世纪50 年代至 60 年代的世界发展也留给人们一个疑问，为什么在科技日新月异和消费经济迅猛发展的时代，世界各国的人民福祉却依然遭受着环境破坏、收入不平等、医疗保健和教育卫生等基本人权的缺失、公共政策的失效、城市衰败等一系列重大社会问题的威胁？是不是人们对"发展"的理解出现了什么偏差？使用以国民生产总值、人均国民收入等为核心的经济指标体系来反映人民福祉的传统做法，显然对人感知和情绪的测量效果不尽人意，只有生活的感知度和个人的精神状态才能真正反映出人们在不同标准下对人民福祉做出的主观评判。在这样的背景下，经济学家不得不寻找一些替代性的指标来测量民生福祉。随之而来的是社会指标、人民福祉指标、生活品质测量、基本需求指标和人类发展指数等。经济高速增长的同时，一系列严重社会问题产生，这种现象改变了人们的观念，唤醒了重视人民福祉的强烈意识，使人们从仅仅关注经济增长带来的收入增加转向关注民生福祉。经济发展水平的不断提高和社会结构的相对稳定，为人们提供了更多的闲暇时间和更高的消费能力，创造人们对生活品质的追求。

值得关注的是，20 世纪 70 年代初，由于国际经济秩序和政治关系发生了重大变化，由联合国倡导的"第一个发展十年"的失败（1960—

---

① 丁元竹：《论生活品质及其评价体系的构成》，《开放导报》，2007 年第三期。

1970），发展中国家"有增长无发展"和"没有发展的经济增长"的现象十分突出，人们的福利、个人的安全、自由和权力、生存和安全，以及认同普遍恶化，世界发展形势日趋严峻，人们对增长即是发展的理论，对增长的可能性、必要性进行反思，开始关注社会经济的协调均衡发展，从为一切人的发展和人的全面发展的角度对发展的概念内涵外延进行界定。从发展概念的演变看出，已经由注重物质发展转变为注重人的发展。由"物的发展"转为"人的发展"。战略的目标不是"增长"，而是"发展"，并以全体人民的基本需求来安排整个社会的发展。"十四五规划纲要和2035年远景目标"对人的全面发展提出了新要求，"把提升国民素质放在突出重要位置，构建高质量的教育体系和全方位全周期的健康体系，优化人口结构，拓展人口质量红利，提升人力资本水平和人的全面发展能力"①。

　　一定民生政策在其制定之日可能符合当时的社会环境，随着经济社会发展，就可能不适应新的情况，这种情况比比皆是。"社会保障体制是由富兰克林·罗斯福总统在1935年创立的，实行按费用发生拨款制。退休者的账单，由在职劳动者缴纳的工薪税（payroll taxes）支付。在1935年这种制度是非常合理的，当时每40个在职员工承担1位退休者的费用。但是随着时间的推移，出生率下降，人口比例逐渐变化，生活成本则不断攀升。结果，到2005年的时候，社会保障体制要求每3个在职员工承担1位退休者的生活费用。对于在21世纪头10年里步入职场的年轻人来说，这一比例将会变成2：1。"② 每一条社会政策都是适应一定的制度环境、一定的时间和空间，一旦它们发生变化，政策要么废除，要么改革。改革就是使政策适应新的体制机制，适应新的发展环境。

---

　　① 《中华人民共和国国民经济和社会发展第十四个五年规划和2035年远景目标纲要》，《海报新闻》，大众报业集团旗下账号2021年3月13日。

　　② ［美］乔治·沃克·布什：《抉择时刻》，中信出版社2011年版，第276页。

（三）不断探索经济增长与民生改善的深层次关系

习近平总书记高度重视人心工作，指出"人心是最大的政治。推进党和国家各项工作，必须坚持问题导向，倾听人民呼声"①。经济发展到一定水平后，人们的心态会发生变化，正如社会学家费孝通在20世纪90年代说过的："小康之后人与自然的关系的变化不可避免地要引起人与人的关系的变化，进到人与人之间怎样相处的问题。这个层次应当是高于生态关系。在这里我想提出一个新的名词，称之为人的心态关系。心态研究必然会跟着生态研究提到我们的日程上来了。"② 现代医学和社会科学的研究使我们认识到，人们的很多机体疾病是从社会关系、心理问题开始积累的，"病由心生"是对这种境况的生动表述。快速经济发展过程会出现一种新情况：一部分人的精神压力越来越大，甚至出现抑郁、精神分裂、精神状况恶化等精神卫生、精神疾病，进而带来工作、家庭、人际关系等社会问题。平时经常看到的社会问题，背后有着复杂的经济、社会、心态等原因，改善人民生活品质必须在关注客观生活品质的同时，关注主观生活品质，也就是习近平总书记反复强调的要关注人民群众的获得感、幸福感、安全感，要把对主观生活品质的改善作为衡量社会建设水平的重要内容。经济发展过程中，一部分人的物质生活相对匮乏，一部分人在经济发展中形成巨大精神压力，这都是民生问题，只不过是表现方式不同罢了。精神卫生、精神健康问题与经济发展不平衡是非常复杂的问题，它源自社会结构、公平正义、平等与不平等、家庭结构、家庭教育，以及人们之间的相互关系，例如，一个人可能比较富裕，但并不健康。他（或她）也可能很健康，但并不能过上自己想过的日子。他（或她）可能过上了想过的日子，

---

① 《习近平在全国政协新年茶话会上的讲话（2014年12月31日）》，《人民日报》2015年1月1日。
② 《费孝通全集》第十四卷，内蒙古人民出版社2009年版，第42页。

但并不很幸福。他（或她）也可能过得很幸福，但没有多少自由。当然他（或她）也可能有很多自由，但没有取得多少成就。这就使我们看到了经济与民生的关系是何等复杂，涉及经济水平、个人健康、个人欲望、生活方式、工作方式、成功与否等不同层面、不同类型的因素。经济发展通过复杂的社会体制、社会关系、个体因素，对民生产生影响，它使在发展中保障和改善民生问题面临复杂的政策选项。

四、在扎实推进共同富裕中发展完善中国特色、中国风格、中国气派的社会政策体系

党的十九届五中全会和《中华人民共和国国民经济和社会发展第十四个五年规划和 2035 年远景目标纲要》对社会主义现代化国家建设的宏伟蓝图作出了描述，为开启"十四五规划"和社会主义现代化国家建设指明了方向，中国共产党探索中国特色、中国风格、中国气派的社会政策思想的基本框架逐步成熟和定型。

（一）坚持确保全体人民共享发展成果的基本目标

中国特色、中国风格、中国气派的社会政策以系统观念合理设计社会政策的基本目标包括：确保全体人民共享发展成果，持续不断地提高居民收入，实现全体人民共同富裕。国家富裕不是看富人和精英的富贵，而是看弱势群体的生活水平。

习近平总书记指出，发展观决定发展道路，凡是为民造福的事一定要千方百计办好。党的十八大以来，以习近平同志为核心的党中央提出了创

新、协调、开放、绿色、共享的五大发展理念。必须在贯彻新发展理念中，坚持全体人民共享发展成果，实现全体人民的共同富裕。

以习近平同志为核心的党中央把走共同富裕的道路摆在建设社会主义现代化国家的重要位置，以脱贫攻坚推进全体人民的共同富裕，推进社会主义现代化国家建设。党的十九届五中全会吹响了走共同富裕道路的号角，立足新发展阶段，贯彻新发展理念，构建新发展格局，要求把社会政策的重心放在实现全体人民的共同富裕，使广大人民在发展中不断享受改革开放和发展的成果。要以完善收入分配制度，加强基本公共服务体系建设和基本公共服务均等化为引领，进一步完善利益格局，推进各项法定基本公共服务均等化，使全体人民不分城乡、不分性别地都有机会接近法定基本公共服务，体现党的十九大报告提出的公平保障原则。要调动全体社会成员的积极性、主动性、创造性，为各行业各方面的劳动者、企业家、创新人才、各级干部创造参与以民生为重点的社会建设的良好环境。发挥各类社区组织、社会组织和居民个人在保障和改善民生中的作用，动员一切可以动员的社会力量推动民生事业发展。人民幸福的改善是个体、政府和社会共同努力的结果。让每个个体获得的更多幸福，需要党和政府与全体人民共同努力，也是中国改革开放事业获得久久为功的原动力。

（二）坚持以人民为中心的基本原则

发展和完善中国特色、中国风格、中国气派的社会政策必须坚持以人民为中心的发展，树立系统观念，不断优化收入分配结构，尽力而为、量力而行。系统观念要求在新发展阶段要全面、深刻、系统认识经济与民生问题，包括新发展阶段上民生问题的新课题——精神卫生和心理健康问题，跳出传统意义上的民生问题去拓展新认识。

提高人民群众的获得感、幸福感、安全感，提高社会建设水平给从事社会建设和社会治理的人们提出了新任务，就是深入研究通过什么样的社会体制、社会机制、社会结构、社会关系模式设计，使社会成员能够友爱和谐，友好相处，舒心生活。要把社会政策制定、设计和实施放在整个国家现代化建设格局中通盘考虑，避免出现"头疼医头、脚疼医脚"的单一社会政策，在系统观念指导下，制定和实施在发展中保障和改善民生的社会政策。

100 年来，中国共产党人始终为中国人民的解放事业和实现中华民族伟大复兴不懈奋斗。新发展阶段，要坚持以人民为中心的发展，必须始终把发展和改革开放的立足点、落脚点、着力点放在满足全体人民的幸福感、获得感、安全感上。坚持以人民为中心的发展，必须不断完善社会公平保障体制，实现人民群众在发展过程中的权利公平、机会公平、规则公平，让每个人，不分男女、不分城乡、不分地区都能够享受到发展改革的成果，能够与社会主义现代化国家建设同步发展。中国特色、中国气派、中国风格的社会政策，要紧紧围绕中国特色社会主义制度和实现全体人民共同富裕的目标展开体系构建、学科构建和话语构建，特别是要围绕着社会主义制度下的按分配原则推进公平与效率有机统一来确定中国特色、中国风格、中国气派的政策的逻辑起点。"十四五"时期和建设社会主义现代化国家新阶段，社会政策的重点是要在坚持社会主义按劳分配原则和按生产要素分配等多种分配形式的基本制度上下功夫。

面对经济下行压力，要正确处理发展经济和保障民生的关系，坚持量入为出，积极调整财政支出结构，既要不断加大保障民生力度，又要保持经济持续稳定增长，加快推进基本公共服务均等化。在确保特定人群和特殊困难地区优先发展的基础上，进一步做好教育、就业、收入分配、社会保障、医疗卫生等各项民生工作。

（三）补齐民生短板不断完善社会政策

中国特色、中国风格、中国气派的社会政策要关注农村地区，聚焦基层生活，助力欠发达地区，关心困难群体，要适应宏观环境变化，党实施的扶贫攻坚和抗击疫情政策就是范例，面对发展中的不平衡不充分问题，党的十八大以来，以习近平同志为核心的党中央把扶贫攻坚摆在各项工作的重中之重，取得了扶贫攻坚的决定性胜利和全面建成小康社会的决定性成就。社会政策必须在坚持公平保障体制基础上，在经济发展过程中不断满足人民群众对物质生活和精神生活的需求，使发展成为高质量的发展。提高人民群众的获得感、幸福感、安全感必须在普遍提高全体人民收益的基础上，减少不平等的程度，提高所有人的生活质量。

党的十九届五中全会决定指出，坚持把实现好、维护好、发展好最广大人民根本利益作为发展的出发点和落脚点，尽力而为、量力而行，健全基本公共服务体系，完善共建共治共享的社会治理制度，扎实推动共同富裕，不断增强人民群众获得感、幸福感、安全感，促进人的全面发展和社会全面进步。为此，要处理好不公平问题，关注那些在发展中由于教育机会、家庭背景、生长环境不同而处于不公平、不公正境况的群体，使他们能够在发展中享受发展成果，在发展中受益，这是坚持在发展中保障和改善民生的核心价值问题，也是社会政策的核心价值问题。

2021年3月，李克强总理在政府工作报告中提出"科学精准实施宏观政策"，这一方面反映了我国宏观政策在长期历史实践中已经成熟了；另一方面，也反映了我国政府对形势的判断和疫情的发展有更深刻的认识，以及有一套成熟的应对办法。2020年的政府工作报告中没有设定国民经济生产总值增长速度，是因为那时人们对疫情不是特别熟悉，也不特别了解其不确定性。经过一年的实践，人们对疫情管控机制、治疗技术以及疫情监控监管都有很好的办法，能够在科学精准基础上，甚至可以在大数据和互联网环境下使宏观政策调控更加科学精准，社会政策也是如此。

在抗击疫情中，我们清晰地看到，基层组织在社会治理，特别是维护社会秩序、为居民服务方面发挥着非常重要的作用，但基层组织面临着巨大压力，"上有千条线，下有一根针"，基层工作人员重不堪负。从各地反映的问题来看，要在总结经验的基础上，尽快修改完善城市基层委员会组织法和村民委员会组织法，使基层建设在新的发展阶段上能够更好地为社区服务。

基层政策不是单纯的经济政策，也不是单纯的社会政策，是综合经济社会政策，需要相关部门建立综合决策机制，在考虑各方利弊基础上，在有居民参与的前提下，共同解决问题，找到解决问题的最佳方案、最优方案。要对各项政策的短期影响和长期效果做出评估，使政策能够短期解决问题，群众满意，长期不留后遗症。当然，绝对不留后遗症的社会政策是不可能有的。随着形势的发展，实施环境的变化，政策总会暴露出问题，这就有了社会政策实施过程中的最佳、最长效政策。发展和完善中国特色、中国风格、中国气派的社会政策，要综合考虑各项政策、各个部门之间的衔接，特别是与人民群众利益、态度之间的衔接，使政策的长效性和短期解决问题的有效性有机结合起来，实现社会经济的可持续发展。

中国特色、中国风格、中国气派的社会政策要聚焦社会差距，包括地区差距、城乡差距、收入差距；在补齐民生短板上下功夫：办好就业、教育、社保、医疗、养老、托幼、住房等民生实事；努力实现"幼有所育、学有所教、劳有所得、病有所医、老有所养、住在所居、弱有所扶"。

在发展中保障和改善民生的核心问题是，要处理好效率与公平的关系。经济发展必然要讲效率，要讲产出，要讲 GDP 增长，使经济在科技支撑下，在结构调整时发挥市场配置资源中的决定性作用，使整个社会的经济总量、经济总体水平和人均水平都有所提高。2020 年中国人均 GDP

超过一万美元，从在发展中保障和改善民生逐步走向了改善人民生活品质的新发展阶段。新发展阶段，必须处理好经济增长和居民消费的关系，尤其是公共消费，通过扩大公共消费进一步推动经济健康发展。

（四）不断丰富增进民生福祉的基本手段

中国特色、中国风格、中国气派社会政策的基本手段应包括全面优化收入分配结构，完善基本公共服务体系，发挥财政政策积极作用，实施相关社会影响评估，建立完善综合决策机制，在科技创新中改善民生。

民生问题触及人们的最核心利益关系、利益格局问题。2021年两会期间，人们热烈讨论李克强总理在政府工作报告中提到的"城镇老旧小区"改造投入问题，这是一个事关千百万人民群众切身利益的问题。从现代化和新发展阶段的要求和视角看，20世纪80年代建设的老旧小区不仅面貌差，其地下管道、地上地下电缆等都已经老化，改造工程极其艰难，极其复杂，不仅涉及有没有钱的问题，更涉及各种利益关系问题，涉及不同房主及其使用权，不同住户的使用期限、使用方式等问题，各自的心态、关注度有巨大差异。这类房子，目前有私人产权、有公共产权，有的房主在居住，有的租借给别人，在这样复杂关系中推进改造工程，每个人的想法、诉求都不一样，要达成一致意见困难多多。民生改善，不仅涉及经济发展水平、有没有财力、个人有没有能力等，还涉及人们对这个问题的利益关系、关心程度、迫切程度等。老旧小区改造涉及各方面利益关系，资金如何出，各地情况不一样，要深入研究，提出解决问题的办法。中国已经到了这样一个发展阶段，增进民生福祉关键是怎么去协调各种关系。要尽快出台包括不同年限、不同利益关系、不同态度等内容在内的一揽子政策。

总之，中国共产党肩负中国历史上人民追求美好生活、建设美好社会的理想的使命从解决近代中国社会的主要矛盾出发，坚持中国共产党成立时的初心，在社会主义革命和建设、改革开放历史进程中，坚持在发展中保障和增进民生福祉。当前，中国进入新发展阶段和踏上社会主义现代化国家建设新征程，实现全体人民的共同富裕，仍然必须坚定不移地在发展中增进民生福祉，协调各种利益关系，使全体人民最大限度地在发展中享受发展成果，收入结构更加合理，社会公平正义程度不断提高，这正是中国共产党制定中国特色、中国风格、中国气派社会政策的出发点和落脚点。

在发展中保障和改善民生

新发展阶段增进民生福祉

我国民生和社会建设进入新发展阶段，改善民生福祉和推动社会文明达到更高程度成为新发展阶段的新任务。

《中共中央关于制定国民经济和社会发展第十四个五年规划和二〇三五年远景目标的建议》（以下称《建议》）要求，"十四五"时期要改善民生福祉，提高社会建设水平，不断增强人民群众获得感、幸福感、安全感，促进人的全面发展和社会全面进步。改善民生福祉，提高社会建设水平，是党在中国特色社会主义国家建设进入新发展阶段，在新发展理念指导下探索中国特色社会主义社会建设新发展格局新的战略思想。它为"十四五"时期和 2035 年社会领域发展描绘了新的发展蓝图。由保障和改善民生，创新社会治理到改善民生福祉，提高社会建设水平，是党对新发展阶段的社会建设的新认识、新判断、新部署，必须深刻认识，准确把握，认真贯彻。

党的十九届五中全会指出：使新发展阶段社会主义核心价值观深入人心，人民思想道德素质、科学文化素质和身心健康素质明显提高，公共文化服务体系和文化产业体系更加健全，人民精神文化生活日益丰富，推动形成适应新时代要求的思想观念、精神面貌、文明风尚、行为规范，中华文化影响力进一步提升，中华民族凝聚力进一步增强，社会文明程度达到新高度。社会文明达到新高度这一要求为文化强国和高水平社会建设规定了基本标准，使文化建设和社会建设在新发展阶段的任务更加明确，为社会主义现代化国家文化建设和社会建设指明了方向。

一、努力改善民生福祉

（一）在新发展阶段中改善民生福祉

新发展阶段，社会建设必须把人民群众的生活品质摆在重要位置，通过高质量经济发展不断提高民生福祉。人民群众生活品质的不断提高是衡量高质量发展的根本标准。新发展阶段中，应把提高人民生活品质作为评价经济社会发展水平和发展目的基本指标，把我国社会发展推向新境界。

生活品质，是指人们在经济和社会发展中获得的物质财富之多寡，享受到的各类服务的主观感受与满意程度。人民生活品质包括人民的客观生活品质和主观的生活感受。客观生活品质包括，随着经济高质量发展，人民的收入水平稳步提高、就业质量不断提升，以及由此获得的包括基本公共服务在内的各类服务的数量和品质。主观的生活感受是指人们对于随着经济高质量发展，收入水平不断提高、就业质量逐步提升所带来的获得感、幸福感和安全感。新发展阶段，不断提升人民的安全感尤为重要。客观生活品质和主观的生活感受共同构成完整意义上的生活品质，二者缺一不可。作为经济发展终极目标的人，通过直接获得经济收入和服务来产生获得感、幸福感和安全感，客观获得和主观感受在个体身上最终得到体现，生活品质在此得以改善。生活品质是一个集经济、社会、文化、精神于一身的综合性概念。按照《建议》关于人的全面发展的要求，唯有客观生活品质和主观的生活感受都得到改善，人的全面发展方可实现。人民生活品质就是人民能够享受到的经济社会发展的最终成果和人民对于发展成果的客观享受和主观体验。改善人民生活品质要求在新发展阶段必须把过去经常讲的保障和改善民生与人民的感受有机结合起来，落实《建议》提出的不断增强人民群众获得感、幸福感、安全感。

生活品质是一个综合概念，心理满足在其中占据重要位置，同时考虑经济、社会、环境诸因素。提高人民生活品质还意味着，要提高个人和社区的生活满意度，促进自我发展。生活品质的提出意味着在新发展阶段必须进一步理解"高质量发展"这一概念的深刻含义，回答一系列更基本的问题。在更高层次上的发展，生活品质的视角是非常基本的视角，它引导我们推动社会建设迈向一个新阶段、新水平、新境界。它引导高质量经济发展为那些希望得到工作的人们提供高质量的就业岗位，使全体社会成员有更多的时间和更健康的消费；它要求学校致力于有情感、有教养的创新性教育、社会技能的提升；公共卫生机构会必须把更多的精力放在预防，而不是治疗和手术上，医患关系必须和谐等；为了当代的人，必须致力于人民生活品质；为了未来的人，必须致力于高质量和可持续的经济增长，而不是追求数量的经济增长。只有高质量和可持续的经济增长才会使当代和未来有机结合起来。

不断满足广大人民群众的物质和文化需要，改善人民生活品质是马克思主义关于实现人的全面发展的基本要求。经济发展的最终目的是为了提高人类自身的素质，提高人民的生活品质。高质量的经济发展必须满足绝大多数人的需要，并推动社会趋向于更公平、更合理，由此也可以理解为什么《建议》在改善人民生活品质部分特别强调"扎实推动共同富裕"，提出一系列要求和举措。

正确处理经济发展与人民生活的关系始终是我们党的工作中心。早在改革开放初期，邓小平就提出"三个有利于"的思想来处理经济发展与人民生活的关系。邓小平强调指出发展生产力、提高人民群众的生活水平和走共同富裕的道路三者相互联系，不可分割，发展生产力的最终目的是改善人民生活品质。在新发展阶段，强调完善人民生活品质必须紧紧围绕全体人民的全面发展，统筹安排生产活动，以促进人的发展和全体人民的共同富裕为目标，通过全体人民共同努力使人民的物质文化生活状况得到全面改善，生活方式得到优化，工作能力得到提高，实现社会公平正义，推动社会主义现代化国家建设走稳走实走远。

改善人民生活品质需要清醒地认识到：经济高速增长并不一定带来人民生活品质改善，如果政策设计不到位和体制机制设计不合理，可能带来一系列严重社会问题。新发展阶段，必须改变传统的生活观念，增强重视人民生活品质的强烈意识，使人们从仅仅关注经济增长带来的收入增加转向关注自己的生活品质，在价值的层面上思考人的全面发展的含义。改善人民生活品质问题的提出，是决胜全面建成小康社会取得决定性成就和即将迈入社会主义现代化国家建设的必然结果。决胜全面建成小康社会取得的决定性成就为人民提供了更多闲暇时间和更高的消费能力，推动人们对生活品质的追求。与时俱进，《建议》从而强调新发展阶段上改善人民生活品质问题。

（二）以新发展理念引领改善民生福祉

以习近平同志为核心的党中央从全面建设社会主义现代化国家的历史高度出发，提出坚持以人民为中心的发展思想和创新、协调、绿色、开放、共享的"五大理念"，集中体现了关于发展问题的新认识、新判断、新举措，是对我国经济社会发展历史经验的最新概括，也是针对发展中出现的各种问题而提出的解决方案，具有很强的针对性和鲜明的时代特点。

坚持新发展理念，就必须坚持以人民为中心这一根本思想。一是必须把人民群众的温暖放在首位，树立全面发展的思想，满足人民群众的多方面需要。高质量经济发展是实现人的全面发展的手段。人的全面发展的前提是经济社会的全面发展，但经济社会的全面发展必须通过人的全面发展体现。人的全面发展包括人民的物质生活、社会生活、精神生活、政治生活等各方面的需要得到满足，人的体力、智力、情感等各种潜能得到充分体现。不断实现好、维护好、发展好最广大人民的根本利益是社会建设的出发点和落脚点。关注人民群众的生活品质，就是贯彻新发展理念。二是协调发展是新发展阶段社会建设迫切需要解决的问题。协调发展不仅要求民生、社会治理等各个社会建设要素适应经济高质量发展，而且要求经济高质量发展满足社会建设水平提升的需求。在社会建设中，协调发展表现为质的协调和量的协调两个方面，即生活品质改善、经济高质量发展要在性质和数量上相互适应对方的要求。所谓质的协调发展就是要求人民的就业、收入以及对在经济社会发展基础上获得的包括基本公共服务在内的各类服务与人们的主观感受保持一致，正确处理好客观生活品质与主观的生活感受之间的关系，使二者在现实生活中实现统一。三是共享发展体现了中国特色社会主义制度优越性。发展既要满足当代人的共同需要，也要考虑下代人以及未来的人们的需要。在横向上，要使全体人民在发展中受益，实现共同发展，共同富裕；在纵向上，要强调经济发展与自然界的和谐关系。在提高人民生活品质的过程中，环境资本与生活品质相辅相成。新发展理念要求改善人民生活品质必须从满足人的各种需求出发，实现民族的共同和持续发展。

新中国成立七十多年和改革开放四十多年的历程中，伴随着经济发展，党和政府与时俱进，在提供更多公共服务、国家福利，加强对社会管理等方面进行了大量探索。这为人民生活品质的提高提供了底线保障。我们将其视为发展过程中的关于发展理念的不断深化过程。从其他国家的经验看，生活品质问题的研究得到重视与经济发展和社会进步密不可分。第二次世界大战后，世界各国把发展的重点转移到经济建设上，以单纯的经济增长作为发展的根本目标。那时，经济学被乐观地认为是解决生活品质问题的最核心办法，因为个人或社会的生活品质都与收入直接相关。在这个历史阶段中，经济学家把生活水平定义为人均国内生产总值，意味着测量生活水平的指标是对食物、衣服等基本需求的满意程度。人均国内生产总值被广泛用于测量世界各国的人民生活水平。然而，人们忽视了社会结构的破损、收入差距的扩大、自然环境的破坏性开发、卫生医疗领域的种种弊端等，"忽视了收入的分配，忽视了生活中的重要方面，如尊敬他人、隐私保护和道德评价，等等。"[①] 其直接结果是：科技日新月异和消费经济迅猛发展，一些国家的生活品质却没有提高：收入不平等、医疗保健和教育卫生等基本人权缺失、公共政策失效、城市衰败等。新发展理念就是引导人们思考人民生活品质改善，引领经济社会健康发展。

（三）在新发展格局中提升民生福祉

改善民生福祉是"十四五"时期社会建设的新目标新任务，做好这项工作必须从多方入手。

一是改善民生福祉对执政党工作提出了更高要求。各级党组织和各级政府必须在充分调查和深入研究人民群众诉求的基础上，制定经济社会发展战略和发展政策。在充分发扬民主的前提下，通过人民群众广泛参与经济、社会和文化发展过程来实现包括基本公共物品和基本公共服务在内的各类物质和精神产品的有效供给。在这点上，习近平总书记为全党和各级

---

① 丁元竹：《论生活品质及其评价体系的构成》，《开放导报》2007 年第三期。

领导干部做出了榜样，在编制《建议》前夕，习近平总书记深入实际调查研究，多次召开座谈会，倾听广大干部和基层群众的意见建议，问政于民。在《建议》基础上编制规划纲要和各类专项规划，各级政府部门将本着以人民为中心的理念，脚踏实地，从人民群众的需求出发，落实好《建议》提出的各项要求，把党中央的重大战略部署落到实处。

二是要把提高民生福祉放在发展的首位，坚持生活品质的主观评价与客观测量的有机统一。要建立对人民群众生活品质评价的相关体系，从社会生活的供给与人们生活需求两方面进行评估，只有这样才能得出正确的结论。人民生活品质评价是从价值角度和居住者需求层面展开的评价，是国家或地区所能提供给居民以及外来人口所能感受和拥有的日常生活所需要的设施、环境、技术、服务等的总和。其中，政府基本公共服务在改善人民生活品质中发挥主体作用，在此基础上，还包括社会组织、志愿者可能提供的服务。人民生活品质的测量和评价，既要充分考虑在经济高质量基础上的物质产品和各类服务的能力与水平，也要考虑人民群众的感受和要求，充分考虑人的全面发展。要坚持马克思主义创始人的观点以及中国共产党在长期革命和社会主义实践中积累的经验：人的全面发展就是要使人民的物质生活和精神生活得到最大满足。坚持生活品质的主观与客观有机统一—马克思主义关于人的全面发展和新发展理念的基本要求。

三是鼓励和支持全体社会成员承担起改善民生福祉的责任。社会成员中的个体生活品质是对自己身心健康状况的感受和对自己生活满意度和对社会的反馈性行为。个人层面的生活品质主要有：收入、就业、健康、家庭关系、邻居关系、娱乐、休闲等。由于每个社会成员的个人经历、家庭背景、生活目标、价值观念、文化背景，以及对同一事物的心理感受不一样，就决定了个人对生活品质的追求大不相同。但个体生活品质也有共性的一面，例如，每个人都普遍追求更舒适、安全、便利的生活环境，更高水平的收入，更高质量的就业，更大的自我发展空间等。人民生活品质的改善是个体、政府和社会共同努力的结果。"十四五"时期，必须鼓励和支持全体社会成员承担起改善生活品质的责任，积极参与到社会建设中去，不断提高社会建设水平和社会文明程度。

四是构筑人民生活品质为导向的社会建设战略，把社会建设水平提升与建设服务型政府结合起来，不断完善政府公共服务体系，提高政府公共服务能力。对个人或家庭来说，维持较高的生活品质往往是以经济能力为基础的，即使外界条件不如意，经济条件也可以帮助人们以变通的方式改善自己的生活品质。经验表明，除了个人和家庭收入之外，政府能够提供公共服务的范围和水平，是决定居民生活品质的重要因素。因此，在社会建设领域，必须更好发挥政府作用，以政府的公共政策确保社会公平正义。

五是民生福祉改善，一方面决定于人们从市场，或者说是从一次分配中获得的收入以及通过这些收入购买的服务和物品；另一方面取决于广义的民生保障状况。民生保障的供给途径包括：第一，政府资金投入和政府直接提供基本公共服务，主要是公共财政在社会发展领域的支出和政府在社会领域开展的服务，包括基本公共服务。第二，社会的服务，包括社会各界，包括慈善组织、志愿组织对社会事业的财物捐赠、时间捐赠和知识捐赠。第三，企业对社会发展所承担的社会责任，对所在社区的社会责任、对社会的捐赠和提供的直接服务。从微观角度而言，生活品质是指城市或区域能满足每一个居住者生活个性化需要的水平，它使城市或特定区域更具功能性，更符合特定群体(比如弱势群体等)的生理、心理特征(如智障者、残疾人等)和特定时期（如战争、灾害）所急需的特殊服务（如应急救助、抗灾抢险）等。所以我们说，评价社会建设的依据就是人民的生活品质。

六是新型城镇化建设和乡村振兴是"十四五"时期的重要工作，它们直接关系人民生活品质改善。"微基建"是提升人民生活品质的重要内容，应当纳入"十四五"社会发展内容，与社区建设有机结合起来。例如，要在加强对村落和居民点的建筑改造和形象整治的同时，对那些原来地处自然景观生态区纵深和边缘部位的建筑，在自然景观生态区资源的深度开发进程中，其影响将会逐步凸现，应成为整治重点。重视城市与自然景观生态区接壤的城市区块建筑实体控制，在将城市休闲空间引入自然景观区的同时，重视将自然景观元素引入城市空间，营造两者互动的空间环境特色，为人民群众的公共活动提供良好的城市和乡村空间。城市发展中，尽可能保持道路结构的系统特点，重点维持街巷空间的线形特点特征（轴线不变）、掌握好街巷空间的高宽尺度关系、延续建筑层次的丰富性、保持公共设施空间布局的性质。在老旧小区改造过程中，对旧城街巷系统进行分类，城市交通性主干道外的其他街巷应作为城市休闲生活和观光旅游的主要资源进行深度开发。主要城市干道的空间环境形象要有统一的特色定位。再如，要丰富新建区块中的公共街巷空间的层次。已经成型的街道系统要加强空间环境的成熟度，有条件的要尽可能开辟城市交通与步行休闲功能的街坊空间，将一些原本在小区围栏内的道路转变成城市街巷。拟建的区块更要考虑在成熟过程中"迷宫式"的街坊格局的可能性，一些将被纳入小区的区域道路系统，要通过相关政策激励，使其服务城市空间。对建成街道中的步行空间要加大细节修补和城市建筑与绿化的配置，推动其逐步成熟。加强城市道路界面的视觉通透性和绿化景观的容量。加强建筑形象的质量提升。对已经建成的形象质量差的建筑（住宅居多），必须着手积极准备相关整治措施，条件成熟即开始整治。"微基建"必须包括社区建设，即建设基层人民的社会生活共同体。

总之，《建议》对"十四五"时期的社会建设提出了新的和更高的要求，这就是，要立足新发展阶段，在新发展理念指导下，构建以为人民生活品质为核心的社会建设新格局，不断提高社会建设水平和社会文明程度。

二、推动社会文明程度达到新高度

（一）新发展阶段的重要任务

新发展阶段赋予社会主义现代化建设新内容。一是要在新发展阶段上不断地改善人民生活品质，提升社会治理水平，形成社会发展新格局。在新发展理念指导下，使共享、绿色、和谐在社会发展中得以体现。它要求人们把价值观、世界观、人生观、审美观，通过文化艺术形式，以文育人，以文化人，融入人们日常行为，形成人们内心的社会秩序、社会规范、社会规矩；就社会治理而言，它将超出传统意义上仅仅采用一般的治理手段，把文化与社会治理有机结合起来，通过文化力量来提升人们的行为风格、做人素质。二是更加强调"人心是最大的政治"这一理念。科学技术创新、创新驱动，对中国社会主义现代化建设和中华民族伟大复兴至关重要，同时不可轻视"人心"的作用。这要求，时时刻刻审视社会心态，每个人都要净化自己的心灵，同时洞察他人的心境，千方百计把社会成员凝聚起来。凝聚力是社会文明的重要标志。筑牢中华民族共同体意识的核心是形成各民族的强大凝聚力。

社会文明与改善人民群众生活品质密切相关。一是党的十九届五中全会提出了改善人民生活品质，提高社会建设水平，这就要求把民生和社会建设与社会文明程度的提高结合起来。人民生活品质，一方面表现在客观方面，另一个方面表现在主观方面。在客观方面，表现为人们获得发展成果状况：收入、就业、社会保障、社会福利以及各类公共服务；在主观方面，表现为获得感、幸福感、安全感（简称"三感"）。这"三感"又通过人们的表情、言语、行为展现出社会风貌、文明时尚和行事风格。二是社会文明是中国特色社会主义现代化国家建设新阶段的重大课题，它要求跳出传统意义上对社会建设的理解，真正把社会治理建立在精神文明基础之上。根据党的十九届五中全会提出的系统性观点，要把社会文明与经济建设、政治建设、文化建设、社会建设和生态文明建设有机结合起来，把文明行为融入五大格局，使其表现为经济质量更高，政治更加民主，文化建设更有社会效益，社会建设更有文化内涵，生态文明公众更积极参与和更大责任心。新发展阶段上的社会文明对经济高质量发展具有更加重要的意义和更大影响。

中华民族深厚的历史底蕴，通过学习教育和各种方式深入人们的思想，形成深厚的历史积淀，表现在人们的言行、生活方式、生产方式中，表现为社会文明。社会文明的培养要基于历史底蕴，要通过党史、新中国史、社会主义发展史、改革开放史等一系列中华民族的优秀历史、优秀文化、优秀传统的教育，使人民群众理解中华民族的发展、追求，使其成为每个社会成员的内心追求、每个社会成员的理想，让其积淀于人们心中，表现在日常行为中，不断增强中华民族的强大凝聚力，筑牢中华民族共同体意识。

（二）文明是社会的素质

恩格斯曾说过，文明是社会的素质。文明是人类在发展中创造的生产方式、生活方式，表现为物质形态、精神形态。人类的各个领域、各个方面、各个群体、每一个体都展示着社会文明。

社会行为是社会文明的具体体现。一是社会文明表现在人们日常生活、日常交往、社会关系，是看得见摸得着，能够感受到的实实在在的行为和活动。日常生活中人们的行为，言谈举止、待人接物是历史、文化生活、经济社会发展在人们内心的积淀和通过行为表现出的各种各样的活态文明，这种活态文明才是应当关注的真正意义上的社会文明。二是文明社会的人们能够积极创建他们的社区，使社区环境、生态卫生、公共安全、邻里关系得到改善，人与人之间和谐、友好、友爱，生活品质得到提升，社会矛盾减少；人们通过协商方式解决日常生活问题，减少冲突，形成文明的基层人民生活。基层人民的文明生活是社会文明的基础。三是社会文明程度提高意味着人性化水平的环境不断改善，住宅、公寓、商店、各种活动场所能够聚集在一起，使人们有机会进行社会交往，开展社会活动，社会生活充满魅力和活力。四是社会文明聚历史、经济、文化、生活于一体。高度的社会文明同样会使异文化环境下的人们感到感召力、吸引力、凝聚力，产生获得感、幸福感、安全感、便利感、温馨感、舒适感，构成国家和民族凝聚力的基础。

群体文明是社会文明的整体体现。一是就整个社会精神风貌看，社会文明就是真善美。真，就是真诚对待别人、诚实守信、实事求是、追求真理、脚踏实地；善，就是善待他人、善待自然、关心社会、与人为善；美，就是热爱生活、追求品味、追求卓越、崇尚人文。就个体而言，真善美就是真我，表现为个体的坦诚、上进、谦虚、反省、感恩、知足、利他、乐观、勇敢等行为和心态。二是社会文明通过社会建设和文化建设在人们内心，在各个领域培育最基本、最深厚、最深沉、最持久的内在力量。一方面表现为群体、民族、国家的信仰、情感、意志、能力、追求等一系列最深层次的文化要素，另一方面表现为人们的世界观、人生观、价值观、审美观等一系列最深层次的内在取向。这些深层次文化要素和内在取向最终通过社会规范、日常行为形成社会力量、感召力、向心力、凝聚力。三是在宏观方面，文明的社会让人们享受获得感、幸福感、安全感；在微观方面，使人感受便利感、温馨感、舒适感。这是两个不同层次的感受，反映了不同发展阶段人民群众的要求、期待、期盼。如果说在全面建成小康社会阶段，人民群众期待更多获得感、幸福感、安全感，那么进入社会主义现代化国家建设新阶段，人们在满足更多获得感、幸福感、安全感的同时，期待更多便利感、温馨感、舒适感。四是社会文明要向外界展示，向世界展示中华文明，中国人民在经济建设、政治建设、文化建设、社会建设和生态文明建设中形成的精神风貌、文明风尚，让每个人把内心感觉到的获得感、幸福感、安全感、便利感、温馨感、舒适感内化于心，外化于行，使这些感受成为人们实实在在的社会生活的一部分，形成全社会的凝聚力。

浓郁人文底蕴是社会文明的根基。人文社会科学能够凝心聚力、培根铸魂。文明的社会要有发达的社会科学、人文科学研究。一是社会科学能够实事求是，用科学方法解释社会发展事实，解释社会发展道理，告诉人们社会发展基本规律、基本情况，使人们对现实社会和未来社会有着清晰的认识，不简单盲从，在稳健和有定力的心态下，从容自如。二是人文科学把历史、哲学等人文精神挖掘出来，不断适应新形势创新创造，为社会成员创造浓郁的人文气息，置身人文环境，陶冶道德情操。三是社会文明程度表现在文化事业、文化产业高度发展。文化事业能够为人们提供读书、观赏的便利条件，有机会参与到文化生活中去，在文化活动中，增加社会交往、社会交流、信息沟通机会，培育良好社会关系，促进社会交往交流交融。文化产业不为产业而产业，文化产业的各种产品和服务，必须把先进的世界观、价值观、人生观、审美观通过人民群众喜闻乐见的艺术表达形式进入人们的日常生活，通过人们的欣赏活动与人民群众生活融为一体，发挥寓教于乐的作用。四是文化产业和文化事业的发展不是社会文明目的，而仅仅是手段。社会建设也是如此，社会建设、社会治理最终要改善人们的生活品质，体现在个人生活水平的提高和精神面貌的改善，培养出一代又一代精神健康、思想端正、奋发有为的时代新人。

（三）努力推动社会文明程度达到新高度

推动社会文明达到新高度必须遵循社会发展规律。一是如果不让社会过于市场化，就必须尊重社会发展自身的规律。社会发展与经济发展有着不同的规律，应该采取不同的方法。社会文明的根本要求就是要尊重社会发展规律，动员社会成员积极参与，推动社会成员承担起社会责任。社会成员对社会的奉献以及人和人之间的和谐关系，构成社会治理的社会秩序基础，是社会文明的重要体现，要把这些作为"十四五"时期社会建设的基本手段，推进社会文明水平提高。二是从社会发展的内在规律看社会问题，把社会发展作为经济增长、生态保护文化发展基础性环境，推进社会文明建设，形成良好的社会环境。温故知新。社会领域中曾经走了一段弯路，就是用经济手段搞社会建设，认为只要经济问题解决了，社会问题就自然而然解决了，实际上这是违背社会发展规律的。社会文明取决于人们对于社会发展规律的认识，社会中人和人之间如何和谐相处，不是经济手段能够解决的，它需要营造社会所独有的氛围。一个时期内，人们对社会管理过于关注手段、制度、体制、机制，在这些方面做了大量探索，通过考量和矫正，取得了显著成效。"十四五"时期要进一步提升社会治理水平，必须把文化建设和社会建设有机结合起来，通过文化建设来夯实社会治理的价值基础，建立起人们内在心理的社会秩序。人们心理秩序建立起来，才能够建立起外在的社会规范，才能形成人和人之间有序和稳定的社会关系，社会文明程度才能逐步提高。三是文明的社会要求自己的社会成员学会自我反省，学会谦虚谨慎，有用真善美来判断和明确事理的标准，并将其付诸行动。如果全体社会成员都努力以这样的行为行事，达到这样的行事基准，社会就能够从根本上进步，民族就能立足不败之地。社会文明包含意识形态各方面要求，必须坚定不移地坚持马克思主义在意识形态领域的指导地位，坚持文化自信，推动中华文化创造性转化、创造性发展，继承革命文化，发展社会主义先进文化这一根本遵循。

完善基层社会生活。一是"微基建"是社会文明的基础性标志。"十四五"时期，应该把"微基建"摆在重要位置。经过40多年改革开放，在道路交通、高楼大厦等基础设施建设方面取得了巨大成就，与发达国家的距离不断缩小，但在一些微小细节，比如说社区小型服务设施、服务中心、活动中心，在这些方面要加强建设，补足人民群众便利性短板。二是综合服务中心建设要把各个部门的体制机制问题解决好，打破各自为政的建设方式，给基层更大权力、更大积极性，根据居民生活质量评价居民生活的便利性，把文化教育、医疗、养老、残疾人服务、人口服务等各个方面集中起来，形成更加有效的服务效能和服务能力。三是要解决好这个问题，除了"微基建"，还要考虑的一个重要因素，就是关于人力资源的配置，"十四五"时期公共服务体系发展、社会服务的发展需要大量人力资源配置。基层工作，不仅要有热情服务的管理人员，也要有专业社会工作人员，二者缺一不可，要创造条件让他们一道工作，与基层人民打成一片，提供更多、更高质量的公共服务，使人民群众在基层的生活中就能够更有便利感、温馨感和舒适感。要真正解决好基层工作人员的工资福利和职业前景问题，对待基层工作人员的制度安排反映着社会文明的水平。解决好基层人才问题，必须提高基层工作人员的福利待遇，让他们安心在基层工作，使他们能够看到未来的职业的光明前景。

老城区改造体现着社会文明程度。一是老城区改造不仅是一个经济建设、建筑工程问题，也是社区建设问题，要把社区建设摆在重要位置，在小区改造过程中不断地培育人民群众的认同感、共同情感和对社区的关心和爱护，形成良好的邻里关系，关心公共事务的热情，参与公共事务的积极性，让基层成为人民生活的共同体。二是这给"十四五"时期社会治理工作者和文化工作者提出了新要求，即社会治理工作者对于文化，特别是以价值为导向的文化各项内容要有深刻了解。同样，文化工作者要深刻理解文化的真正生命力在于适应社会发展，适应人民群众需要。使文化与社会紧密结合起来，真正实现文化的社会效益与经济效益有机统一。三是在学科上，社会治理可以有自己的分野，有自己的学科范围、学科体系，在实际工作中，特别是在落实"十四五"规划建议过程中，社会治理必须把经济建设、民生保障、文化建设、生态文明建设有机结合起来，使之渗透到各个领域人们的行为中，通过人的行为体现在经济、政治、文化、社会和生态等领域。

大力发展志愿服务。志愿服务是社会文明的基本要素。一是文明的社会是利他的社会，每个人都要为他人着想，帮助他人，为身边的人做力所能及的事，最典型的表现就是志愿服务，把自己的时间、精力、知识、热情，奉献给自己身边的人，使需要帮助的人们得到帮助，使社会充满爱心、活力和激情。二是志愿服务发展已有很多年，成效显著。注册志愿服务制度，成为推动志愿服务非常重要的工作内容，但要把志愿者项目开发，特别是从人民群众需求出发，坚持以人民为中心的志愿服务发展理念，开发人民群众喜闻乐见的志愿服务项目，使志愿服务真正与志愿者注册结合起来，形成有效的志愿服务能力和志愿服务效能，使志愿服务真正成为服务群众，成为社会生活中的重要组成部分。

打造天朗气清的网络空间。网络文明是人类进入网络时代出现的新文化现象，它改变了社会结构，改变了人们的行为和思维方式。一是人们在互联网上进行交易、交往、交流，原来发生在社会生活中的面对面的交往，以及通过电话、电信、信函等方式的交往方式，现在可以在互联网上实现，在互联网环境下规范交往方式、维护互联网的规范性已经成为社会文明程度的新内容、新指标。二是在经济领域中，避免利用互联网诈骗，保持互联网环境下的诚信；在社会领域避免利用互联网施展暴力，保持互联网环境下的友好、友谊、友情、真诚、坦诚，使互联网成为人们多向交流的空间。三是文明的社会应杜绝人与人之间的冷漠和基本相互信任的匮乏，要对丑陋事物决不宽容，杜绝庸俗的实用主义和物欲主义横流。要培育社会责任意识、社会规范意识和奉献精神。包括人间真情在内的社会资本对社会发展会产生深远影响，会影响到数代人的行为模式和思维模式。一个社会只有重视人间真情了，社会才能回归秩序、活力、尊重、和谐。

家庭文明则社会文明。家庭是人生起航的地方。一是家庭必须培育良好的家风，正如习近平总书记所说的，"家风是社会风气的重要组成部分。家庭不只是人们身体的住处，更是人们心灵的归宿"①。"家庭和睦则社会安定，家庭幸福则社会祥和，家庭文明则社会文明。"②

支持各地探索社会文明新路径。近年来，各地探索"无讼社区"建设，这是对社会文明程度提升的积极尝试。"无讼社区"使社会问题通过协商和协调方式来解决，最终形成一种和谐的社会关系，不会因此引发社会冲突和人与人之间关系紧张，这是比较好的解决问题的办法。另外，"无讼社区"实际上提出了社会建设、社会文明的深层次理论问题，那就是最佳

---

① 习近平：《在会见第一届全国文明家庭代表时的讲话》，《人民日报》2016年12月16日。
② 习近平：《在会见第一届全国文明家庭代表时的讲话》，《人民日报》2016年12月16日。

的社会治理标准是什么、社会发展的目的是什么和如何降低社会发展成本，使社会更美好、更有序和更充满活力。好的社会应该是一个成本较低的社会。文明社会的标志就是治理成本不断降低。

让群众看到变化，得到实惠

一、幸福就是让老百姓过上好日子

习近平总书记指出，"让老百姓过上好日子是我们一切工作的出发点和落脚点"①。中国共产党坚持立党为公、执政为民的本质要求就是增进民生福祉。民生就是人民生活。保障和改善民生就是动员全体人民为自己的生活奋斗，鼓励和帮助人民实现美好生活的愿望，不断提升人民的幸福感和获得感。就业是民生之本，有就业才能有稳定的收入、可靠的社会保障、良好的医疗卫生及教育，才能改善居住条件。

只有民生需求得到了满足，人民才会有更多的获得感和幸福感。发展的目的就是要使人民群众在实际中得到实惠，在生活上得到改善，在权益上得到保障，不断满足人民日益增长的物质和文化需要，实现人的全面发展。现代国家发展经济、创造财富、推动社会进步的目的就是让人民获得幸福。如果发展不能回应人民对幸福的期待，不能让群众得到实际利益，

① 《让老百姓过上好日子是我们一切工作的出发点和落脚点》，《法制日报》2013 年 9 月 2 日。

这样的发展就会失去意义，因此，一切工作必须时刻心系百姓，努力让老百姓过上好日子。

在浙江工作期间，习近平总书记就要求，一切工作要让人民群众受益、让人民群众满意，真正使群众成为利益的主体。只有让人民群众受益了，满意了，才能谈得上人民群众的幸福。幸福是人们享受物质和文化发展成果的过程以及在这个过程中的主观感受与满意程度。幸福感直接产生于客观的生活品质和主观的生活品质。客观的生活品质是指经济社会发展给人们带来的工作岗位和收入的不断提高以及在工作生活基础上获得的包括基本公共服务在内的各类服务，具体说来包括完善的教育体系、充足的就业机会、合理的收入分配体制、公平和可持续的社会保障体系、便利的健康医疗卫生，以及安定祥和的社会环境和均衡的人口发展与布局，等等。主观的生活品质是指人们对于经济发展给自己带来的工作岗位和收入的不断提高以及对在工作生活基础上获得的包括基本公共服务在内的各类服务的主观感受和满意程度，满意的教育服务，令人愉悦的工作岗位，舒心的收入分配体制，便利的社会保障和福利体系，便捷的公共卫生和医疗服务，清新的生态环境，和睦的邻里关系等会使人们心情愉悦、生活充满信心。客观生活品质和主观生活品质共同构成了完整意义上的美好生活。它们支撑着人民的生活，也是民生工作的重点和主要任务。由此也可以理解，为什么习近平总书记一再要求民生工作必须让群众看到变化，得到实惠。

二、让人民群众有更多获得感

2015年2月27日，习近平总书记在中央全面深化改革领导小组第十次会议上强调，要处理好改革"最先一公里"和"最后一公里"的关系，突破"中梗阻"，防止不作为，把改革方案的含金量充分展示出来，让人民群众有更多获得感。人民的幸福感和获得感是在他们日常生活中实现的。让人民群众真正有获得感就必须建设好"最后一公里"。幸福感和获得感所包含的物质生活水平及其主观满意程度，每一方面都只能构成反映人民幸福程度的必要条件，而不是充分条件。只有把二者有机结合起来，才能反映人民获得感和幸福感的程度。各级党组织和各级政府部门，尤其是基层党组织和政府部门，必须在充分、深入调查研究人民要求的基础上，制定经济社会发展战略、发展规划和发展政策，充分发扬民主，通过人民群众广泛参与政治、经济、社会和文化管理来实现包括经济参与、公共物品和公共服务在内的各类物质和精神产品的供给，实现人民幸福的目标。最近，一些地区就本地区发展质量开展全域大讨论，倾听居民对本地区发展的看法和愿景，就是践行五大发展理念，从人民群众的生活出发，建设本地人民的美好生活，让人民群众随着经济发展不断享受发展成果，获得幸福感。正如习近平总书记所说的，基础不牢，地动山摇。民生就是基层人民的生活，民心就是力量。

党的十八大以来，面对复杂多变的国际国内形势，以习近平同志为核心的党中央紧紧围绕经济建设和保障改善民生这个中心不动摇，努力践行"人民对美好生活的向往，就是我们的奋斗目标"① 这一庄严承诺，领导国家稳步前进。

---

① 《习近平谈治国理政》第一卷，外文出版社 2014 年版，第 4 页。

三、民生是人民幸福之基和社会和谐之本

重视扶贫工作是习近平总书记的一贯思想和工作作风。早在浙江工作期间，习近平总书记就高度重视扶贫工作，要求把帮扶困难群众放在更加突出的位置，党的十八大以来，我国农村贫困人口不断减少，扶贫工作摆在了"十三五"规划和全面建成小康社会的中心位置，习近平总书记要求把农村贫困人口脱贫作为全面建成小康社会的基本标志，强调实施精准扶贫、精准脱贫，确保我国现行标准下农村贫困人口实现脱贫、贫困县全部摘帽、解决区域性整体贫困。同时，他还要求关心城镇低保人口、65 岁以上的老年人、城镇务工的农民工、上千万在特大城市就业的大学毕业生和城镇登记失业人员等特定人群的生活，努力践行邓小平提出的走共同富裕道路的制度设计，完善和发展中国特色的社会主义制度。

保障和改善民生必须坚持公平正义，不断完善收入分配制度。我国经济发展的"蛋糕"在不断做大，但分配领域存在的问题仍然比较突出。在共享改革发展成果上，无论是现实情况还是制度设计，都还有亟待完善的方面。习近平总书记指出，"公平正义是中国特色社会主义的内在要求，所以必须在全体人民共同奋斗、经济发展的基础上，加紧建设对保障社会公平正义具有重大作用的制度，逐步建立社会公平保障体系"①。2016 年 5 月 16 日，在中央财经领导小组第十三次会议上，习近平总书记强调，扩大中等收入群体，关系全面建成小康社会目标的实现。必须坚持有质量有效益的发展，为人民群众生活改善打下更为雄厚的基础。

---

① 《习近平谈治国理政》第一卷，外文出版社 2014 年版，第 13 页。

保障和改善民生必须推动公共服务体系更加健全。一是坚持积极的就业政策，以稳定增长促进就业，以创新扩大就业，帮助经济困难地区解决就业问题。在经济下行压力加大的情况下，要防止出现较大范围失业风险。二是完善和改革社会保障制度，构筑人民生活的安全线。完善社会保障体系，既要学习发达国家的经验，更要基于中国国情，建设符合中国国情的社会保障体系。三是继续深化医疗卫生体制改革，努力解决人民群众看病难、看病贵等最基本、最现实、最直接的问题。四是努力办好人民满意的教育，教育是人民群众最关心、最直接、最现实的问题之一。随着科技革命的蓬勃兴起，努力探索适应建设创新型世界科技强国目标的教育体制正在成为教育体制改革创新的核心和重点。五是努力提供宜居的生态环境。习近平总书记说，青山就是美丽，蓝天也是幸福，绿水青山就是金山银山。

四、保障和改善民生必须完善和发展共享共建的社会治理格局

2015 年 3 月 5 日，在参加全国人大上海代表团审议政府工作报告时，习近平总书记指出，要持续用力、不断深化，提升社会治理能力，增强社会发展活力。要强化依法治理，善于运用法治思维和法治方式解决城市治理顽症难题，努力形成城市综合管理法治化新格局。要发挥社会各方面作用，激发全社会活力，群众的事同群众多商量，大家的事人人参与。一是推动基层人民生活的改善。要把社会治理和基本公共服务结合起来。二是社会治理是要去维护社会秩序，激发社会活力，动员家庭、社区社会组织参与社会公共事务，解决社会问题，化解社会矛盾。在这个意义上，社会

治理与公共服务是可以打通的，在深层次实现融合，并在日常生活中推动人民生活的改善。加强社会治理需要有全新的理念，党的十八届五中全会提出的创新是引领发展的第一动力的理念同样适用于保障和改善民生这一重要任务。

五、不断完善共建共享的民生事业保障机制

把保障和改善民生摆在党委和政府工作的重要议事议程。习近平总书记在谈到脱贫攻坚战时强调指出，各级领导干部要保持顽强的工作作风和拼劲，满腔热情做好脱贫攻坚工作，加强党对民生和脱贫攻坚工作的领导。

以共享理念引领民生事业发展。早在浙江工作期间，时任浙江省委书记的习近平就指出，发展观决定发展道路，要求凡是为民造福的事一定要千方百计办好。党的十八大以来，以习近平同志为核心的中央领导集体提出了创新、协调、开放、绿色、共享的五大发展理念。按照共享发展理念的基本要求，一是举全民之力，调动各方面的积极性，集国内外力量，不断把"蛋糕"做大。二是把做大的"蛋糕"不断分好，让人民群众有更多获得感和幸福感，在发展中感受公平正义。积极探索完善收入分配体制，扩大中等收入阶层，逐步构建橄榄型的社会结构。

在经济发展基础上不断加大财政保障力度。要正确处理发展经济和保障民生的关系，坚持量入为出，积极调整财政支出结构，既要不断加大保障民生力度，又要保持经济持续稳定增长。要重点加强基本公共服务建设和完善，特别要支持革命老区、民族地区、边疆地区、贫困地区等特定人

群和特殊困难地区的基本公共服务体系建设，加快推进基本公共服务均等化。在确保特定人群和特殊困难地区优先发展的基础上，进一步做好教育、就业、收入分配、社会保障、医疗卫生等各项民生工作。

坚持人民主体地位，努力形成解决民生问题的合力。要通过进一步完善社会治理体制，全面调动全体社会成员的积极性、主动性、创造性，为各行业各方面的劳动者、企业家、创新人才、各级干部创造参与以民生为重点的社会建设的环境。脱贫致富终究要靠贫困群众用自己的辛勤劳动来实现。

推动各项改革措施与保障和改善民生紧密结合。供给侧结构性改革和扶贫攻坚等重要任务要紧紧围绕人民群众的生活水平提高和生活质量改善展开，使生活物品和公共服务质量更适应人民生活的要求。各项改革举措要紧紧围绕人民需要的安全食品、清洁空气、纯净饮用水以及其他高质量的产品和服务来制定。教育、医疗卫生、社会保障、社区建设、住房等，都需要从质量入手，通过供给侧结构性改革，与人民群众的要求对接起来。

让社会心态回归民生福祉

当前需要处理好中美关系，要放眼四十年前全球化进程的逻辑，尤其是大国关系，要珍惜中国改革开放四十年来取得的巨大成就，并不断扩大和维护改革开放的成果。

一、当前宏观环境的最大不确定性是中美关系

中国，美国，一个是正在崛起的社会主义大国，一个是称霸世界几十年的头号强国，二者未来的关系走向决定着未来的世界格局，看清这点，才能了解当前的各项举措。

20世纪80年代中国改革开放伊始，国际资本外溢已经进行了一个时期，这是日本、新加坡、中国台湾和香港，以及韩国繁荣的国际环境。这一点，我们可以从哈佛大学教授傅高义的分析中得到一些启示，当时，美国内部正在研讨和寻求中美关系正常化，中国正在寻求如何应对苏联的军事扩张和如何解决台湾问题。1979年邓小平成功访美实现了遏制苏联和为中国现代化争取帮助的使命。1978年12月举行的党的十一届三中全会

作出了以经济建设为中心，实行改革开放，加速社会主义现代化建设的伟大战略决策。对外开放这项基本国策自此被确立。邓小平抓住了这个战略机遇期，为中国的崛起赢得了时间和空间。

当时，我们处在与 20 世纪 80 年代不同的历史起点上。面对中国的迅速崛起，在 2018 年初，时任美国总统的特朗普呼吁美国复兴，呼吁复兴美国民族的精神。他向世界宣布，西方永远不会被打败。它们的价值观将占主导地位。这是它们的一贯主张，也是一个时期以来美国的社会思潮之一：强调美国在世界事务的决定性作用。

二、准确判断美国的衰退进程

美国的衰退需要一个过程。而且在其经济总量为中国 1.5 倍和在保持 3%的增长速度环境下，中美之间的博弈或许会变成一个世纪性的竞争。对于这个方位，我们要有深刻认识和全面把握。考虑到美国的影响力，即美国是唯一能够在不同情境下对危机的任意一方施加影响的国家，未来几十年的发展预测都必须考虑美国政策的变化。美国进入到 20 世纪后期，面临两大挑战：一是制度方面的，就制度方面，人们质疑资本主义制度的声音此起彼伏；二是国际地位方面的，就美国的国际地位方面而言，唱衰美国的大有人在，认为美国会东山再起的也大有人在。这是我们理解特朗普提出"美国第一""美国再次伟大""美国民族的伟大复兴"的历史和文化背景。

星移斗转，40 年后，历史把中国推到了一个新的方位。不理解这点，就很难理解我们当前改革和发展面临的新挑战和新任务。

三、保持把自己的事情办好的心理定力

持续一个多世纪繁荣发展的国家，怎容得下另外一个国家的崛起？这是我们理解当下美国学者、决策者和企业家对大国竞争的言论基础。这也是美国的基本心态——长期市场经济环境中培养出来的竞争心态。"美国第一""美国优先""美国民族的伟大复兴"无不源于这种心态。

当前，最根本任务是要把自己的事情做好。中国的民族复兴的心态是建立在过去一个多世纪以来中华民族遭受凌辱和探索民族出路的基础上的，自第一次鸦片战争以来，探索中国的前途和命运是全体中国人的共同要求。这是中美两个不同民族对待当前民族复兴的不同的社会心理基础。中国正在迅速崛起，就不能不面对美国这样的心态，以及在此基础上形成的美国的政治、经济、文化行为。国与国之间的交流离不开心态层层上的交流。这些，确实需要从全局的高度去认识。中国在成为世界第二大经济体的同时，公民心理如何适应这种变化，形成一种更加成熟的社会心态，也就是党的十九大报告要求的理性平和的社会心态。

在这样的国际方位上，改革开放再出发，就必须重新思考一系列的问题：中国如何在这样的国际环境中顺利实现建设社会主义现代化强国的历史使命，减少或避免与美国这样的大国之间的摩擦与冲突等不利因素。各个国家的情况不一样，发展道路也不一样，制度设计和选择也不尽相同，但是改善民生福祉，增强国家实力，对于任何一个国家都是一样的。正如习近平总书记所说的，"让老百姓过上好日子是我们一切工作的出发点和落脚点"①。

---

① 《让老百姓过上好日子是我们一切工作的出发点和落脚点》，《法制日报》2013 年 9 月 2 日。

激发民间投资活力

一、当前民间投资面临的问题与原因分析

（一）民间投资事关国家发展

我国民营经济对国民经济贡献巨大。如此庞大的经济体，能不能健康持续发展，事关整个国家经济发展、政府税收增加、就业岗位扩大、创业创新促进等。能否激活民间投资，调整和改革以政府和国企主导的投资格局是经济转型升级和全面深化改革是否取得成功的重要环节，也是国家治理体系和治理能力现代化的重要关键环节。对于民营资本投资下滑现象需高度重视。

（二）影响民营资本投资下滑的主要因素

一是从国内看，随着居民收入的提高，居民对产品质量的需求不断提高，居民需求旺盛且对产品品质要求越来越高，供给侧结构性改革直接关系民间经济发展；从国际看，随着全面开放，全球各个方面的竞争对手陆续进入国内市场，民营企业面对的对手更强了，国际上的高附加值品牌也

进入国内市场，可谓强手如林，民营企业承受的国内外压力越来越强大。

二是民营企业在加工和制造业中的比例较大，实体企业的利润率不断下降，过去依靠发展第二产业，尤其是那些目前看属于产能过剩的产业，现在不行了。面对市场压力要转型，确实需要时间，也需要一个适应过程。一位地方银行行长说，钢铁煤炭这些行业，哪能说转就转过来的？钢铁行业的转型意味着原有的设备设施报废，是一笔巨大投入和巨额资产，企业自己不舍得，银行更是有压力。笔者遇到一位地方银行行长，对本地经济发展甚为关心，莫不与此有关。民营经济下滑，并不是民营企业缺资金，而是缺乏人才、项目、思路和新的发展模式。山东一位地方干部说，我们这里是去产能的主要地区，有钢铁、煤炭、电力等，可是一个地级市，没有相应的研究院所，没有人才，一下子转型有困难，不是短时间就能解决的。

三是尽管民营企业机制灵活，但在经济发展形势极其复杂和存在诸多不确定因素的情况下，他们对市场更加审慎。一位企业家说，眼下，越是大老板花钱越仔细。很多民营企业家是自己单打独斗出来的，一路坎坷，吃亏太多，非常谨慎是可以理解的。有一位企业家，五年前就什么都不干了，似乎是看透了。也有企业家说，新的模式正在孕育中，需要一个过程，不能急。交流中，企业家们最担心的是政府政策变化趋势和经济运行不稳定。他们认为，宏观调控就是调控预期管理，也有企业家对结构能不能调整过来心存疑惑。对于互联网的发展，一些企业家也心存担心，担心互联网对经济社会结构的影响。有企业家说，"互联网＋"到底要怎样发展？股票和电商消灭一批中产阶级，"互联网＋"会带来什么？这些担忧，不能不引起重视。

二、影响民营资本投资的治理因素分析

（一）差别化对待挫伤了民间资本的积极性

一是各界谈民营企业都说得很好，实际过程中的操作就不一样了。譬如，国家办的学校可以得到政府的财政补贴，财政部门按学生的人头补贴，民办学校的学生就得不到国家的补贴。教育领域中的国有和民营政策不一样，生源就成了问题，优秀的学生不会到民营学校来，国有和民营怎么会在一个起跑线上？民营企业参与国企改革和PPP的积极性不高，主要是项目的吸引力不大。还有，各级政府部门对国有资产流失都非常敏感，害怕民间企业参与国企改革和PPP会造成国有资产流失。PPP门槛太高，在政策制定上和公共政策参与领域，民间资本的话语权不强。在PPP准入方面，地方政府往往把利益多的给国有企业，利益少的给民营企业。在实际运行中，因为是民营的，做起来就存在很多困难。

二是民营企业与国有企业不在一个平台上，民营的军工产品要通过国企才能进入军队系统。银行"宁国勿民"。国企和民企的银行利率也不一样。政策上禁止民营企业进入有些行业，诸如水电能源、公路铁路、电信运营等，致使国有资本长期垄断经营。垄断导致市场竞争不充分，有效供给不足，抑制了扩大内需。

三是国际上出不去，国内不让进，一些民营企业只好"翻墙"投资，风险实在太大。某位文化企业负责人说，拍摄一部电视剧在韩国是10000美元一集，在国内的电视台是几千块钱，差距太大，只好走向海外。目前该企业已经与韩国、英国、澳大利亚进行了实质性合作。这位企业负责人说，在文化产业领域，国内的许多政策不明确，外国的政策非常具体，他们是人性化和法制化的审批制度。

（二）政策不具体并缺乏可操作性

一是企业家们反映，各地政府政策的细节不细，各个部门的政策缺乏联系性，在实际工作中缺少可操作性。例如，军民融合政策缺乏具体的实施细则。还有，国家关于民营银行的指导意见比较原则，不具可操作性。银行给民间资本银行设置的门槛太高，实行无限责任担保，一个行只能有一个网点，只允许做本地业务，限制了其发展。企业家们认为，中央和国务院的政策非常明确，确实给企业家巨大鼓舞，越是大领导事情越好办，但是政策到了地方就缺乏具体的实施细则。

二是企业家们感到，许多政策问题是隐性的，如同玻璃门、旋转门、弹簧门。政策背后主要是利益驱动，这其中有公家的利益，也有个人的利益问题。政府采购是有门槛的，例如，民营企业从事物业管理遇到的最大问题是所有项目必须进入政府采购，而政府采购是禁止进入劳务领域的。政府采购制约了物业公司的创新，在这个领域，民营企业缺乏创新的动力。物业管理的税费标准是人头费，但是物业管理需要各种电子设施，引入电子技术受到限制。治理领域，民营企业遇到的不是大政方针问题，而是具体政策的落实和执行问题。

三是政策不确定和不透明问题。某公司从事航空运输业务，已经成立十几年，引进110架飞机。他们感觉引进飞机的审批程序过于复杂，至今仍有6架飞机停留在天津，8架滞留法国。民航局的审批程序不透明，导致了他们不敢投资、不敢发展。该企业2016年上市，对他们来说资金不是问题，关键是审批程序。由于审批程序复杂，有些项目审批遥遥无期，企业对未来也缺乏预期。总体来说，他们对政策的获得感不强，感觉存在许多不公平的现象，与习近平总书记的要求还有很大的差距。

（三）个别政府部门不作为乱作为

一是有关部门和基层政府政策执行能力和执行水平不高，地方政府操作公开性和透明性不够。有一家企业反映，国家明文规定光伏产业应当给予补贴，但到了地方，这些补贴往往一年之内到不了账，甚至还遭到无辜刁难，挫伤了企业家的积极性，伤了企业家的心。有的政府部门拖欠企业的各种补贴，不履行承诺。光伏产业，国有企业介入少，民营企业参与多，各种补贴拖欠对民营企业伤害很大。企业家们反映，一些官员不讲诚信，国家诚信体系建设提了很多年，为什么就是建不起来？

二是一些民间企业在一些地区投下十几个亿，地方政府部门漠不关心，置若罔闻，无动于衷，项目建设根本推不动。民营企业在创新过程中必然遇到一系列问题，因为创新是以往没有的事情。一些政府部门不作为现象越来越严重，制约了民营企业发展。如果各级干部作风依然是官僚型的，不是社会动员型的，如果改革和社会治理的努力，仅仅是依靠地方政府中那些依然是自上而下、官气十足、乱统乱治的机构，要想实现民营经济的发展是不可能的，不管目标如何诱人。

三是一些地方缺乏安全的投资和经营环境。有的企业家把自己的家产抵押上，还要承担无限责任风险。有些地区和部门根本不给民企发展机会，一旦出现问题，马上遭到起诉。当然这个问题比较复杂，其中有的涉及一些人的利益，利益在其中作怪。民营企业寿命达到 5 年的不足 30%。有的民资企业贷款无门，只能借高利贷，风险很大。有企业家反映，自己和朋友的人身安全都得不到保障。国有企业有主管部门，由政府部门为其承担责任，民营企业就是个个体企业，参与竞争不可避免得罪竞争对手，尤其是在外地投资。一位企业家说，县一级公安局非常乐于卷入民间企业纠纷，因为他们缺乏经费，加上与当地企业家关系密切，一旦落入当地公安部门手里，会遭严刑拷打，甚至判刑，最后资产被拍卖。外地民营企业家没有安全感，这样的环境下，企业家敢投资吗？

三、以完善制度提升民营资本的治理水平

（一）坚定不移地实施和完善基本经济制度

推进民间投资治理体系和治理能力现代化必须从完善基本制度入手。党的十八大报告指出，中国特色社会主义制度包括公有制为主体、多种所有制经济共同发展的基本经济制度，以及建立在这些制度基础上的经济体制、政治体制、文化体制、社会体制等各项具体制度。有企业家说，希望政府加大力度保护资本市场秩序，千万不要割裂活力和稳定的关系。发展民营企业，必须要保护创业者的积极性。2016 年 3 月 4 日，习近平总书记在参加全国政协十二届四次会议民建、工商联界委员联组讨论时指出，实行公有制为主体、多种所有制经济共同发展的基本经济制度，是中国共产党确立的一项大政方针，必须毫不动摇巩固和发展公有制经济，毫不动摇鼓励、支持和引导非公有制经济发展。推进民间投资治理体系和治理能力现代化，各地区各部门要从实际出发，细化、量化政策措施，制定相关配套举措，推动各项政策落地、落细、落实，让民营企业真正从政策中增强获得感。

（二）不断提升各项政策的有效性和执行能力

国际经验证明，更好发挥政府在民间投资中的作用是扩大民间投资的前提。"与在 19 世纪后期和 20 世纪发展起来的成功的资本主义体制情况比较，那时候国家的作用相对地受到限制。在日本和后来的韩国，政府起

着非常积极的作用：鼓励发展技术上先进的工业、提供资金、投资指导和受过良好教育的劳动力。在韩国，政府阻止资本出境，确保国内投资。最积极的政府指导并管理市场，控制信贷资金并使其流向关键部门。这样一些方法不是与发展市场经济的方向相反，反而似乎是今天成功地向资本主义转轨的基本条件。即使俄罗斯准备等待几个世纪（这是英国发展资本主义所需要的），在面对着竞争者的强大的工业资本主义经济时，如果没有最积极的国家指导其发展，俄罗斯也不可能获得工业化的资本主义经济。"①

一是进一步加大政府对小微企业的科技支持力度。国家的创新主体是国有企业和民营机构。国家要从战略考虑并制定一些具体措施来培育一批民营科技创新企业。政府要加强对创新型企业的支持力度，鼓励支持创新型行业和中小企业融资。把民间储蓄转化为民间投资，不能仅仅依靠银行。

二是改革政府采购制度。市场经济国家也存在大量非营利机构，诸如学校、医院、研究机构等，它们都是独立的法人实体，其目的也不是为了盈利。有些经验值得借鉴。

三是民营企业需要政府的指导和支持。政府部门的配套资金必须尽快到位。一些企业建议，不要什么扶持资金，拿掉了这些资金，给企业减税，把政策落在实处，与其搞不公平的优惠政策，不如搞普惠型的政策。互联网必须结合实业，必须支持实业。政府的政策不能按下葫芦起了瓢，政策要有严肃性，符合企业发展。

（三）努力创建共建共享的民间资本发展环境

一是商会要协助民间企业依法维权，建立倾听民间经济声音的组织渠

---

① ［美］大卫·M. 科兹：《大国的解体与重生》，中国人民大学出版社 2016 年版，第 199 页。

道。新加坡银行在放贷给中小企业时，银行和政府各担 50% 的风险。此外，新加坡政府还积极与商会合作，在资金上给予支持。目前看，"商会"的作用发挥不够，"商会"指导和引导作用没有发挥出来。经济组织发展了，社会组织衔接不上不行，经济与社会必须协调发展不仅仅是指二者的发展规模和数量，也包含了组织层面的内容。

二是加强企业文化建设。有些企业家对未来的发展最担心的是文化。30 多年发展得够快，但是文化跟不上，文化不能回归，如何让文化回归，很重要。企业没有文化是不可持续的。

三是加强信用体系建设。政府可以把破产企业先接过去，加强管理和监管。加强信用制度建设，必须加强信息交流和传递。对于俄罗斯的研究也发现，企业的运行环境远远重要于所有权形式。企业行为的合理化主要在于经营环境。建议国家制定更加具体的细则支持民营企业。诚信体系建设涉及数据健全等技术支持，目前的数据体系不支持，政府部门和企业的数据各自为政，不能统一。建议国家尽快建立和完善诚信体系。

合理增加公共消费

　　2020 年是"十三五"规划收官之年，也是"十四五"规划编制之年，面对国际国内错综复杂的经济社会环境，加快释放国内市场需求是当前和"十四五"时期的重要任务之一。2020 年 3 月 27 日，中共中央政治局会议强调，要加快释放国内市场需求，扩大居民消费，合理增加公共消费。这是党中央针对疫情冲击，加快恢复生产，维护社会稳定，推动国家经济社会中长期持续健康发展做出的重要部署。面对新冠传播快、易感染、全球化、不确定等特点，各国封国封城带来的全球经济停摆严峻形势，各类企业因停工停产带来的生产和就业压力，合理增加公共消费，对于完善收入分配制度，扩大国内需求，确保就业稳定，稳定生产生活，促进社会有序向上，避免经济下行压力，都具有十分重要的意义。

一、合理增加公共需要与公共服务制度安排

　　公共消费是指由政府和为居民服务的事业单位、社会组织承担费用，对社会成员提供消费性物品和消费性服务的消费活动。公共消费具有再分

配、扩大消费和扩大就业功能。在不减少个人消费投入、降低个人消费品质和减少企业就业前提下，适当扩大公共消费规模是推动社会健康发展的重要制度安排。政府通过扩大公共物品和公共服务支出来增加福利性消费，把公共财政花在包括支付养老金在内的各项社会保障项目和基础设施改善上，推动经济社会协调发展。公共消费和私人消费在一定条件下、一定程度上、一定范围内相互支持，但超出一定条件、范围、程度，就会产生相互抑制。

现代政府的职能决定了政府通过扩大公共物品和公共服务支出增加公共消费，提供服务，配置物品，如社会保障、城市管理和规划、国防力量等。政府组织这类公共物品或公共服务的形式大致有：一是指直接由税收支持，其产品直接由政府规定。二是指与直接的行政机构有区别，拥有专门商业目的的公共所有企业（特别是制造业，国有企业），其产品一般不由政府直接规定，但其目标、经营条件等由政府规定。三是部分外包被视为公共部门模式。完全的外包或购买一般由私人公司代表政府提供全部服务。部分外包大约包括私人部门参与，但公共部门拥有资产所有权。谈到公共消费还会涉及市民服务。市民服务有两个明确的含义，是政府服务的一部分，其中个人根据专业性质受聘，竞争上岗；雇员是在政府机构而不是军事机构。

国民收入分配过程中的消费和投资包含私人消费和公共消费、私人投资和公共投资。确定公共消费和公共投资的比例不仅依据经济学理论，尤其要依据经济社会发展客观现实，在对客观现实进行深入的理论研究和实地分析基础上来确定，其中，必须认真研究公共部门就业容量。从历史上看，城市化是公共服务供给过程，从农村转移出来的劳动力需要在城市服务业就业，自己及其家人也需要教育、卫生和医疗等服务。仅仅发展生产性服务不足以实现经济高质量发展的目的，必须通过公共服务和社会服务来适应生产性服务要求，在这过程中满足人们的公共服务需求，扩大公共消费。必须处理好生产性服务和公共服务的关系，否则其直接结果是，造成生产过剩进而影响财富增长。

公共消费是历史发展的产物。根据公共管理理论，公共服务是政府在市场失灵情况下发挥作用的一种必要选择，是实现社会公平的重要手段。基本公共服务具有公共服务或公共物品的基本特性，包括非排他性和非竞争性，除此之外，"每个社会都会根据自己的经济实力、市场和制度环境，以及实际的公共需求，来做出合理的选择"①。考虑到公共财政支出能力，世界上一些国家在公共服务中划分出基本公共服务（参见表1）。因此不同国家或地区，不同发展阶段或时期，基本公共服务的范围和特点不一样。这一方面取决于能够满足社会公共需求意愿，可以用于再分配的财政收入，还取决于政府失灵程度、市场发育程度、社会组织成熟状况、公共部门交易费用高低等诸多因素。国际上也有人把基本公共服务称为核心公共服务，如教育、保健、社会安全网等。政府需要提供公共服务，但是政府不能提供所有的公共服务，更大程度上，政府只能做出制度安排。

表1　私人产品、公共产品、准公共产品特征及其供应方式②

	基本特征	供应方式	实例
公共产品	非排他性 非竞争性	政府提供 政府投资	社会救助
私人产品	排他性 竞争性	市场提供 向消费者直接收费	汽车、服装、日用品
准公共产品	非排他性与排他性 非竞争性与竞争性	市场提供与政府提供 相结合的方式	森林、草原、博物馆 学校、收费公园

---

① 刘小玄、赵浓：《论公共部门合理边界的决定》，《经济研究》2007年第3期。

② 参见王雍君等：《地方政府投融资研究》，经济科学出版社2009年版。

公共服务在各个国家发展状况有差异，大部分国家的公共服务包括警察、军队、公路、公共交通、基本教育和保健等。公共部门提供的服务很难把不付费者排斥在外，如路灯、义务教育等。很多公共领域是面向全社会提供服务的，旨在实现基本公共服务均等化。现代基本公共服务制度是工业革命基于对公共事务和社会问题处理而做出的制度安排，是指国家或社会依据一国宪法和法律，以政府作为责任主体，通过一定的制度安排和作用机制，为本国国民提供经济福利的国民生活保障和社会稳定系统。让所有的地方政府有能力为本地居民提供一定的、最低限度的公共服务是均等化背后基本财政原则。在大部分国家，基本公共服务制度涉及地方政府、均等化体系和财政税收制度，尤其是转移支付制度。

二、公共消费与扩大就业

公共领域的经济功能主要表现于公共领域的就业和消费，涉及制度体系和服务体系。按功能定义，"公共部门包括与公共管理、社会保障、法律和秩序、教育、医疗保健和社会文化服务相关的所有组织"[1]。

制度体系包括公共财产、法律法规、管理执行机构。比较典型的例子是社会保障，社会保障包括制度设计和服务体系。服务体系包括管理执行机构本身、服务供给组织，通常我们将其称为管理机构、经办机构。换句话说，公共领域至少包含了政府公共领域制度制定机构、制度执行机构、

---

[1]　陈福今、袁曙宏等：《欧洲公共部门绩效评估》，北京：国家行政学院出版社 2005 年版，第 27 页。

配合制度实施的服务机构，涉及政府自身、提供公共服务的社会组织和私人部门，还涉及人、财、物。由此就有公共消费和公共就业。

扩大公共就业是政府公共服务的重要内容，一方面确保每个人充分就业是保障个人享有公共服务的前提条件，只有个人有就业机会，才会有收入，才有能力消费公共服务；另一方面，通过扩大公共服务，加大与公共服务有关的基础设施、设备投入，才可能实施更多人力资源配置和更多就业机会。公共部门发展和公共服务扩张本身就是扩大就业。基层公共部门是劳动密集型部门。有公共消费就会有公共就业。公共消费增加和服务供给增加必然导致公共部门劳动力市场扩大。从国际经验看，公共部门劳动市场具有两个重要的特征，一是公共部门劳动市场巨大，在大部分发达国家占整个就业的15%以上，尤其是在公共服务需求扩张时期。二是公共部门劳动力市场与私人劳动力市场不同。例如，"公益在美国，对整个GDP的贡献率是7%，对美国就业人数的贡献率是11%"①。

公共消费在大多数情况下是由地方政府推动的。依照法律，地方政府在自己的辖区行使职能，各个国家因历史和政治体制不同而采取不同的地方治理体制。现代社会中，地方政府在中央政府规制下实施税收等政策。研究地方公共消费与就业，必须把地方政府和与地方政府发挥公共服务与社会管理职能相关的社区、社会组织联系在一起。它们共同组成国家和社会基层的基础。这个基础如何搭建、搭建得是否合理，决定着国家治理体系和治理能力，也决定了社会秩序。地方政府在多大程度上吸收就业还取决于这个国家的社会结构，以澳大利亚为例。澳大利亚地方政府的雇员仅占公共部门就业人数的10%，与大多数国家相比，澳大利亚的地方政府确实很小。在税收方面较加拿大和德国要少几倍以上，但是澳大利亚地方

---

① 袁岳：《今天哪里有机会当鼻祖？就是公益》，《社会企业家》，2009年第10期。

政府的基层性和地方性更加明显，社区发挥更加重要的作用。发达的社区组织和有效的社会服务功能可以减少地方政府负担，提供更加优质的公共消费物品和公共服务形式。一个国家基层政府架构和公共服务能力朝哪个方向发展，最初的目标设计非常重要。

有公共服务、公共消费就有公共支出。根据公共部门经济学，公共支出是国家发展的重要条件。公共支出的规模和结构随着经济发展的阶段性而显示出其不同特征。在由传统经济到工业化初期，政府公共支出主要投向有形资本，诸如基础设施，包括铁路、公路、机场、生活供水、卫生设施等。随着后工业化的来临，政府更多项人力资本投入，诸如教育、健康、福利保障等公共服务领域。公共支出的变化不是政府任意决定的，而是由客观的工业化进程和城镇化进程决定的。当政府支出主要投向基础设施时，政府主要面对的是市场和企业，随着政府转向人力资本的投资，政府主要面向的是社会组织和公共服务机构。前者是市场和企业扩张阶段，后者是公共部门扩张阶段。

当前，我国经济社会发展进入新时代，这个阶段上的公共投资主要对人力资本和技术创新投入。在这个阶段上，要合理扩大公共消费，通过扩大公共投资来实现扩大公共就业。在此基础上，满足人民群众日益增长的公共服务需求，形成与高质量经济相适应的公共部门，配合高质量经济协调运行。合理增加公共消费，要在公共服务质量上下功夫。地方政府之所以在公共服务供给过程中越来越发挥作用，还在于其所具有的公共服务性质。我们把公共产品和公共服务略加区别，公共产品更具有资本密集型特征，而公共服务更具劳动密集型特点。排水、供水、道路交通等公共产品需要大量的资金投入。公共服务的质量高度依赖于服务人员与服务对象之间的人际关系质量，如老年护理，原则是不能采用技术密集型或资金密集型，必须采用劳动力密集型，需要一个人为几个老人服务，比如，长期护理的人员安排等，这是公共消费能够推动公共就业的缘由。

为了落实党中央做出的合理提高公共消费的战略部署，需要深刻认识当前我国公共消费面临的问题。除了人口和劳动力总量外，存在的问题是，公共领域消费不足，就业机会缺乏，以及基层公共领域发育程度不高。造成这种局面的原因是，一是对发展的阶段性把握不够。当一国经济发展到一定阶段，居民收入有了一定程度提高，人民生活改善要求发展公共服务。随着公共服务扩张，公共消费和公共就业必然提上议程。二是混淆市场和公共领域的边界，纵容市场跨越边界进入不该进入的公共领域，不给公益部门足够发展空间。政府向服务型政府转变，不仅仅是提供更多公共产品，减少对经济生活和经济运行干预，更是要关注包括人、财、物等资源在中央和地方政府之间按照社会需求合理配置。实现经济高质量发展，必须使提供公共服务的地方政府拥有更多的资金和人力资源。要使地方政府拥有更多的公共服务资源必须推进行政体制改革，包括税收体制改革和人事体制改革。通过税收体制改革使地方政府拥有更大的财力；通过人事体制改革使地方政府能够按照公共服务需求配置人力资源，这样既缓解了就业压力，也为大中城市产业升级、自主创新和高质量发展提供更好的宏观环境。

历史经验值得注意。美国在应对20世纪30年代经济危机过程中，发挥公共项目和公共消费的作用，尤其是聚焦于社会福利和社会保障及其相关服务体系建设。最初，时任总统胡佛认识到，公共建设和失业救助对于应对经济危机具有重要作用，但他的倡议没有得到地方政府的积极响应。后来，罗斯福"新政"开始，他在联邦层级上推进公共建设和社会保障体系。在罗斯福第一任期，美国所得税最高税率升至63%，在其第二任期升至79%。与此同时，政府对企业征收的联邦税的平均税率，从1929年的不到14%上升到1955年的45%以上。美国富人是"新政"的最大受害者，而蓝领工人，尤其是产业工人则成了最大受益者。另外，罗斯福在 1932 年总统竞选中把建立民间资源保护队作为就业救济政策的一部分，并在当选后立即着手实施。民间资源保护队成立于 1933 年 3 月。1933 年 5 月 7 日，罗斯福通过"炉边谈话"高度赞誉民间资源保护队，"我们将为 100 万失业人口中的 25 万人，特别是那些少有所依的年轻人创造就业机会，派他们投身到林业和防洪工作当中去。这个任务很重大，因为这意味着我们要为相当于常规军队人数两倍的人提供衣食起居。在组建民间资源保护队的过程中我们采取了一举两得的策略：既显著增加了国家资源的价值，又可缓解目前人们的贫困状况"①。

民间资源保护队开办大量项目，诸如保护土壤，为湖泊蓄水、安装电话线路、输电线路、伐木、防火道建设、篱笆、植树、养蜂、考古发掘、家具制造等。他们在城市公园建设的大量建筑至今还保留在一些国家或州的公园中。从 1933 年建立到 1942 年项目结束，总计有 300 万人参与公民服务队。民间资源保护队组织了美国历史上第一支山火消防队，植树50 万株。民间资源保护队成为大萧条时期最有影响的新政项目，实施于每一州和每一块领土。民间资源保护队的兴起表明，公共服务由政府领域拓展到社会领域，公共消费和公共就业相互联系、不可分割。如弗雷德里克·刘易斯·艾伦所说，20 世纪 30 年代，"罗斯福最得意的一项计划——让 25 万年轻人走进深山老林，从事资源保护工作——很快就得到了国会的批准，没过多久，CCC（民间资源保护队）的年轻人走出家门，走进了军营，然后去了深山老林"②。

---

① ［美］富兰克林·罗斯福：《炉边谈话》，北京：中国人民大学出版社 2017 年版，第 12 页。

② ［美］弗雷德里克·刘易斯·艾伦：《大衰退时代：绝望蔓延的 10 年，1929—1939》，秦传安译，新世界出版社 2009 年版，第 113 页。

我国的 2009 年，为应对国际金融危机的冲击，中共中央和国务院及时出台政策，加速完善社会保障体系，为缓解国际金融危机冲击造成的压力，推动中国社会保障制度完善及其服务体系建设发挥了重要作用。

应对疫情冲击和面向"十四五"规划，我国社会保障体系有待于进一步改革和完善，教育和医疗资源有待于更合理布局，尤其是，随着包括 5G 在内的互联网技术快速发展，通过合理增加公共消费，可以推动经济社会健康发展。过去，人们认为，"一定数量的公共设施建设，如街道、桥梁、兵工厂、海军基地、议会大厦、警察局和消防队，是提供基本的公共服务所必需的。社会对这些公共建设本身有需要，需要就是其存在的理由"[①]。现在，面对严峻的就业压力、复杂的国际市场，把合理增加公共消费提上议程，不是简单重复过去的扩大基建投资，而是着眼民生，着眼长期发展，实现民族伟大复兴，尤其按照中央提出的"六保"要求和应对新技术革命挑战，有重点有选择地开展公共领域投资和扩大公共消费。一是扩大内需是扩大大部分人的需求，而不仅仅是满足少数人的奢侈需求。扩大内需是收入再分配过程，要通过公共投入让国民收入更多地进入广大工人和农民的口袋。必须始终要记住，"生产出来的一切东西，只是由于能为人类的需要服务，才对人类具有价值，而这些需要只有用消费来满足"[②]。消费重要于生产。这就要求从历史发展的阶段性特征来分析现阶段居民的消费特征、消费需求。社会的幸福一方面建立在产品的极大丰富基础之后，另一方面又建立在公平使用这些产品基础之上。二是扩大内需必须由重点关注物质领域的投入转向对人力资本的投入。历史给我们的教训是，一些部门、个别地方政府、个别企业和社会组织在扩大基础设施投资

① ［美］亨利·黑兹利特：《一课经济学》，蒲定东译，中信出版社 2008 年版，第 20 页。
② 何正斌译著：《经济学 300 年》，湖南科学技术出版社 2000 年版，第 108 页。

过程中，拼命争资金、争项目，却对项目建成后的运营问题缺乏深度考虑和谋划，项目建设和项目运营未能很好衔接起来，项目建成后缺乏足够的运营费用、合适的运营体制和足够的人力资源，造成资金浪费、资源闲置。这类现象，在基本公共服务、文化、环境保护、农田水利等基础设施建设中都曾发生过。一些地区利用国债和地方财政建设了大量的城市基础设施，由于财政困难，居民收入水平不高，缴费有难度，已经建成的设备和设施处于闲置状态。因此，扩大公共投资，要妥善处理好设施投资、设备投资、人头费用、运营费的关系，真正实现和提高公共消费的目的。只有使项目运营起来，才能实现扩大就业，提高居民收入，扩大居民消费的目的。三是让广大居民获益是实现有效扩大内需的关键。实现这一目标，不仅需要有正确的财政政策、货币政策、税收政策和公共服务政策，还需建立和完善相应的人力资源配置体制和机制，把项目运营与就业、居民生活、居民需求有机结合起来。

三、合理提高公共消费的几点建议

（一）坚持以人民为中心的发展理念

公共消费必须以民众的现实需求为宗旨，不能搞形式主义：为发展公共部门而发展公共部门，为公共消费而公共消费，为就业而扩大公共就业。必须始终绷紧以人民为中心这根弦，以此出发安排人民群众的公共消费。一是必须使公共消费与私人消费保持协调，不能因为公共消费而损害私人消费，也不能因为公共部门就业而损害私人部门就业。二是不能因为扩大公共消费导致纳税人生产性投入不足，最终损害经济发展。"虽然经济学家对政府消费的含义和间接影响意见非常不一致，但是没有人会反对这样的观点，即政府的经济活动应该作为一个部门来分析，就像企业部门和家庭部门一样。"①

按照党中央的要求，合理增加公共消费必须坚持发挥市场在配置资源中的决定性和更好发挥政府的作用之间拿捏好一个度。

（二）以在抗击疫情中发现的公共问题为切入点聚焦合理提高公共消费

这次抗击疫情取得了决定性胜利，赢得了全国人民和世界人民的高度赞扬。疫情中暴露的问题需要在疫情之后有序解决。一是积极探索大学生就业服务等形式。2020届800多万高校毕业生面临难适应线上面试、无法提前实习、企业招聘需求紧缩等困境，可以采取公民服务等多种方式让应届毕业大学生先进入社会历练，积累经验，逐步进入就业领域。国家在公共财政上给予支持，教育部、人力资源和社会保障部、团中央等部门进行制度设计和方案制定。二是从财政上支持解决好养老服务问题。据民政部抽样调查，与同期相比，疫情期间民办养老机构收入减少20%左右，平均支出增加20%～30%，压力非常大，必须给予支持和协助。三是加快补齐医疗、社区卫生、城市基础教育、农村教育等方面的民生短板，坚持以保障基本生活水平为导向，坚持精细化、小型化、普惠化的方针，使人民群众生活质量提升到一个新水平。四是针对这次疫情暴露出的我国在防疫、医护、医院等医疗卫生领域投入不足问题，增加公共卫生领域的投入，缓解医疗卫生资源供给瓶颈。五是做好心理辅导。新冠不仅带来了生

---

① ［美］罗伯特·耐尔·海尔布伦纳:《经济学的秘密》，海口：海南出版社2001年版，第117—118页。

命危险和经济挑战，还因失业、企业破产、亲人离去、社会隔离等带来一系列心理问题，这类问题会随着时间推移逐渐显现出来，需要从体制机制、机构建设等方面加以解决。

（三）依据公共消费便利性特征安排公共消费

有效提升公共消费水平，必须尊重客观规律。公共服务的特点是地方性、便利性和扁平化。企业需要聚集效应，公共服务需要与居民居住方式匹配，适应居民居住方式。一是公共服务布局既要考虑效率，也要考虑消费者的便利需要。从历史上看，最初并不存在提供公共服务的基层行政机构，社区和家庭可以提供这类服务。私塾教育就是一个例证。随着城市化的推进，消防、警务、公共卫生、基础设施、教育等公共服务需要专门人员来提供，这在 18 世纪至 19 世纪的工业化进程中表现得尤为突出。[①] 二是公共服务的供给特性决定了它必须与行政体制改革创新联系在一起。社区组织发展和社会组织出现，使这种分布发生变化。例如，社工组织深入基层，提供各类公共服务成为普遍形式。这次抗击疫情过程中，社区组织在社会隔离、社区治理、社区服务中发挥了前所未有的作用，要及时总结经验，看看哪些是可以成为常态化的、哪些是临时性的。深化基层治理体制和服务体制改革，把常态性的固定下来，加大公共财政投入，作为公共品或公共服务提供，满足居民需求。在抗击疫情过程中，网络公司、快递公司、网络平台发挥了不可替代的作用，要及时研究他们提供服务的形式和特点，看看哪些属于市场服务、哪些可以进入基本公共服务或非基本公共服务，由政府做出进一步的制度安排。

---

① ［美］理查德·C. 博克斯：《公民治理——引领 21 世纪的美国社区》，孙柏瑛等译，中国人民大学出版社 2005 年版。

（四）处理好公共消费中政府与市场之间的关系

进入新世纪，基本公共服务均等化战略的提出和实施是对教育和医疗卫生产业化反思和修正的结果。当前，合理增加公共消费，仍然需要谨慎处理市场和政府之间的责任划分问题。为了提高效率，过去在提倡"小政府、大社会"以及政府购买公共服务的过程中，很少有人考虑对就业可能产生的影响，原因之一是人们根本没有把公共领域作为一个重要的就业部门。公共部门私有化会给公共部门的本质带来侵蚀。以英国的公共卫生为例，"私有部门对英国国家医疗服务系统（NHS）的影响日益加深的一个特征就是：NHS 中的那些负责制定政策的部门与那些希望从外包中获利的私有部门间的人员流动变得更加频繁。如果提供公共服务的逻辑与满足私人消费没有区别，那么，将私人部门的方法引入公共服务的逻辑就非常明了了"[①]。

保持各个部门之间的界限，按照各自规则行事会更有利于公共服务的供给，保持公共服务发展的公平性，合理实现提高公共消费的目标。必须切记，社会改革和社会创新需要特别小心慎重，一个小小的错误会影响到全社会和几代人。

（五）不断完善公共消费的体制机制

合理增加公共消费必须理顺与其有关的体制机制。一是在投资体制中，设备、设施的投资与人员配置将会涉及不同部门之间的责任划分与权责衔接，理顺分属不同部门关系。一些部门只负责设施投资，而不负责设备和人头费用的投入；另外一些部门则负责设备和人员的费用，而不负责

---

① ［英］安德鲁·格林（Andrew Glyn）：《放纵的资本主义》，北京：东方出版社 2009年版，第 42 页。

设施投资，部门之间在整个项目运行中缺乏衔接。因此，在投资规划和计划制定过程中，往往出现设施投资到位，设施建成，而设备和人头费用不能及时配备，造成固定资产投资闲置，居民难以获得更多就业机会和满足需要的公共消费。合理增加公共消费不仅要扩大投入规模，更要考虑资金使用的有效性。必须在中央政府、地方政府、政府各部门之间、政府和企业之间以及和社会组织之间形成有机协同机制，通过完善体制和机制，使公共投入真正有效，达到推动经济社会全面持续发展的目的。在合理增加公共消费过程中，发展和改革必须有机结合起来。这里的改革涉及中央和地方、政府各个部门之间、政府与企业、政府与社会组织之间关系的协调与理顺。二是明确运营主体，完善配套政策。若是公共服务设施交给企业管理或社会组织管理而缺乏必要的配套政策，势必导致地方政府直接运营和管理项目运营效率不高。有的地区把项目交给企业运营，但政策不配套，企业运营困难。三是对属于基本公共服务领域的投资，社会组织和社会服务组织参与不够。由于某些政策不到位，社会力量举办教育、科技、文化、卫生、体育、社会福利、生态环境、社区服务等存在一定难度。一些社会组织不能获得相应政策待遇，表现在申请立项、税收优惠、资格认定、人才引进、职称评定、继续教育、奖励表彰、证照办理、收费标准等方面，不能很好激发社会建设主体的活力。公共消费是整个国民经济消费的重要组成部分，具有重要战略意义，也可以说是战略性消费，因此必须放在战略位置上考虑。

（六）鼓励和支持公共部门创新

过去几十年中，其他国家公共部门的管理和运行已经发生了根本变化，其核心是新公共行动的扩散——贷款、贷款担保、规制、合同、合作协定、补偿项目、税收补贴、代金券，以及更多——它们中许多在一般意义上依赖于执行项目的第三方。这些工具的采用使公共部门由服务提供者转变为安排者，也推动了公共管理的深刻变革——社会组织、企业都可以通过上述工具参与公共服务供给。进一步说，这些工具包括：社会规制，例如食品安全和检查服务；政府保险，包括国家洪水保险项目；税收支出，包括慈善捐赠的减免税；政府合作和政府主办的企业；贷款和贷款担保，包括对小企业的贷款项目和对它们的贷款担保；等等。在各项公共支出中，社会保障是最大的项目。发展中国家和发达国家的社会保障的经办是有所不同的。当然，随着互联网，尤其是 5G 的应用，社会保障经办方式会发生深刻变革，这也是合理提高公共消费中需要考虑到的问题之一。尤其我国目前所处阶段，与发达国家建立社会保障发展情况有很多相似性，基本遵循着社会保障建设初期所遵循的两个基本原则：一是社会保险需要逐步扩大规模，成为除个人储蓄之外唯一的、至少是最重要的退休收入来源；二是社会保险不是社会福利，它以雇主和雇员共同存入社会保险账户的储蓄基金为基础，当然，随着经济水平的提高和社会的不断进步，这种情况将会有所改变，个人将承担越来越大的责任。政府和社会组织参与提供公共服务，必然会发生服务支出和组织支出，包括运行支出和人员支出，必然涉及人员的布局和就业，形成了公共消费规模扩大的态势。

重构公共服务供给方式

2020 年 3 月 11 日，世界卫生组织宣布"新型冠状病毒肺炎"为"全球性流行病"。与历史上各种"大流行"疾病不同，新冠疫情影响巨大，其特点是，传播表现为传播快、易感染、全球化、不确定，在诸多方面大大超过了 1918 年大流感。不得已情况下，在国内，先是武汉封城，后是举国戒备；在国际上，先是意大利封城封国，后是各国采取不同形式的社会疏离措施，包括取消各种会议、外出旅行、探望亲人、居家办公、大型聚会，在条件不允许的环境下必须间隔一定距离工作、就餐，避免面对面交流，等等，社会疏离成为生活常态。从武汉封城开始，世界开启了一次全球性社会疏离（也有人将其称为"逆全球化"）演练。

这次"抗击疫情"中的社会疏离措施，改变了人们的工作方式、消费方式、生活方式，乃至社会组织建构。"抗击疫情"中的一些改变是临时性和应急性的，有一些可能会成为社会常态，比如，已经成为大众生活不可或缺的网络空间与这次疫情过程中的各类服务进一步融合构成虚拟状态的社会联系，淡化传统意义上的社会疏离。面对不确定的病毒，人类可能要在习惯于社会流动和适应社会疏离带来的不便之间做出选择。这种选择也是对公共服务供给方式创新的选择。

在"抗击疫情"中，互联网在提升公共服务的便利性和有效性中得到彰显。一是正在走向历史舞台的"互联网原住民","90后"和"00后"与中老年网络使用普及已经成为生活习惯，强化了互联网在未来公共服务供给中的意义。二是如何来面对社会疏离带来的问题被提上议程。

我们认为，应以"抗击疫情"为契机，重新定位和重构我国公共服务供给方式。这里谈的公共服务既包括我国政策意义上的基本公共服务，也包括学术意义上的准公共服务。

一、社会疏离重塑公共服务供给的短期方式与长期选择

根据公共卫生理论，人们在物理空间上彼此疏远是阻断疾病传播的最佳选择。社会疏离打破正常社会联系，断开疾病的各种潜在传播链，减缓病毒传播速度，甚至窒息其传播，实现防控目标。① 当前，"新型冠状病毒肺炎"面临的问题是，公共卫生专家对病毒的认识还没有达成共识，对病毒是短期传播还是长期存在仍在讨论，针对性的疫苗也在开发中，社会疏离时间长短具有不确定性，长时间疏离会改变人们的工作方式、消费方式、生活方式和社会组织建构，甚至带来心态问题。

（一）把握社会疏离的理论内涵及其价值

社会疏离是指随着社会关系在物理空间的改变，人们在情感、规范和互动上相应发生变化。社会疏离是个多层次概念，受到诸多因素影响，与

---

① Casey Bo, "Social Distancing: Places And Events To Avoid Because Of Coronavirus", https://www.huffpost.com/entry/social-distancing-places-to-avoid-coronavirus_l_5e6bee6cc5b6dda30fc8e6f0.

公共服务的供给内容和供给方式有密切关系。社会距离是测量社会疏离程度的主要指标，它覆盖情感、规范和互动。

最早提出社会距离理论的是美国芝加哥学派的首领 R. E. 帕克（Robert Park）和 E. N. 伯吉斯（E. N. Burgess）。他们在 20 世纪 20 年代发现，"地域上的距离和情感上的距离是互为加强的，人口分布差异的影响与阶级和种族的影响相互交织，共同左右着社会组织的形成"①。他们最早从人文区位分析地域与情感距离、规范距离和社会互动等问题。

社会疏离是个百年话题。

情感距离、规范距离和社会互动是社会疏离的主要内容。一是情感距离是社会疏离中最为普遍的形式，为学者高度关注。没有情感支持，人们会感到处于"关机"状态，出现麻木感觉，引发负面情绪和极端思想。不同性格的人会产生不同的情感距离，情感距离会因性别、年龄、社会地位、社会关系等因素而异。"抗击疫情"中，家庭成员之间情感距离拉近了，邻里、朋友之间的情感距离拉大了。二是在"抗击疫情"中，规范距离在国内首先表现为举国上下，自我隔离，团结一致。在地区与地区之间、国与国之间的规范距离较为凸显，自媒体对各省区、各国的评论，褒贬不一、评头论足，使人们感受到了"我们"与"他们"的差异，表现出一定的规范距离，造成了情感距离：冷暖、敌对、亲密并存。有些自媒体持有明显的价值判断，甚至在国内其他地区、其他国家面对严峻疫情形势下，肆意调侃、断章取义、编造谣言、夸大其词、幸灾乐祸，超出社会交往的基本价值底线。整个过程中，人们深深感受了地区与地区之间、国与国之间的社会接受程度，以及不同群体之间的相互感觉。拉近各个地区、

---

① ［美］R. E. 帕克、E. N. 伯吉斯、R. D. 麦肯齐：《城市社会学》，宋俊岭等译，华夏出版社 1987 年版，第 9 页。

民族、国家、区域之间的规范距离是建设人类命运共同体中的重大课题，应当专题研究。三是互动距离，是指依据互动的频率和强度。它衡量个体与个体、个体与群体、群体与群体之间互动程度的测度。不同的个体与个体、个体与群体、群体与群体之间的互动活动越多，交往距离越近。反之，交往距离就越大。这三种社会距离不是相互排斥的，而是交叉重叠。在物理空间隔离环境下，从互联网、微信、微博上的互动频率看，人们在不断互动，但情感距离和规范距离彼此远离。疫情造成的社会疏离，情感距离应该不是核心问题，因为它不取决于个人意愿，而是服从于"抗击疫情"需要。

社会距离扩大会对个人和社会带来不利影响，造成差距、隔阂、混乱。从 20 世纪 20 年代开始，国际上用社会疏离理论处理种族问题，进行社会治理。帕克和伯吉斯把社会疏离理论应用到城市规划，探索城市中各类服务的布局可能造成的社会疏离问题，包括邻里、族群、种族关系等。后来，社会疏离理论被用来解释公共卫生事件下的社会隔离。对流行病，在没有制造出疫苗之前，最有效和最可靠的公共卫生保护措施就是社会疏离。

（二）"抗击疫情"中针对社会疏离的公共服务供给创新及存在问题

"抗击疫情"的社会疏离大大改变了人们之间的社会距离。比如，有的地区餐饮业规定，控制餐厅就餐人数，不接待群体性聚餐，拉开桌椅间距，确保餐位间隔在 1 米以上，就餐人员不得面对面就餐，等等。"抗击疫情"的社会疏离大致可以分为自我隔离、技术隔离、行政隔离。自我隔离是指有过疫区旅行经历的人，本人或家人在一定时间内隔离在特定空间，进行观察；技术隔离是指在就餐、旅行、排队、会议等活动中保持安全距离，疫情期间，各大航空公司、高铁采取了间隔就座；行政隔离是指各个行政单位、社区通过关卡、登记、限制等措施把居住人群限定在特定区域，取消各种大型集会、聚会、体育赛事，确保携带传染病原体的人没有机会把疾病传染给他人。2020年2月23日武汉封城以来采取的一系列社会疏离措施，取得了巨大成效，截止到2020年3月中旬，我国自有病例大大减少，疫情基本得到控制。

社会疏离改变了常规的公共服务供给方式。一是在"抗击疫情"中，京东、顺丰等企业以及部分医疗教育机构在社会距离变化环境下创新服务方式，服务大众，为公共服务供给创新提供了借鉴。这期间，这些公司通过自己的货物运输系统把居民需要的衣食住行用等消费品源源不断递送到千家万户，保障了人民群众的基本生活。二是在新一代数字设施基础上，"宅经济"和"宅社会"升级，从消费端到供给端、从生活场景到办公场景，内容涵盖吃喝、养生、健身、娱乐、海淘、云学习、云办公、云开市等。线上医疗咨询系统非常活跃，覆盖高血压、糖尿病等基础病。

但必须看到，社会疏离使常规意义上的公共服务捉襟见肘。一是公共服务供给不均衡造成社会距离，带来社会问题。"抗击疫情"曾出现各种负面信息，如2000年2月底，某省一初中学生因家里只有一部智能手机无法跟进网络课程吞药自杀，多亏发现及时，救治迅速，没有危及生命。还有西部高原地区某乡村学生在漫天风雪中上网课，有的学生把课桌搬到村委会附近的路灯下"蹭网"等。二是拉大了社会距离。吃饭等活动需要保持距离，吃饭的社会交流功能被阻断，社会意义流逝。长期保持社会距离，容易感到孤独、沮丧，尤其是老年人。老年人与年轻人不一样，前者对金钱、地位已没有太大追求，更关注与家人共度时光和参与社区活动，社会疏离的时间过长会导致感情疏远。三是改变了社会心态。"重大灾难往往会对人们造成巨大而持久的心理创伤，如不能有效缓解，易逐渐积累演变成为普遍社会心态。要建立健全社会心理危机干预机制，统筹推进社会心理危机干预工作。"①

（三）关注"抗击疫情"中公共服务供给的几个长期因素

"抗击疫情"中提出了三个过去在公共服务供给方式拓展中未曾考虑过的问题，一是贸易体系加速从线下转移到线上。互联网在公共服务、工业领域以及整个社会领域的广泛应用，彻底改变了人们的公共空间和社会疏离。适应产业变化的未来公共服务布局是不是还需要像以前那样？答案是需要研究的。二是平台展示出其公共服务资源配置优势。"抗击疫情"造成的社会距离导致线上服务的广泛应用，解决了人们的基本生活问题，以及居家办公、会议等问题，改变了某些社会环境下的社会联系方式和团结模式，以及不同群体之间的社会距离和经常互相接触的方式。适应社会距离变化来重新布局公共服务成为"抗击疫情"之后需要考虑的问题之一。三是新的商业模式会爆发式发展。新的商业模式会从衣食住行用等拓展到文化、教育、医疗等，成为公共服务的重要渠道，促进经济和社会发展方式的新老交替，转型升级，为此，公共服务的内容和形式必将发生深刻变化。依据人类学理论，某种生活方式一旦被接受，会习以为常，成为习惯，在日常生活中产生越来越明显的路径依赖，成为决定未来发展的因素。

常态社会生活中，人们在公共服务设施中建立公共空间，在公共空间中与他人互动和沟通中形成社会空间，这个社会空间包括社会距离。"抗击疫情"中，互联网重构了公共空间、社会空间，形成了新的社会关系模式。如何考虑在新的公共空间、社会空间和新的社会关系模式基础上布局

---

① 陈一新：《武汉保卫战胜利在望要防控化解社会戾气积聚的风险》，http://view.inews. qq.com/k/20200315A07X6Z00。

公共服务资源成为新时代公共服务供给创新的突破口。公共服务涉及设施、设备、人力资源等配置，本身就有空间布局问题。伴随着互联网的广泛使用，适应新形势发展的需要，必须对社会事业为基础的公共服务供给方式进行重构。

二、重构公共服务供给方式的立足点

我国基本公共服务体系建设历经两个"五年"规划，《"十二五"国家公共服务体系规划》和《"十三五"国家公共服务体系均等化规划》，取得了巨大成效。眼下，编制"十四五"规划在即，借鉴"抗击疫情"经验与教训，加速建设与互联网技术进步和在此基础上的社会组织构建相适应的公共服务供给方式要遵循以下三个基本原则。

（一）坚持政府主导的公共服务供给制度安排

政府主导公共服务供给制度安排是指公共服务是现代政府职能。一是现代政府要统筹考虑社会需求、社会组织重构、技术进步等诸多因素来对公共服务供给做出制度安排，内容包括哪些必须由政府直接提供、哪些由政府组织企业和社会组织生产。在一些学者看来，"政府供给的产品范围广泛，包括国防、教育、警察、消防等。部分产品，如教育，私人也提供；其他产品，如国防，完全由政府提供"①。受制于专业化和成本等因

---

① 约瑟夫·E.斯蒂格利茨：《公共部门经济学》，郭庆旺译，中国人民大学出版社 2013 年版，第 109 页。

素，有些公共服务和公共产品是政府不能直接提供的，但政府可以做出制度安排由企业或社会组织提供。二是公共服务提供需要高水平的培训或教育，吸引那些具有公共服务精神的人和那些人愿意通过自己的工作为广大公众和社区提供服务的人或组织参与。一般情况下，公共服务仅限于服务，而不涉及物品制造，它们可以由地方和国家垄断企业，尤其是那些自然垄断的企业提供。大多数发达国家地方或中央（联邦）政府都提供这样的服务，比较例外的是美国和英国，这两个国家由私人机构提供的公共服务占比更大。

现代政府公共服务职能随着经济社会发展不断调整。一是 20 世纪上半叶后，国家在经济社会事务中的角色发生重大变化，随之是国有化浪潮。在欧洲，由于对工业化和经济发展的极端需求，要求通过实施中央计划提高生产效率。许多公共服务，包括电力、燃气和公共交通都产生于这个时代。二是许多国家在政府资助和指导下开始提供全民健康保健和扩大教育。这种情况在 20 世纪后半期发生变化，典型表现就是撒切尔和里根倡导的新公共管理革命，他们对政府进行大幅度改革。通常，在美国和英国，公共服务的提供受到严格监管，例如，美国的公用事业委员会就担当这样的角色。公共服务由谁来提供并不重要，重要的是，政府如何通过其监管提升公共服务的公平性和可及性，真正体现公共服务的性质。20 世纪后期，一些发展中国家和发达国家中曾经出过公共部门的私有化浪潮，这个浪潮遭到一些人的批评，认为私有化并不一定带来效率的提高，甚至可能因为其营利性而导致受益人群的利益受损，或者大部分不能负担起公共服务的支出，最终需要政府监管。三是按传统公共管理理论，由于基本公共服务外部性，安排基本公共服务是政府的基本职责与职能，政府是基本公共服务制度的安排者，具体的基本公共服务供给可以通过公共生产、私人生产、混合生产等多种方式来完成，这样，既可以降低服务成本，又能提升服务效率。公共服务供给创新的含义是，如何在新时代体现出自己的基本特征，体现人们的基本人权、社会权利和再分配功能。

发挥政府在应对社会组织重构、技术进步进程中供给公共服务的积极作用。一是在公共供给过程中，政府发挥关键作用，尤其在制度安排上，政府的作用不可或缺，政府的关键作用是确保公共利益得以实现。要按照党的十八届三中全会提出的发挥市场在配置资源中的决定性作用和更好地发挥政府作用的部署，发挥政府在公共利益标准制定、效果监督和问责作用。政府要确保私人机构和社会组织参与公共服务供给效果的公共性。二是解决好公共服务供给中的不充分和不平衡问题，在更高层次上完善基本公共服务体系，把基本公共服务均等化推向新水平，使全体人民能够有更多、更好、更满意的公共服务。三是公共服务供给创新要首先基于满足人民群众的基本需要，同时承担起实现国家长期战略目标的任务。人民群众对公共服务需求是多元的，公共服务供给也需要多元化，这就需要政府把基本公共服务与准公共服务做出合理界定。尤其是涉及网络环境下的基本公共服务和准公共服务是混搭在一起的，需要在做出准确区分基础上，制定相应的规则。四是政府财政能力有保障、可持续。基本公共服务供给创新必须是在财力上可持续，提供公共服务的地方政府必须具有足够的财力完成中央政府确定的法定基本公共服务供给要求。五是眼下要解决好基层平台网络化、信息化层次仍然比较低等问题。努力实现互联网与就业、社会保险、人事人才、劳动关系等业务领域的深度融合，实现全国范围内的互联互通，在全国、省（市、自治区）、市、县（区）、街道（乡镇）、社区（村）之间进行信息统计和资源分享。化解经办高效化与经办信息化之间存在矛盾，实现同级跨部门数据信息共享顺畅和跨级、跨部门数据共享。解决好各自数据标准不统一，各部门共享意愿不一致，以及不能实现充分信息沟通、交换和共享等问题。

（二）在信息技术进步支持下创新公共服务供给模式

确保以数字化提升居民生活质量，以信息技术进步支撑公共服务供给模式创新。信息化带来了生活方式的巨大变化，包括行为方式、表达方式、思维方式等。要通过生产方式、生活方式和消费方式变革适应社会组织建构的深刻变革。一是随着联结技术的不断进步和社会媒体的激增，通过设备保持联系，不仅会形成一个以技术基础的环境，也形成一个技术环境下的社会。抓住信息革命的重大机遇，在网络环境下创新公共服务供给方式将会给公共服务体系建设带来更大效益和效率，只有抓住信息技术革命这一机遇，才能理解社会的深刻变化和公共服务的巨大潜力。已经发生在我国的各地，珠江三角洲、长江三角洲，乃至中西部地区的"机器换人"的就业方式变化已经和正在深深冲击着现有的就业服务体系，进而会影响到劳动关系。二是互联网不仅带来了公共服务质量的提升，譬如，给人们带来新的体验，更带来了服务数量的增加。在某种意义上，互联网使人们赢得更多的服务数量。例如，优秀教师可以通过视频使更多的学生听课；互联网也可以使教师腾出更多的时间进行个性化辅导；优秀医生可以通过远程手术使更多的病人得到诊疗。更大的就业服务平台可以使更多的求职者获得就业信息和职业培训。就各级政府而言，是时候正确对待互联网，再也不能忽视它在公共服务体系建设中的作用了。

加大技术上解决网络环境下的社会距离及其社会心态问题的力度。一是网络空间产生虚拟社会组织和虚拟社会环境下的社会心理。"互联网的确是一种新的沟通方式，人们同时也相信，一种新的心理学即将因为'网络空间'的虚拟人际关系而诞生。"[1] 这种预见值得及早关注。互联网代

---

① ［英］彼得·沃森：《20 世纪思想史：从弗洛伊德到互联网》，张凤等译，译林出版社 2019 年版，第 1054 页。

表了 20 世纪末 21 世纪初人类最伟大的成就，至今人们对其影响还没有足够的认识。二是在遵循国家公共服务标准前提下，采取措施鼓励和支持一些企业和社会组织参与公共服务供给，建立连锁经营或运营的公共服务供给体系，形成规模效应，打造公共服务领域的品牌，满足人们对美好生活的新期待。三是抓住个人信息流研究公共服务需求结构。用户对移动手机不停使用既会形成信息流，也会形成个人的生活流。腾讯公司对其微信典型用户每天生活过程的分析就展示了一个连续、精确的生活流。久而久之，个体的生活流就会在机器软件上展示出个人的生活习惯和工作习惯。数据平台越大，对于群体习惯的分析会越容易。从大数据分析习惯入手，研究公共服务供给或通过公共服务供给来培养人们良好的公共服务需求习惯在当前和未来都不是一件难事，关键是如何去做。网络环境下个人的时间和空间活动最终通过信息流展示出来，必须探索在信息技术进步支持下创新公共服务供给模式。

（三）发挥市场机制和社会机制在缩短社会距离中的作用

在明确基本公共服务责任的前提下，做好涉及准公共服务和各类公共服务主体角色、作用、规范的制度安排非常关键。基本公共服务由辖区政府向其居民直接通过提供的服务，或者通过财政拨款、其他政策支持企业和社会组织提供的服务。要进一步明确，中央政府是公共服务制度的安排者，地方政府是公共服务的提供者。中央政府如何通过制度设计使公共服务制度更加合理、公平、有效是推进公共服务高质量建设的关键。地方政府如何更加有效地提供公共服务是推进公共服务高质量建设不可或缺的条件。从"十二五"国家基本公共服务规划实施以来的经验看，尤其是考虑到中国特色社会主义进入新时代，社会主要矛盾是人民群众对美好生活的需要与发展不平衡不充分之间的矛盾这一新特点，中央政府在宏观层面上制定统一的公共服务标准和组织实施力所能及的公共服务供给十分必要。譬如，建立统一标准，把居家养老交给已经具备规模和具有经验的养老服务组织和企业，由它们建立全国统一的连锁机构，会大大提升服务质量和提高服务效率。美国经济学家约翰·肯尼思·布尔加雷思（John Kenneth Galbraith）认为，"公共服务总是滞后于私营的、市场驱动的商品，由于这些领域不存在市场，必须由政府买单"①。我们理解，这里的"公共服务"主要是基本公共服务。布尔加雷思既界定了公共服务的性质，也提出了公共服务的效率问题。由政府直接配置公共服务有时会缺乏效率。政府如何在这个问题上进行平衡和协调是公共服务供给的关键，它直接关系到平等目标的实现。如果这个问题得到正确处理，居民将各得其所。既是政府决策问题，也是经济问题，还会涉及社会和伦理问题。市场机制运用得好，会产生更高的效率，创造更大的平等和更多的公共利益。现代社会发展趋势表明，大多数公共服务可以由市场提供。目前长江三角洲等地区一些连锁企业参与社区养老服务中心建设，大大提高了公共服务的质量和效率，减少投入成本，也为国家实施统一的公共服务标准奠定了实践基础。就信息化而言，在信息化时代"很多关键的数字化工具来自私人企业，比如，为获得可靠的民意见解和快速反应而存储、组织、可视化和整理数据的工具"②。市场介入公共服务的最佳效果是企业利润和公共利益都能得到满足，如果二者出现背离，就需要政府介入。国际经验证明，仅仅靠私人部门的介入不能确保公共利益，必须有政府的标准、监管和评估。必须承认，私人部门的介入还可以减少政府财政支出和提高整个国民经济的效

---

① ［英］彼得·沃森：《20世纪思想史：从弗洛伊德到互联网》，张凤等译，译林出版社2019年版，第442页。

② ［美］史蒂芬·戈德史密斯：《数据驱动的智慧城市》，车品觉译，浙江人民出版社2019年版，第5页。

率。当私人企业发现他们的企业利益与公共利益一致时，公共服务产业化最有效。政府要使私人企业理解公共利益，并使他们的私人利益与公共利益保持一致，在经营过程中回应民众的意愿。实现政府规定的公共目标的私人企业可以得到政策的优惠或政策支持，达不到政府规定目标的将接受某种惩罚和问责。

三、重构公共服务供给方式的基本路径

"抗击疫情"之后，在公共服务供给上需要做好两件事情：一是针对像新冠病毒性肺炎这样的传染性强、传播速度快的疾病，必须把社会疏离知识（包括社会疏离期间的社会活动组织、心理疏导、精神疾病治疗）及其相关资源配置作为应急管理的重要内容纳入国家应急管理体系和物资储备体系，并建立和完善相应的制度；二是把互联网在"抗击疫情"中的良好应用纳入公共服务供给，在基础设施、基本设备和人力资源配置上加大投入力度，使之成为公共服务供给的组成部分。

（一）以技术进步推动政府自身改革和创新

政府必须随着技术进步不断实现变革。面对日新月异的信息化技术，"若想从数字技术中获益，政府必须摆脱自己的传统办事方式。这就要求政府放弃过去100多年中积累的一些架构、传统和习惯"[1]。一是政府平台通过政府的网络体系和网络平台把官员、企业家、社会组织、居民直接联

---

[1] ［美］史蒂芬·戈德史密斯：《数据驱动的智慧城市》，车品觉译，浙江人民出版社2019年版，第5页。

系在一起，民众通过网络接受政府机构、官员和企业家的服务，对政府机构、官员、企业家和社会组织直接进行评价，监督部门通过网络平台检测系统对官员、公众行为和企业行为进行监督评价，建立责任、信誉定级制度，测算其工作效率。二是推动移动互联网与云计算技术在公共服务领域的融合，重塑政府、市场、社会之间的关系，进一步明确各行政部门权力与责任，推动了政府行为透明化。在网络服务平台上，各业务部门要在平台上做好政务信息公开，梳理规范权力事项与权力责任运行清单，实现权责一致，持续推进简政放权；综合部门通过云平台协同各业务部门，参与拟订发展规划，优化配置资源；企业、社会组织、个人通过网络工具参与公共决策互动，对政府行政行为实现全程监督。三是数据基本公共服务化要求政府有关部门根据"数据"动态地定义、优化和重构基本公共服务体系及其供需流程，进而提升供需过程的敏捷性，降低风险和较少成本。

（二）把互联网和信息基础设施纳入基本公共服务体系

针对"抗击疫情"中出现学生缺乏手机和"蹭网"等现象，要考虑把宽带和智能手机等作为特定人群的基本权力等问题。一是宽带等信息化基础设施已经成为人们日常生活的必需品，无论是因为没有智能手机上网课自杀还是在茫茫高原需求网络信号，都表明了互联网应该成为人们的基本生存条件和社会权利。无论是当前正在进行的网课，还是成千上万的居家办公都表明，日常工作、生活、生产、娱乐都已经与互联网密不可分。考虑把智能手机和 iPad 作为必需品向低收入群体无偿提供，缩小社会距离，提高社会的包容性。二是国家发展处在历史发展新的起点上，改革开放初期经常说"要想富先修路"。在信息化时代，既要推动道路基础设施联通，也要实现信息基础设施联通。把互联网和信息基础设施纳入公共服务体系，通过新技术发展与智慧便利生活建设提升高龄老年人的生活品质，把一部分不会使用网络或智能设备的老年人纳入互联网体系。三是公共服务体系建设要与"新基建"有机结合起来。加强人工智能、工业互联网、物联网、5G 网络、数据中心的建设，使之与公共服务供给建设有机结合起来。积极探索把线下业务搬到线上，实现企业、城市和社会的数字化转型，变被动为主动。

（三）围绕以人为中心的城镇化配置公共服务资源

充分认识到中国依然处于城镇化进程这一基本国情。一是公共布局要紧紧围绕人口布局。2021 年国家统计局发布的城乡人口统计数据表明，中国大陆总人口达到 141178 万人，城镇化率为 63.89 %，流动人口 3.8 亿人，中国的城镇化发展还有相当的发展空间，公共服务布局也有很多机会。① 二是"抗击疫情"表明，巨大规模的流动人口、快速高效的交通网络，是造成疫情迅速传播的重要原因。今后一个时期的公共服务体系建设，必须坚定不移地围绕着"人"的发展来配置资源。这里讲的"人"，是指围绕着人口流动和人口流向，不断提高公共服务资源配置的科学性、预见性及可持续性，要打破仅仅以户籍人口规模为依据而不考虑人口流向和人口流动来布局公共服务的路径依赖，基于互联网技术综合考虑公共服务布局，不搞遍地开花，但也不能过度集中。要考虑适度分散人口，减少交通压力，方便居民出行，提高生活品质。

---

① 陈功：《我国人口发展呈现新特点与新趋势》，国家统计局网站，http://www.stats.gov.cn/tjsj/sjjd/202105/t20210513_1817394.html。

（四）规范和完善各类公共服务供需平台发展

平台经济和其他服务平台在"抗击疫情"中显示了自己的优势。一是要继续支持平台发展，尤其是支持支撑民生各类平台建设，一方面解决人民群众的生活需要，另一方面扩大就业，这次"抗击疫情"过程中，各类平台重塑了"保民生"新理念。二是努力打造服务广大用户，以及个人和家庭医疗健康有关的便捷、全流程的服务窗口，为健康医疗保健领域者，提供接触用户的渠道和开放平台。这个渠道和平台是智能化的，能够实现千人千面、个性化的需求与服务匹配。三是建设智慧校园，让校务数字化、智能化，包括学生在学校内，学校管理部门在管理上更加便捷，通过校园卡在微信中的呈现，唤起小程序等。四是形成覆盖全国、统筹利用、统一接入的数据共享大平台。公共服务平台定义为基于移动互联网、物联网、云计算、大数据精算以及政府流程再造的平台，它强调数据互联和数据在线，使需求侧用户、供给侧供给者通过该平台建立起"服务众筹""服务互评""协同治理"的互动机制，实现分布式、点对点的数据治理和服务匹配。网络平台的资源是人际关系和数据分析能力。2017 年 12 月 8 日习近平总书记在中央政治局就实施国家大数据战略进行第二次集体学习时强调，要运用大数据提升国家治理现代化水平，推进政府管理和社会治理模式创新，以数据集中和共享为途径，形成覆盖全国、统筹利用、统一接入的数据共享大平台。这是一个具有重大战略意义的思想。2018 年 7 月 18 日，国务院《关于加快推进全国一体化在线政务服务平台建设的指导意见》进一步明确建设全流程、一体化全国政务服务在线平台，是深化"放管服"改革、推动政府治理现代化的重要举措。实现不同政府部门之间的"互联"，必须完善顶层框架体系，使不同部门通过接口在"松耦合"的情况下相互连接，通过各类组织共同参与合作，营造新的治理格局。

（五）以技术进步为支撑创新公共服务形式和内容

要善于总结经验。一是借鉴"抗击疫情"的经验，将"抗击疫情"中一些生产方式和生活方式制度化、规范化，创新商业模式，大力发展在线教育、科研、审批、会务，形成新型商业模式、便捷工作模式和便利舒适的生活方式，推动智慧生产、智慧办公、智慧生活。在提升公共服务水平的同时，提升社会治理水平。"抗击疫情"中，一些企业迅速做出反应，及时上线"无接触配送"，满足特殊时期人们需要的衣食住行物品，确保接触安全。二是认真总结各地智慧城市、公共服务信息系统、智慧社区建设中的经验和教训，结合"新基建"，尤其是 5G 推进的经验，进一步加强精细化建设，全面提升社区的公共服务和社区治理水平。疫情期间的在线教育和视频会议出现大面积"卡顿"现象反映了在网络软件开发和硬件建设上仍存在短板，应当鼓励和支持企业积极参与，扩大投资，尽快补齐短板。三是公共服务供给体系的投入要紧紧围绕高质量这一中心，重点应当由硬性基础设施，包括设施、设备等投入转向软性社会资本投入，着力完善与公共服务设施相适应的人力资源配置和人力资源使用体制机制，提高公共服务领域人员的主动性、积极性和创造性，提升服务效能和服务质量。公共服务供给建设中的物流供应链、信息溯源、交通管理等都需要数据化。要考虑病毒长期存在可能情况下的人类互动模式，提升生活品质，体现公共服务的高质量建设要求。

（六）创新消除社会疏离的方式方法

充分认识社会距离是社会建构的重要方式，互联网正在重新建构社会组织型态。不断探索网络环境下的社会规范距离、情感距离和社会互动的新形式。把通过技术创新来解决社会疏离问题纳入公共服务供给创新议程。在认识到网络会造成人与人关系的疏远的同时，要明了一个人在网络上做的事情，与他（或她）在现实对话中所做事情的感受完全不一样。现实世界的面对面交往有助于提高认同感和相互之间的准确理解，减少偏见和猜疑。技术可以改变生活方式，但不是改变生活本身的意义。一是探索和实践通过视频链接、微信、微博等与亲朋好友开展交流、聚餐，举行虚拟晚宴等形式，拉近人们的社会情感距离，增进亲朋好友之间的感情。通过技术创新和信息内容的处理加工、知识化来缩小全球化环境下的社会规范和情感距离，奠定人类命运共同体的技术基础。二是通过公共服务供给提供心理和健康服务，帮助处于社会疏离状态的人们建立起社会联系，改善精神状态和心理状态，使生活轻松快乐。疫情之后的心理援助不仅要聚焦病人及其家属——这最为关键的人群，也要关注参与医疗服务的各类医务人员、社区工作人员以及其他参与人员的心理健康，还要关注长期社会隔离的居家人员的心理和心态问题。在此期间产生的强迫、抑郁、焦虑和失眠等现象都纳入到公共服务供给中。大学生长期居家和开学以后的注意力难以集中等也是个问题，要在个体心理辅导基础上，不断缩小和弥补由于物理空间拉大带来的社会规范空间、情感空间和社会互动的缺失。三是推动网络环境下的社会距离规范建设，必须提供相关的文化产品、社会工作产品，缩短社会情感距离。在文创方面，开发新的终端、新的传播方式、新的格式，5G、4K 甚至 8K，未来带宽解决后，使 VR、AR 体验会更好，也包括设备的升级等，多方改善人们在社会疏离环境下的心态，产生更多的正能量，形成积极向上、开放包容的社会心态。

"互联网+"助推就业

就业是民生之本，也是我国宏观经济调控的重要目标。最近，中国人民大学劳动人事学院课题组对我国新常态下的就业问题进行了研究，得出了一些值得思考的结论：2017年，我国电子商务、移动支付、共享经济等新业态发展迅速，"互联网+"行动促进各行各业繁荣。电商、新零售和互联网科技不仅改变了商业模式，也改变了就业模式。前几年，我们在上海调研时就发现，十几个刚刚毕业的大学生，利用信息技术搭建"专车"服务平台，一年可收入上千万元，既解决了大学生就业问题，又解决了自己的生计和发展问题。这几年，"互联网+"向各行各业延伸，新商业模式方兴未艾。党的十九大报告指出，就业是最大的民生，要坚持就业优先战略和积极就业政策，实现更高质量和更充分就业，支持创业带动就业。要运用"互联网+"发展新就业形态，促进多渠道就业，支持以创业带动就业。技术进步为新经济形态发展创造了条件，目前这些新技术已在许多领域应用，很多人把参与分享经济视为第二职业或作为增加收入或采取灵活就业的基本选择。互联网的快速发展，移动手机的日益普及，大数据和云计算的广泛应用，造就了新的经济业态，带来了大量的就业岗位、工作机会，诸如"网红"、网店装修、网店代运营、网店客服、专车快车司机等。在数字经济和共享经济时代，"平台+服务"已成为企业重要的商业模式创新。在商业领域，逐渐形成了以信息搜索服务为核心的百度，以电商金融服务为核心的阿里巴巴，以社交通信服务为中心的腾讯开放平台，等等。它们通过构建"云数据服务＋内容提供商＋程序开发者＋用户"开放平台，开发移动端用户，实现了个人与服务的全面链接、精准匹配，把服务范围拓展到社交、金融、物流、电商、在线地图、各种文娱活动、便民利民服务、应用分发等领域，使越来越多的创业者通过互联网平台创业成为可能。

电商、新零售和互联网科技不仅扩大了整体上的就业规模，也改变了就业平等，促进了社会公平正义。党的十九大报告指出，破除妨碍劳动力、人才社会性流动的体制机制弊端，使人人都有通过辛勤劳动实现自身发展的机会。我们看到，"互联网＋"塑造了各种不同类型的互联网相关企业的组织形态，改变了传统的用工管理模式，为不同的人群创造公平的就业机会，促进了社会公平正义。从中国人民大学劳动人事学院课题组的研究报告中还看到，在互联网环境下，许多社会弱势群体开启创业的历程：阿里电商平台给盲人提供了不一样的就业机会；在四川色达县海拔4000米的高原上，电商不仅满足了高原人民的生活需要，也为当地居民创造了就业岗位。电商时代的制造业让妇女真正撑起了半边天，妇女可以一边做家务，一边自由自在地做自己擅长的服装。在阿里巴巴电商平台上，老年人也同样可以再次创业。据调查，当前女大学生最看好的是电子商务专业。

电商、新零售和互联网科技不仅改变了就业平等，也促进了社会和谐稳定。2018年《中共中央国务院关于实施乡村振兴战略的意见》要求开发适应"三农"特点的信息技术、产品、应用和服务，推动远程医疗、远程教育等应用普及，弥合城乡数字鸿沟。近年来，"淘宝村"成为我国通过互联网实现乡村振兴的先行者。外出打工者返回乡村，利用"淘宝"等互联网平台，连接大城市最先进的技术、商业模式和人才资源，把过去人们视为落后生产力代表的农民变成了先进生产力的代表、新文化的体现者和商业文明的象征，他们生产的产品和服务蕴含着中国乡村文化和乡村文明，源源不断向全世界扩散。"淘宝村"以自己的实践说明，乡村振兴必须投资建设连接乡村社区与世界各地的高速互联网络。以数字技术为基础的"精准农业"会成为乡村繁荣的基石。"淘宝村"不仅创造了经济价值，带动经济发展，也创造了新的生产方式和生活方式。一些"淘宝村"正在变成宜居、美丽、人际关系和谐的新农村，在那里，留守儿童、留守妇女、空巢老人少了，婆媳关系和睦了，犯罪率降低了。

为了发展电商、新零售和互联网科技必须让全体社会成员有机会接近移动互联。要消弭数字鸿沟，必须面向全体人民宣传和普及移动互联网、智能设备使用和大数据知识，并将其视为推进公共文化服务建设的基础性工作。要在基层政府、社区以及公共空间铺设智能服务与物联网感知设备，通过社会组织成员、志愿者的导引帮助中老年人操作，提升设备使用率。

重视互联网的社会影响

当前，要深刻认识我国经济社会发展的历史阶段及其特点，尤其是新技术创新带来的社会结构变化、人类行为方式改变以及社会互动模式转型。只有把握这些，才能抓住社会发展的趋势。

一、技术创新挑战社会组织的发展

（一）互联网发展对社会的影响越来越广泛

社会媒体化和媒体社会化是当代社会发展基本特点之一。由社会成员之间产生的信息及其信息网络已经成为经济活动的脉络。借助于网络，社会成员从来没有像现在这样拥有对问题解决的参与热情和治理能力，政府有责任视这些信息和网络为国家财富和社会财富，并因势利导，充分动员，合理使用，通过一定方式加以引导。"互联网是一种内在的主动参与媒体（而不是像电视那样的被动参与媒体），它能为很多人提供社交化体验。交互性娱乐本身就是一个矛盾修饰的表达，人们在网络活动中获得的价值正是源自于积极的沟通、交流和组成人际关系圈子等行为。"①

社会媒体正在跨越式发展并不断突破现有的界限。社会媒体正在成为组织与自己的雇员、客户、合作伙伴以及其他利益相关者沟通的最新方式。政府网络客户端、企业和单位的微信、群体之间的"朋友圈"正在取代传统的文件传输方式，改变传统的信息传播渠道，也改变着人们的行为方式，乃至社会结构。

社交媒体正在取代传统媒体资源。技术、科学、知识的进步必然导致现代化进程加速。眼下，使用互联网的人口几乎占了世界人口的一半，看不到这一点就难以理解这个世界和它发生的变迁，以及变革的方向，乃至那些颠覆性事件。我国的互联网用户已经超过了60%，必须研究这60%以上的人口结构和社会结构，以及它对社会组织的影响。国人在除夕夜发放了上百亿个红包，抢红包成了春节的一个重要活动，社会习俗正在发生深刻变化。技术和文化进步也会带来社会组织自身的革命，不管人们是否认识到，这是个不可逆转的过程。

（二）"在线"成为一种基本的社会互动方式

"在线"已经成为当代社会关系和社会结构的重要特征。互联网塑造了网上的"在线"行动。"在线"互动成为当代信息化的基本特征之一。"我们原本处于一个离线的世界，在本质上，装置是离线的，物件是离线的，人也是离线的。传统的计算技术把物理的离线世界变成了数字化的离线世界。互联网技术把离线变成了在线，而后者给人类社会带来的变化说不定

---

① ［美］B.约瑟夫·派恩、詹姆斯·H.吉尔摩：《体验经济》，机械工业出版社2016年版，第41页。

会超过人类第一次使用火"①。大数据不是建设一个更大的硬盘和服务器系统，而是把现有的数据平台互联起来，形成一个"在线"的巨型数据系统和运算体系。这其中涉及打破现有利益格局，建立各个部门、地区、行业、单位之间的信息共享机制，以及信息安全制度。把千千万万个社会组织通过在线媒合起来，将产生巨大的社会服务能力。当然，这需要建设和发展组织各类社会力量的平台。

二、新的组织方式在发展中生成

（一）人们通过虚拟现实实现了各种分享

互联网在不同的年龄段会有不同的意义，年轻一代更喜欢虚拟现实。研究发现，城乡网民中各个年龄段的网民使用互联网主要分布在 10 ～ 49 岁的人群之间，尤其是 10 ～ 19 岁、20 ～ 29 岁和 30 ～ 39 岁这几个年龄段。在互联网环境中成长起来的年轻一代，对现实世界有虚拟感，对虚拟世界有现实感。两个在网上聊天聊得很好的人，见了面反而无话可说，反之亦然。

人们通过虚拟现实实现了各种分享——信息、服务，乃至物品，虚拟现实将成为人类社会交往的最主要的形式之一。"作为一款炫酷的娱乐设备进入人们视野后，虚拟现实将大大改革世界交互的方式，它对人类的多种体验所带来的影响怎么夸张都不为过。为什么？因为虚拟现实在接下来

---

① 王坚：《在线：数据改变商业本质，计算重塑经济未来》，中心出版集团 2016 年版，第 40 页。

的几年将成为'现实生活'的补充，但随着大量的资本和注意力倾入这个产业，与之相关的技术也将发展。"① 大部分网民是利用闲暇时间使用互联网的，可能更多是用于社交活动，互联网的社交媒体性质和作用也由此窥见一斑。

（二）"朋友圈"成为一种非正式的社会组织

由于社交媒体的发展，社会和经济之间的交融从来没有像今天这样密切。微信的发展已经超出社交应用，进入平台级入口，成为新媒体中的佼佼者。微信成为人们了解时事，掌握新知识、新思想和学术动态的重要渠道。

无处不在、无时不在的互联网传媒和由其组成的"朋友圈"，加速了在一些重大问题上的预期一致性。不过，"社交媒体属于短形式的介质，其共振信息被放大许多倍。最好的时候，它可关注信息，并向人们展示不同的观点。而在最糟糕的时候，它会过度简化重要主题，并将我们推向极端"② 。对于社交媒体的正面作用要肯定，但其负面影响可要考虑，有些问题要及早注意，如，自媒体中的虚假事实和谣言的管控，必须建立起监督机制和追责机制，及早加以规范，这种规范既来自国家的法律法规，也来自全体人民的自律。

（三）新生代典型的社会特征影响其行为

新生代是数字原居民，专心与社交媒体打交道，是社交媒体的爱好者。只有对这类人的群体特征通过其在线数据进行分析，才能详细把握他

① ［美］斯凯·奈特：《虚拟现实：下一个产业浪潮之巅》，中国人民大学出版社 2016 年版，第 127 页。

② Lizyjieshu：《扎克伯格发 6 千字长文，谈 Facebook 未来愿景和世界该有的样子》，《大数据文摘》2017 年 2 月 18 日。

们的特点。当前，这会涉及个人的隐私等有关法律问题，必须完善相关法律法规。"我们可以连续监测整个社会组织——小群体、公司和整个社区。方法很简单：通过收集手机、社交媒体上的帖子和信用卡交易记录等数字痕迹来进行检测。"① 借助于虚拟现实，跟踪会成为未来的重要趋势。公司、政府、社会组织可以通过用户服务的大数据对用户进行跟踪；这一方面带来了个人隐私问题，另一方面也带来了服务的便利性问题，就像一个铜板有两面。

互联网和智能手机的广泛应用过程中，居民对公共服务的个性化需求越来越凸显和越来越迫切，传统的公共服务供给模式将难以为继，必须借助数字技术来满足日益增长的个性化的居民公共服务需求。所以，社会组织创新意味着使用数字技术来提升服务效率，通过数字和网络把个性化服务需求计算出来，借助于网络化和数字化来生产多种多样的产品，产生全新的服务体验。

三、创新社会组织服务方式

（一）开发丰富体验色彩的服务项目

社会服务如何适应新生代对于"体验"的要求是一个关键问题。经济社会越来越朝着体验方向升级，"随着世界越来越融入体验经济时代，原来可以通过非经济活动获得的很多体验将会逐渐出现在商业领域中，这就

---

① ［美］阿莱克斯·彭特兰：《智慧社会：大数据与社会物理学》，浙江人民出版社 2015 年版，第 12 页。

必然带来巨大的改变。换句话说，以前我们可以免费获得的东西，现在要付费才能体验到了"①。在这里，经济与社会的界限变得越来越模糊。例如，家庭内部是人类精神的"避风港"，但是家庭也会出现其成员关系紧张等问题。历史上，家族和社区会对家庭关系产生调解作用，在当代，社会中出现了精神导师，诸如社工师等，有人称之为"灵魂的个人培训师"，他们可以对家庭关系进行调解。这些"灵魂的个人培训师"可以通过社会组织进行，也可以通过企业提供，关键是视服务对象而定。我国正在积极推进群团组织改革，试图发挥类似妇联等组织在家庭结构调节中的作用，甚至"共青团＋社工＋志愿者"正在作为一种工作模式，还有社区以及社会组织的作用，等等。未来，商业化的"灵魂的个人培训师"也许会与群团、社区和社会组织一道在一个领域中工作。体验会通过各种各样的方式出现在人们的生活中。在组织方式和治理模式上，如何通过这类服务和服务组织来实现对社会的治理，需要深入研究和积极探索。

（二）承担起消除数字鸿沟的历史重任

互联网普及率、社交和移动媒体在世界范围内快速扩张。从全球看我国，互联网的应用在我国是走在前列的。我国属于后发国家，其后发优势在互联网领域得到了很好的体现。我国有条件在新经济业态、政府改革创新、社会组织服务方式创新等方面有自己的后发优势，在经济结构调整和社会结构变迁方面有所创新。当然，这也需要政府和全体人民对这个问题有深刻地认识。在这里，消除数字鸿沟是一项十分重要的任务。社会上有一部分人，尤其是老年人，不能适应数字技术的发展，有些人被甩到了数

---

① ［美］B.约瑟夫·派恩、詹姆斯·H.吉尔摩：《体验经济》，机械工业出版社2016年版，第194页。

字群体之外，社会上正在形成巨大的数字鸿沟，需要社会组织和志愿者参与到这个领域中来，消除数字鸿沟，推动社会协调发展。

我国手机网络即时通讯、手机网络搜索、手机网络新闻、手机网络音乐和手机网络视频用户达到了手机网民用户的91.0%。可能是操作技术的原因，手机网络炒股或炒基金、手机网络论坛（BBS）、手机网络网购和手机网络邮件的占比还不高。手机网络游戏、手机网络文学会受到个人偏好的影响。手机网络支付与年龄和操作能力有关。就像20世纪60年代，电视成为公民交流的主要媒介，社交媒体正在21世纪承担起同样的角色。在支付问题上开展数字鸿沟填平运动，就应当像20世纪50年代开展的扫盲运动一样，成为一场社会运动。

（三）社会组织应领跑世界

就经济社会发展和互联网应用来说，我国社会组织处于一个全新的发展阶段，我国有条件承担起领跑世界的能力。与其他国家比较，我国是互联网应用发展较快的国家。根据2020年底发布的《中国互联网络发展状况统计报告》，截止到2020年3月，我国网民规模为9.04亿人，互联网普及率达到64.5%。在线交流的形式包括"网络新闻""搜索引擎""网络音乐""博客/个人空间""网络视频""网络游戏""网络购物""网络支付"等，网民的使用率都超过50%，从另外一个角度看，"论坛BBS""电子邮件"和"微博客"网民则呈下降趋势，说明"离线"的人在减少，"在线"的人在增加，"在线"成为未来互联网发展的趋势，这意味着大数据将越来越成为可能。当然，"在线"互动程度和水平，取决于人们对各类交流方式使用的熟练程度。在互联网应用上，我国涌现了一批世界级企业，诸如阿里巴巴、腾讯等，我国也有条件推动产生一批世界社会组织，在传播中国文化、中国价值方面发挥独特作用。

公共文化助力乡村振兴

《中共中央国务院关于实施乡村振兴战略的意见》要求，乡村公共文化服务体系必须有标准、有网络、有内容、有人才，要推进基层综合性文化服务中心建设，提升服务效能。

在2019年4月中旬随全国政协视察团对内蒙古自治区呼和浩特市农村公共文化调研和承担国家高端智库课题"推进公共服务体系高质量发展研究"的基础上，本人又于2019年5月17日至24日对河北衡水、河南郑州、江苏徐州和常州等地进行实地考察，现提出如下思考和建议。

一、十八大以来农村公共文化设施建设成就斐然

党的十八大以来，以习近平同志为核心的党中央将加快构建现代公共文化服务体系纳入"四个全面"战略布局，提出到2020年基本建成公共文化服务体系。文旅部认真贯彻党中央的决策部署，坚持政府主导、社会参与、重心下移、共建共享，完善覆盖城乡的公共文化设施网络，稳步推进各项改革，基本公共文化服务标准化和均等化取得重大突破，公共文化

服务效能得到进一步提升。为解决乡村文化设施"空壳"问题，中央财政安排专项资金，对基层文化设施设备购置给予补助，推动地方建设布局合理、功能配套、供需衔接、各具特色的基层综合文化服务中心。大大推进了基本公共文化服务标准化和均等化。

与此同时也应看到，农村公共文化设施的实用性和利用率还有待于进一步提升，一是农村公共文化设施的利用空间还很大。调查发现，尽管一些农村建设了大量公共图书室，但由于村民们忙于打工和日常生活，读书看报时间有限。在河北，一位村支书说，乡村治理遇到的最大问题是如何提升农民素质。这位支书说，村里的老年人抱着自己的孙子辈站在街上聊天，满嘴脏话，张家长李家短的，这样怎么教育孩子？为了改变这种状况，这位支书办了三期文化讲座，但是村民根本就没有积极地参加。在江苏，一位区长说，农村公共文化设施利用空间还很大，年轻人外出打工了，郊区的青壮年白天不在家，一些老年人参加了一些文化活动，读书的老年人不多。在内蒙古看到，老年人来图书室，可能翻翻书，更多是为了与大家见个面，聊聊天。二是农民的阅读习惯需要进一步培养。在河北农村，老年人吃完饭后，都是坐在大街上聊天，尽管村里图书室开放，他们也鲜有去阅读。为此，我专门问了北京郊区的一位村支书，他说他们村的情况也差不多，聊天是农村老年人的基本交往和休闲方式。这位村支书把这样的村子叫作"空心村"。这种城郊型的"空心村"比比皆是。三是网络阅读成为农民的重要阅读方式。在农村，使用移动互联的人越来越多，年轻人自然不用说，60岁左右的老年人使用互联网的也很多。在徐州，摆地摊的农村老年人使用微信或支付宝收费已经很普遍。农民们网上阅读对公共文化设施的使用率影响很大。

二、认识农村正在发生的深刻变化和农民对
美好生活的新需求

（一）农村人口结构发生了深刻变化

短短 40 年，我国从不到 20% 的城市人口，增加到了接近 60% 的城市人口，换句话说，从不到两亿人生活在城市到八亿多人生活在城市，传统的农村家庭、家族和社区在发生变化，大量农村人口迁入城市成为市民。即便是在常州这样的城市郊区，大部分农民已在城市里买了自己的房子，年轻人在城里工作，村里留下的是老年人。或许经过几代后，我国相当一部分的农村会消失。这是农村公共文化设施建设中必须从长计议的事情。基层人民的社会生活需要日趋丰富。观察发现，基层老百姓来图书室，往往是与其他活动结合在一起，如在徐州，一个社区图书室，边上就是儿童活动室、书画室，我们问社区工作人员，人们在什么情况下来读书，他们说，下午三点多老年人接了孩子，把孩子放在儿童活动室，老年人们或者去跳跳舞，或者看看书。有的图书室为了提高居民读书活动，专门举办读书会等。另外一种情况是，孩子们在节假日来图书室看看书、写写作业，一些家长有时也来图书室查查怎么写作文，是为了教育孩子来看书的。各个部门之间的兼容性有待进一步提高。在常州，各个部门参与社区建设的积极性很高，但基本是按照自己部门的标准和要求建设，缺乏包容、兼容性，一方面给社区带来很大压力：社区为了实现各部门的达标要求，必须提供相应的设施，有些老旧社区根本就没有建设空间，不得不到处找房源，造成各类服务设施分散分布，利用率低；另一方面由于各类设施分散，管理成本高。

三、对策和建议

第一，把乡村公共文化建设与居民的社会生活有机结合起来。加强顶层设计，考虑基层人民生活的综合性。在未来发展中，可以把养老服务、残疾人服务、文化活动、社区活动、社会治理活动建成一个综合服务中心，这样既提高效率，也能够提高人们参与的便利性和社区活动积极性，提高各类设施和服务的效能。

第二，提高农村各类服务设施的兼容性。各个部门的工作要有兼容性，避免各自为政。在常州看到，湖滨街道综合文化站成立于2011年，现设立于开元四季社区会所内，总建筑面积1500平方米，各项活动功能配套完善。室外有篮球场、网球场、儿童娱乐场所、下沉式广场、健身步道等。室内有道德讲堂、未成年活动中心、家长学校、"学雷锋"志愿者服务站、联席办公室、乒乓球室、健身房、书画院、阅览室、电子阅览室、歌舞活动室等。文化设施和社区服务活动结合在一起，更有利于设备的综合利用。

第三，基于互联网效应和互联网在线特征，建议由文旅部建立全国统一的电子基本公共文化服务平台。把各种文化数据资源整合到这个平台上，打破部门分隔和财政体制分割，形成更加有效的网络公共服务供给关系。

第四，根据聚集提升、城郊融合、搬迁撤并和特色保护四种类型来布局乡村公共文化设施建设。建设集约、有效、可持续的乡村基本公共服务体系。很多"空壳"村庄的老年人会不在了，必须从现在开始考虑规划拆迁，根据聚集提升、城郊融合、搬迁撤并和特色保护四种类型来布局乡村公共文化设施建设。

第五，"十四五"规划要综合统筹考虑部门分隔问题。通过统筹协调打破社区服务系统的各自为战、信息系统的分治分隔，形成综合的基本公共服务中心和全国统一的大数据系统，在全国统一的公共文化设施平台上安排公共文化服务。这样，既满足了人民群众对基本公共文化的需求，也提高了基本公共文化的供给效率，从而减少投入。

第六，精准把握不同地区和城乡之间的差异，把政策的统一性与差异性有机结合起来。调研中已经感受到了农区与牧区、城郊与边远地区农村之间的差异，分地区、分类型实行公共政策。政策实施和标准要体现地区差异、城乡差异。

创新社会建设方式

一、问题：当前如何推动社会建设创新？

2015 年以来，分享经济在经济领域中日趋受到关注，其实它不仅是一个经济问题，更隐含着深刻的社会价值，需要社会领域的学者们及早关注，深入研究。2015 年 10 月，党的十八届五中全会通过的《中共中央关于制定国民经济和社会发展第十三个五年规划的建议》中要求，实施"互联网+"行动计划，发展物联网技术和应用，发展分享经济，促进互联网和经济社会融合发展。2016 年 3 月，李克强总理在政府工作报告中要求"促进分享经济发展"和"支持分享经济发展"①，要推动新技术、新产业、新业态加快成长，以体制机制创新促进分享经济发展，建设共享平台，做大高技术产业、现代服务业等新兴产业集群，打造动力强劲的新引擎。在国家经济发展进入新常态，国民经济转型升级进入新阶段，推动分享经济发展不仅对于经济建设具有重要意义，也会把社会建设创新带入一个新阶段。

---

① 李克强：《2016 年政府工作报告》，新华网 2018 年 2 月 27 日，http://www.china.com.cn/lianghui/news/2018-02/27/content_50484682.shtml。

二、分享经济对社会建设创新的价值

（一）分享经济：一个始于社会学的理念和命题

1. 社会经济学的新探索

较早关注网络社会兴起及其对世界变革意义的是社会学家。非常有意思的是，分享经济这一概念1978年由社会学家首先提出。20世纪90年代，曼纽尔·卡斯特已经预见到网络社会的兴起及其对未来世界的影响，他当时写道，"新信息技术正在以全球的工具性网络整合世界。以电脑为中介的沟通，产生了庞大多样的虚拟群体"①。他预见到了"虚拟社会"的出现，这是一个被社会学长期视之与社会组织、社区不一样的新的社会形态，在我国学界和政策制定部门都将其称之为"虚拟社会"。随着"微博""微信"等通讯、传播和沟通工具的出现，人们不再简单地将网络社会视为虚拟社会，就像人们在慢慢改变对网络平台的非实体性看法一样，也在改变着对由网络形成的社会组织形态的认识。

人类总是喜欢使用已有的思维方式和理论框架解释新出现的事物。"旧瓶装新酒"是人类难以摆脱的路径依赖。既定的路径不仅是一种思维习惯，还基于长期形成的法律、法规等正式社会规范，以及约定俗成的非正式社会规范。突破原有的路径既要创新思维方式，还要进行体制改革，在任何时代，这都并非易事。曼纽尔·卡斯特还预见到了"网络企业"的出现对就业、工作方式的影响，他写道，"网络建构了我们社会的新社会形态，而网络化逻辑的扩散实质性地改变了生产、经验、权力与文化过程中的操

---

① ［美］曼纽尔·卡斯特：《网络社会的崛起》，社会科学文献出版社2006年版，第19页。

作和结果"①。分享经济日新月异的发展正在验证卡斯特的预见。

尽管学术界仍有人不看好分享经济,认为20多年前就有人提出这个概念,至今它也没有发展成为支柱产业。但须看到,时过境迁。20年前,谁曾预见在今日移动互联网势如破竹,谁又曾预见年轻人离开手机不能预约出租车和"专车""快车"等交通工具?谁又曾预见年轻一代中相当多不再去实体店购物?毫无疑问,分享经济发展的外部环境已经与20年前大不一样。在新的历史条件下看分享经济,需要新的视野和心态。

2. 分享经济产生背景的综合分析

分享经济的产生有其复杂的经济、社会、环境等原因,它出现于21世纪初期,主要因由是经济萧条、技术进步、人口增长和资源压力。人们常常引用的经济学中有关"公地悲剧"的理论可以说是对分享经济的另外一种解释,或者说是对这个问题的理论上的学术表达。

近年来,各国政府对分享经济都给予高度重视。为促进经济发展,英国政府在2015年的政府财政报告中列入支持发展分享经济的财政支出,旨在为英国的投资、创新、经营创造一个良好的经营环境。随着分享经济在德国快速发展,德国政府已经意识到这个新兴业态将给经济增长注入新的活力,当然也会带来了一系列的挑战。德国政府正着手通过立法来引导分享经济的发展。德国政府将着眼于确保分享的公平公正,保护消费者的利益不受损害,保护消费者的权益、劳动者的权益,确保公平竞争等。

分享经济的产生有其技术环境。在当今经济和人们的日常生活中,大量可使用的信息技术和社会媒体已经成为主流。人们可以非常容易地建立社会网络和直接互动的组织形式。这些信息技术包括公开的数据,随手可

---

① [美]曼纽尔·卡斯特:《网络社会的崛起》,社会科学文献出版社2006年版,第434页。

得、成本低廉的智能手机等。技术发明及其进步戏剧性地降低了分享经济及其组织模式的隔离程度。

自然资源的快速消耗也加速了分享经济的出现。继发达国家繁荣和拥有较高消费水平后，有着巨大人口规模的发展中国家的迅速繁荣给自然资源带来前所未有的压力，引起环境生态成本的上升和资源市场的波动，增加了传统制造业在设计、产品和配送等方面的压力。在这样的背景下，许多全球型企业开始高度关注循环经济的推广和发展，大量探索性、环境保护导向的企业纷纷出现，引领潮流，通过网络经济来适应新形势。它们使用网络技术，包括数据的收集与分享、最佳实践传播来提升企业间、社会组织间以及政府间的合作水平。

分享经济通过动员闲置资本重新形成价值，使之增加生产者收入，提高消费质量，推动国家经济增长和改善人民福祉，减少负面环境影响，增强社区纽带作用，促进社会融合。通过租借和循环，节省项目成本，分享经济为那些无力支付或不想长期拥有的人提供所需要的服务和产品。通过分散化、消除准入障碍，以及自组织等手段，分享经济可提升运营的独立性、灵活性，实现自力更生，提升社会成员参与治理的水平和能力。分享经济还可以在全球城市范围内加速实现可持续的消费和生产，成为个人和企业家创新的催化剂。

通常衡量一个国家的经济速度和规模是看国内生产总值，与人们的生活质量并无必然的关系。经济增长会产生许多变化——收入分配、环境污染、生态破坏，乃至整个经济体制变革，结果是好是坏，没有绝对的标准。分享经济使整个社会感到受益。越来越多的人感到滴滴快车给人们的出行带来很多便利，这既包含了经济效益，也包含了社会福祉。

当然，经济增长对于国家非常重要，因为税收直接关系到国家地位、国家能力，尤其是大国，没有一定的经济增长就不可能确保军事竞争力和科技竞争力。对于国家来说，经济增长意味着更多的税收、更多的国民收入和更强大的国际地位。

3. 分享经济的核心是通过社会网络动员过剩产能和闲置物品

分享拥有悠久的历史，而且含义也丰富多彩。但在现代意义上讲分享经济，其最典型特征是将过剩产能和闲置物品充分调动起来，实现物尽其用。当今世界，人类的基本需求，从衣食到住行，都在被互联网改造着。互联网使人类由消费者变为消费的提供者，并挑战约定俗成、天经地义的经营模式和经济体制。人类已经习惯于不断地扩大生产规模和不断地占有物品这样一种经济模式，而很少去设想改变这一经济模式。例如，为什么人们必须拥有自己的汽车，而实际上自己拥有的汽车在大部分时间里并不怎么用得上——绝大部分时间里是停放在自家或工作机构的车位上。可以想象一下，多伦多的五大湖边、纽约港湾的船坞里停泊大量的私人游艇，它们出海的频率又是那么低，船主们以占有这些船只获得心理上的满足感和幸福感，甚至将其视为上流社会的象征。这是人类自古以来形成的基本心理特征。延伸到眼前，国人以拥有数套住房，尤其是在郊区拥有别墅而获得满足感和幸福感不也被视为自然而然的吗？

分享使产品的使用（Usage）与所有权（Ownership）发生分离。在计算机和互联网文化领域，分享是指分配和提供数字储备信息，诸如计算机软件、多媒体、文献和电子书等。从前，人们需要到书店或音像出版机构购买的音乐光盘或录音带，现在只需要到网上去免费下载就可以了。"分享"也常常被宗教界使用，如教堂中，人们分享食品，有时是每个参加的人都贡献各自的一份，大家一起分享；有时是少数几个人贡献，大家一起分享。分享（Sharing）是人类互动的基本方式，它承担加强社会纽带的作用和改善人类福祉的使命。

分享经济有时也被称作合作消费（Collaborative Consumption），是一种介于所有（Owning）和馈赠（Gift Giving）之间的混合经济模式，基于点对点（Peer to peer）的产品和服务分享，通常通过线上社区服务来实现。目前涉及的领域有住宿、物流、交通、服务和音像制品等。

在形式上，分享经济包括：替换（Swapping）、交换（Exchanging）、集体交易（Collective purchasing）、合作消费、分享所有权、分享服务、合作化企业（co-operatives）、循环使用、二手产品交易、出租、借出、合作经济、循环经济、现用现付经济（Subscription Based Models）、个人对个人出租（Peer-to-Peer Lending）、小额金融、微型企业、社会媒体、聚联网（the Mesh）、社会企业、众筹、众包、开源数据、公开数据、用户原创产品（User Generated Content，UGC）等。

从分享主体上看，分享经济包括个人、企业（包括平台）、社会组织为各类市场和社会主体提供最优化的信息资源，使其可及、便利地使用产品和服务。

4.分享经济的产权、交易和技术特征

分享经济的前提是，当产品信息被分享，无论对个人、对企业，还是对社区来说，这些产品的价值，都是增加的。在 Airbnb 中，房屋的主人获得收入和人际交往的快乐，房客节省了支出，并获得了不同于酒店的经历和体验。分享消费是现代经济制度安排的方式之一，在这种制度安排中，参与分享只是为了消费产品或服务，而不是为了拥有。

具体说来，分享经济具有四个特征，一是对消费者行为来说，许多产品和服务由所有权转变为分享。二是线上社会网络和电子市场很容易把消费者联系在一起。三是移动设备和电子技术使分享产品和服务更加方便。也许可以将分享经济视为一种继续使用的资产处置方式，通过建立共同体，将消费者变为提供者，来激活绝大多数资源和创新各种各样的经营模式。如今，一些人对于分享经济仍然心存争议。业界人士和学术界的一些人士认为，若是要大家把自己的物品拿出来分享，需要一定的动员或激励机制。四是几乎所有有关幸福问题的研究都发现，人们越来越注重体验以及通过体验获得的喜悦，而不是关注购买或拥有某些东西。年轻人更是热衷于体验，这大大刺激了体验经济的发展。不论从业者受到何种训练，一旦他们直接与客户接触，会心旷神怡，愉悦倍加。顾客也会心情舒畅。

从宏观经济的视角看，分享经济是一种混合市场模式。从微观经济视角看，分享经济包括各种各样的构成，诸如营利的、非营利的、物物交换以及合作社式结构。分享经济提供了拓展的产品、服务和知识，超出了个人对个人、单一的所有权，有时也指"放弃所有权"。作为买方和卖方、出租方和租借方，公司、政府、个人都参与到了这些变化和进化的组织结构中。分享经济会制造一批胜利者，也将产出一批失败者，如，房屋所有者胜出，旅馆所有者败北，互联网专车胜出，出租车败北，等等。推陈出新是历史必然，这不仅发生在以上领域，也发生在所有领域，高铁撼动了国内航空业的霸主地位已经是不争的事实，只不过它没有像出租车那样引起人们的高度关注而已。现实中的矛盾，甚至是冲突，从局部看是问题，从全局看是趋势。

（二）分享经济的经济社会特征分析

分享经济是一种混合经济制度。从传统意义上的所有权来说，它把所有权和使用权分离又合并，形成分享体制机制；从交易模式上看，它把面对面、点对点交易的过程有机结合起来；从社会内容上看，它把商业价值、社会价值有机结合起来。之所以这样，是因为分享经济的发展基于三大原则。

1. 人是分享经济的核心和灵魂

分享经济是以人为中心的经济，这里的"人"，是指那些广泛参与社区和社会活动的社会成员。分享经济的参与者可以是个人，也可以是社区、公司、组织、群团等，换句话说，是所有高度嵌入到分享体系中、有所贡献或有所收益的产权所有者和组织者及使用者。"人"是产品和服务的提供者，也是创造者、合作者、生产者、合作生产者、批发者或再批发者。在分享经济中，"人"创造、合作、生产和批发点对点、个人对个人（P2P）的产品和服务。在分享经济中，微型企业精神受到高度称赞，因为在微型经济中，人们可以根据绑定的合约，开展点对点的交易。在一定的经营范围内，拥有者、雇员和客户，都会因为他们的观点、思想受到高度肯定，并被纳入各级供应链、组织和经营模式中。在分享经济中，信息和知识是分享的、公开的和人人可及的。高质量和公开的交流是分享经济体制的核心，因为它关乎信息和物品的流量、经济效率和可持续性。分享经济的基本工作是关于分配、知识、智慧的沟通，并使参与这个过程的个体、社区、组织非常容易接近、获得和使用物品和服务。技术和社会网络能够使沟通流量加速，信息广泛分享。在教育领域，通过沟通可以使人们更加容易接近知识、技能。促进分享"更多的信息"是分享经济的核心和灵魂。社交网络恰恰起到了这样一个作用，它与经济活动密切相关，打破了传统意义上的"经济"界限。

分享经济创造了一个以社会共同体为基础的文化氛围：健康、幸福、信任和可持续性。分享被视为一种积极的象征，参与分享的人受到社会的尊重、鼓励和重视。可分享的生活方式是人类的优秀文化和传承，应当得到崇尚。分享文化渗透到各个部门、区域、经济、性别、宗教和民族中。多样性受到尊敬，不同群体之间的合作受到称赞和鼓励。分享和合作被视为连接各个层级的生命线，从个体，到邻里社区，再到国家，甚至到跨国界层次。资源分享是分享社会经济制度的一部分。在分享经济中，外部性总是被认可和整合，经营总是立足于最有效的资源利用和合作经营文化。

分享经济囊括了人们经常讨论的社会创新模式，诸如自觉经营、社会经营、可持续经营、合乎道德的经营、社会企业、为了未来的分享经济经营等。占主导地位的分享经营模式包括，以可及性为基础的模式、服务、认购、租赁、合作、点对点模式。颠覆性创新、创意企业、微型创业等，它们都是分享经济的共同趋势。从这个意义上去看当前的出租车行业面临的问题就会发现，互联网"专车"颠覆出租车是不可避免的。

2. 开放性和可及性较强的产品

在分享经济中，对于那些想生产和想消费的人来说，产品和服务是开放的、便于接近的。互联网技术和网络能够使产品和服务通过集群的方式一道运作，并超越地理限制得到使用和消费。环境友好型的地方产品受到人们的推崇。3D 打印技术提供了更有地方特色的产品，更短的服务供应链，提高了效率和可及性。分享经济的社会责任（Social Responsibility）非常明显，公共服务可以（包括社会支持）通过合作生产实现——在各类角色扮演的全社会范围内展现，诸如家庭、朋友、地方社区、慈善组织、社会企业、商业界以及政府等。分享经济既具有营利性机构的特征，也具有非营利性机构的特点。评价它的成功程度不仅要看它创造的利润多少，也要看其创造的社会价值。一个分享自己汽车或者住宅的人，既是为了增加自己的收入，也是为了地球的持续发展，也在这个过程中，结交朋友，感受友情，享受文化。当然，每个分享者的动机不尽相同。

分享经济是一种集各种交易、激励和价值创新的混合经济体，其中，价值不仅仅是指货币价值，也包括经济、环境、社会价值等。分享经济体制可以接受各种相互替代的货币、地方货币、时间银行、社会投资和社会资本。分享经济基于物质、非物质或社会回报，鼓励最有效使用资源。资源通过有效和公平的制度，在地方、区域和全球范围内被分配或再分配。所有权模式，诸如合作的、集体的交换和合作消费促进了资产的安全和公平分配，在全社会范围内实现资源的有效使用。

分享经济的混合激励机制能够和激励更多的人们积极参与社会经济活动。在一个地方被视为"废品"的东西，在另外的地方是有价值的物品，分享经济能够使"废物"重新配置到有需要的地方，并物尽其用，再现价值。闲置资源根据需要者的需求被重新配置或交易，形成一个有效的、公平合理的循环系统；产品循环、升级回收和分享。根据分享经济的原则，"废物"只是放错了地方的资源，或者叫作"沉睡的资产"，只要合理配置就能够对个人、社区和公司有效用。

3. 分享经济中的复杂权力结构及其未来趋势

分享经济授权社会成员能够在经济和社会领域重新分配权利，在地方、国家和全球各个层级上，经济和社会依赖于公开、分享、社会再分配、公共治理过程。这个强有力的经济体制能够促进公开化，分享机会，使权利更加可及，从而促进收入分配制度的完善，减少不平等和消除贫困，鼓励人们成为积极的社会成员，深深参与到他们的社区和所处的环境中。

在分享经济中，法律制定的机制是民主的、公共的和具有可及性的。规则、政策、法律和标准的产生往往基于人们在各个层次上参与的公共治理过程。法律和政策制定能够推动和刺激居民、社区和公司之间的分享实践，如汽车分享、点对点交易，以及形形色色的资源分享等。法律、政策、机构以及设施创造了一个包含保险、担保、社会定级、信誉资本在内的信任体制。

分享经济把人和地球置于经济制度的核心。价值创造、产品和分配把可获得的自然资源在协同效果前提下，在和谐的环境中使用，而不是以牺牲地球为代价，在不破坏环境的前提下，人与自然的和谐中，推动人类生活的欣欣向荣。环境责任，包括环境负担是在人群、组织和国家政府之间分享的。分享经济中的物品和服务被设计为可持续性，而不是可淘汰性，不仅能够实现资源的重复使用，而且对地球产生积极的影响。例如，不是通过碳减排简单地减少负面影响，分享经济要生产对环境和生态有积极作用的产品和服务，像"从摇篮到摇篮（C2C）"或者是循环经济模式。

分享经济是基于长远考量而建立的、强力有利的、可持续的经济体制，它总是把当前行为的影响与未来发展联系起来，更着眼于未来。考虑到长远影响和可以预见未来的"大视野"，分享经济代表了一种稳定和可持续的经济制度。系统思考和系统探索各种变化对于实现分享经济的发展至关重要。毫无疑问，技术进步已经为分享经济发展提供了条件，而且它已经在许多领域应用了，很多人将参与分享经济视为第二职业或为了孩子而增加收入，或采取灵活就业的方式，但是，一旦人们将其作为收入的唯一工作来源，福利和社会保障问题都将会被提上议程，并需要着手改革和完善现行的社会保障体制。

三、分享经济对于创新社会建设的启示

分享意味着将自己拥有的物品分享给所有的人使用，它需要雇主拥有开放、包容和诚信的心态来对待客户，对于客户也是如此。分享经济不仅构建了一种新的经济组织形式，也构建了一种新的社会组织形态和社会秩序。它的发展离不开诚信制度。

（一）分享经济意味着社会价值的发展和培育

信任是分享的前提。现实生活中，分享行为不是发生在两个与世无争的行善者之间，而是发生在人们为获得自己需要资源的交换系统中，由于互联网的介入，人们不必见面就可以交易，南美的空房出租商业模式（Airbnb），房东把家里的钥匙放在约定的地方，房客住宿后把房费放在门口的篮子里，双方不曾见面，这个交换系统以信息系统为工具，以信用为基础，这是何等的社会体制！所以，分享经济既是一个经济系统，也是一个社会系统，又是一个信息系统，还是一个价值系统。传统意义上的社会学研究的社会交换系统，往往关注社会交换系统中的经济和社会特征。随着电子货币的出现，分享过程中的交换价值、交换媒介以及计量单位电子化了，而不是通常意义上的纸币。在无现金的分享过程中，信任的本质与使用纸币的状况完全一致。

在已有的国际文献中，分享经济与人们经常讨论的社会创新的概念，诸如社会经营、社会责任等密切相关，这自然要求我们探索分享经济的社会价值基础。分享经济的发展意味着社会价值的培育，它是指一个社会所拥有的社会规范，包括公平、正义、友爱、善良、忠诚、勇气、正义、怜悯、仁慈、感激、谦虚、宽容、真诚、勤奋、坚韧、积极、乐观、礼让、勤俭等基本行为规范，这些，都是分享经济的社会价值所要求的，也是一个健康社会所必须具备的。一个社会拥有社会价值，就是要让社会有一点自己的空间，不能完全把社会领域市场化，社会领域中好多问题是不可以简单地用市场手段解决的。比如说，到医院看病要排队，引入市场机制的解决途径通常是，有钱可以优先排队，享受 VIP 待遇，没有钱就必须排队，从社会价值的角度来看，这都是不公平的。就人的本性来说，人是利己主义和利他主义的综合体，人的骨子里包含着二者的基因。关键是作为个体和集体的人们处于什么样的环境，好的环境可以使二者平衡发展，坏的社会环境可能使利己主义走向极致，或者就是人们通常所说的精致的利己主义。用社会价值的理论，可以解释人除了追逐个人利益之外还有利他主义的行为需求，否则就没有办法解释历史上的慈善行为和志愿行为。这也是历史的规律和社会的规律，分享经济当然也离不开这一价值取向。分享经济依赖于使用者和提供者的意愿，但是，为了实现交换，双方都必须值得信赖。

（二）分享将提升人性中的社会价值基础

任何人都很清楚，人并非只带着善意而活着。在人心中的某个地方，潜伏着一些负面的情感，如恶意、嫉妒、情结、怨恨、愤懑、憎恶等。人的两面性得到什么样的展示，取决于制度和社会环境，换句话说，好的制度可以使人的社会价值得以展示，坏的制度会使人性的恶表现得淋漓尽致。理解当代美国的志愿精神和慈善事业，可以追溯到早期美国的历史。"早期的美国人却把'公共美德'看成是人类性格成熟的一种特殊品质，非常类似于黄金法则。"[①] 在美国历史和现实中，道德存在于日常生活之中。当时的人们认为，"美德必须被赢得，必须被了解。美德不是人性中一种不变的品质。它必须不断地被培养，一小时一小时、一天一天地被运用。建国者们指望家庭、学校与教会去点燃代代相传的道德火种"[②]。"美国是由移民构建起来的人工国家，不具有前近代的历史，建国的理念就原封不动地成为这个国家的传统了。"[③] 后来，美国的社会部门（也有人称其为第三部门）发展非常之大，速度之快、主体之多元化，非其他国家能够比拟。当然，不同之处在于，社会组织是以社会目标为导向的，社会企业家需要使自己的社会使命内化于心，分享经济的经营者则完全没有这样的职业要求，但是，分享经济的特点决定了企业家们必须具有社会企业家的

---

① ［美］W. 克里昂·斯考森：《飞跃 5000 年》，群言出版社 2015 年版，第 44 页。
② ［美］W. 克里昂·斯考森：《飞跃 5000 年》，群言出版社 2015 年版，第 48 页。
③ ［美］W. 克里昂·斯考森：《飞跃 5000 年》，群言出版社 2015 年版，第 48 页。

心态。

　　讨论分享经济的社会价值，人们对于纯粹意义上的交换还心存质疑，包括对古典经济学创始人们的观点。"但交换的视线，靠的是人类善意的乳汁，还是人类追求自利的酸液呢？曾经有个叫作'亚当·斯密问题'的德国哲学之谜，声称在亚当·斯密的两本著作里存在矛盾。一本书里说，人类天生就具备同情和善良的本能，另一本书里则说，人类主要是靠追求自利来推动的。"① 亚当·斯密的撕裂性思考是实现中人们行为和内心撕裂的理论展示。为了解释人类社会的分工现象，他必须承认人类需要他人的善意帮助，但单凭善意，人类又无法得到这样的帮助，必须具有自利心。他总是在人们的善意行为之后去寻求功利性。就连早期的功能主义，例如，佛雷泽也试图从南太平洋岛上部落居民的礼品交换中寻求经济企图和社会目的。"斯密对这一难题的认识是，仁爱和友谊是必要的，但要让社会正常运作，这些还不够，因为人'随时都需要很多的合作与帮助'。"② 这似乎是那个时代经济学研究的一条路径，要研究商品就必须研究交换，研究交换，就必须研究分工。恩格斯在其著名的《家庭、私有制和国家的起源》一文中也分析了从氏族社会到奴隶社会演进过程中，私有制出现的历史，"最卑下的利益——无耻的贪欲、狂暴的享受、卑劣的名利欲、对公共财产的自私自利的掠夺——解开了新的、文明的阶级社会；最卑鄙的手段——偷盗、强制、欺诈、背信——毁坏了古老的没有阶级的氏族社会，把它引向崩溃"③。这些，对于所有制的理解和解释就与我们以往的认

---

　　① ［英］马特·里德利：《理性乐观派——一部人类经济进步史》，机械工业出版社 2015 版，第 70 页。

　　② ［英］马特·里德利：《理性乐观派——一部人类经济进步史》，机械工业出版社 2015 年版，第 70 页。

　　③ 《马克思恩格斯选集》，第四卷，人民出版社 2012 年版，第 110 至 111 页。

识衔接起来了。恩格斯研究家庭、私有制和国家的起源也是从各个民族和氏族的历史文献着手的。马特·里德利研究后发现，一些社会擅长创造信任感，而另外一些社会却难以做到，挪威社会比秘鲁社会有一套设计更精当的激发信任的制度。这背后涉及文化、历史、地理环境、经济发展水平以及现行的法律。

（三）分享会进一步夯实理想社会的价值基础

世界著名管理学大师亨利·明茨伯格对于理想社会做出了自己的定义："可以用坐在一张有着粗壮的三条腿的凳子上来描述一个平衡的社会：一个拥有受人尊敬的政府的公共部门来给民众提供许多保护（比如治安及监管）；一个拥有责任的企业的私营部分来供应我们所需要的很多产品及服务；还有一个源自强盛社区的社群领域，从中能找到许多我们的社会归属。"① 尽管明茨伯格在这里没有谈及分享经济，但是，他这里讲的企业是具有社会责任的。人民对于政府的爱戴源自政府能够为民服务和保护人民的利益与安全。市场的责任是提供人民需要的产品并确保产品的质量。健康社群的要求是人们能够从中得到精神上的慰藉。三者缺一不可。

社会团体本身须有自己的文化和核心价值，即向善的力量，社交网络中的各个圈圈各不相同，有的正能量十足，有的缺乏正能量。健康的社会需要培育具有正能量的社会团体，"因为是一件正确的事而去做，这样产生的决心并不是因为政府让我们做或者市场的诱导，让社团生活成为一种向善的力量，并且为变革提供动力。"② 好的社交网络就发挥了这样的作用。"社群力意味着如何将人们聚拢在一起以合作的关系开展工作。在我

---

① ［加］亨利·明茨伯格：《社会再平衡》，东方出版社 2015 年版，第 3 页。

② ［加］亨利·明茨伯格：《社会再平衡》，东方出版社 2015 年版，第 50 页。

们每个人作为个体和社会中的我们所有人之间，是我们群体性的天性：我们是需要归属与认同感的社会动物。"公共领域也有自己的价值和文化，分享是其主要特征。"公共财产与社群领域相联系，是公共的：分享，而不是占有。"正在兴起的分享经济需要分享的文化价值，这是经济体制进化的一个新的阶段。资本主义需要新教伦理，分享经济需要新的价值取向，这是当下的人们难以绕过的理论问题。理论是灰色的，实践之树永远是常青的。

关注共享经济发展

    2013 年以来，围绕互联网"专车"（网约车的一种）引发的出租车罢运事件牵动着各级领导的心，也引起有关部门的高度重视。出租车司机利益受损是这一轮罢运的主因。交通部门从维护社会稳定大局出发，试图通过借鉴出租车经营权和经营模式，对互联网"专车"进行规范，并制定了相关文件初稿。这些意图都是好的。

    但必须认识到，互联网"专车"作为共享经济的一种具体形式，不仅仅是一种出现较早、比较成功的共享经济模式，除了会挤占出租车的市场份额，还会从根本上颠覆出租车经营权和出租车公司的实体性质，对此，有关部门必须早有心理准备。

    而且，作为一种新型经济业态，共享经济有可能成为帮助当前经济发展走出低谷的一个助推器。"从理论上讲，共享经济可以解决经济发展中过度投资、产能过剩、低水平重复建设、不公平招商引资政策等一系列问题。"[1] 从已有的实践看，优步（Uber）、民宿（Airbnb）以及"滴滴打车"等已经把大量的闲置资源重新配置，既满足了公众的需求，也大大提高了资源利用效率。

    在当前，我们尝试以出租车行业改革为切入口，深入研究共享经

---

① 曹磊等：《Uber——开启"共享经济"时代》，机械工业出版社 2015 年版，第 181 页。

济，以期为推动我国经济转型升级和健康发展提供一些理论和实例支持。

一、共享经济的两个颠覆性特征

（一）互联网"专车"将颠覆出租汽车行业垄断的基础——经营权

从已经发展比较成规模的优步和滴滴打车，以及为人们提供住宿的民宿等共享经济模式看，共享经济的特点是不求拥有，但求使用，它将传统意义上的所有权分离为支配权和使用权，车主对车辆拥有支配权，成千上万的消费者通过互联网可以获得使用权，这就改变了传统意义上的所有权概念。最终，它将颠覆传统意义上的出租车经营权体制。面对这种新型商业模式和新型经济业态，出租车管理要跳出出租车看出租车，更不能用出租车的概念来界定互联网"专车"，尤其不能把互联网"专车"纳入出租车管理体制，否则会犯削足适履的错误。限于共享经济是一个新的领域，发达国家也只是少数实践者和学者在试验和探索，我们目前不能从新的视角来认识出租车改革与创新还有情可原，但是，纵观世界大势，建立学习政府型的理念必须落实到行动中。面对错综复杂的国际国内形势和日新月异的科技发展，政府要在"放、管、服"中真正有所作为，首先必须加强学习，提高自身的监管能力和专业化水平，深刻认识科技变革给经济体制改革带来的机遇和挑战。

探索共享经济发展，要避免代际偏见。一代人会有一代人的经验积淀、理论积累、视野局限。要跳出一代人看另一代人。传统意义上的所有权是老一代人钟情的经济模式，购房、购车，倾其一生追求与奋斗，为拥有的财富感到满足和幸福。目前，整个社会的消费主体正由"80后""90后"和"00后"逐步替代"50后""60后"和"70后"。"80后"的年轻人不求所有，但求所用。根据 2010 年人口普查数据，"80 后"的人口总数是 2.28 亿人，"90 后"的人口总数是 1.74 亿人，"00 后"的人口总数是 1.47 亿人，三个代际的人口加起来是 5.15 亿人，如果以 2014 年的人口计算，占总人口的 37.86%。这是一个不可忽视的群体。"80 后""90 后"和"00 后"从小就与互联网一块儿呼吸，共同成长，对于他们来说，SoloMo（社交加本地化加移动）是自然环境，各种 O2O 也再自然不过（图 1），适应共享经济对他们来说，心理障碍不大。

关注百姓画像

76.3%　　23.7%

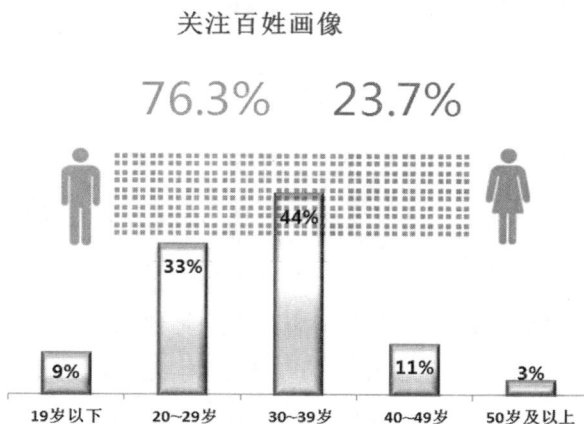

19岁以下	20~29岁	30~39岁	40~49岁	50岁及以上
9%	33%	44%	11%	3%

以互联网"专车"为例，从关注人群看，男性占比高于女性。从年龄段来看，20 ~ 29 岁人群多为新毕业或者工作年限较少的青年群体，30 ~ 39 岁的人群则一般都有比较稳定收入，乘坐出租车出行相对频繁，因此对"出租车改革"的相关话题更为关注，二者合计占比接近 77%；50 岁以上人群对此类话题的关注度最低。不仅社会上关注的人群多是年轻人，滴滴专车驾驶员也是一个年轻的群体。从事滴滴专车驾驶工作的人员的年龄也比较年轻，近 90% 的人年龄在 44 岁以下，属于 70 后，其中 57.8% 在 25 岁至 34 岁以下，属于 80 后。这个人群生活在互联网发展和普及的时代，思维方式、生活方式已经与前辈完全不同——不甘心于平

淡、标准化的生活。他们富于创新和关心公共利益。这种心态和精神状态使得他们更容易绕开前一辈人热衷的"所有权"而更加关注"使用权"、共享、服务质量。未来是属于年轻一代的，他们会有自己的生活和选择，他们在某种程度上代表了未来。当前，考虑经济发展，需要先见能力。眼睛看不见手摸不着的活动在未来可能会成为主流，年轻的一代习惯于这种方式，年老的一代不适应，这需要一个长期的磨合过程。

（二）共享经济将颠覆人们对互联网"专车"的非实体性指责

互联网平台如何定义？出租车公司和司机认为它不是经济实体，这触及了现代意义上的公司定义。

从出租车行业面临的困境看，互联网"专车"这种新的商业模式如同台风般毫不留情地摧毁旧的经营模式。从传统意义上来理解，只有眼睛能够看到、手能触摸到的"有形"活动可以创造财富，这是典型的工业社会的生产方式。面对滴滴打车等新业态，以"工业化社会的规则"思考问题显然已经不合时宜。以互联经济为基础的共享经济要求人们重新定义公司。这就是，未来的经济组织形式必须超越传统的公司运作模式，信息文明终将取代工业文明。

二、引入共享经济减缓中国经济下行压力的三个可能性方向

（一）激活存量经济，尤其是盘活房地产库存

面对大量库存和过剩产能，可以换一个共享经济的视角来寻求解决

方案。我们可以把库存和过剩产能大致分为三类：闲置资产（汽车、住房、设备、设施等）、闲置时间（大学生待业、非正常营业的时间等）、闲置技能（不是作为生计而是作为非经营性的方式可以提供的技能，如离退休专业人员的技能、专业知识、丰富的经验）。美国公共租车的鼻祖罗宾·蔡斯总结自己从事共享经济的经验，把共享经济归结为三要素，即开放产能过剩、创建共享平台以及实现人人参与。① 面对大量房地产库存，是不是可以探索类似民宿（Airbnb）的方式盘活现有的房地产资源？民宿（Airbnb）只是提供了一个解决问题的思路。当下，盘活房地产库存面临的问题之一是，大量空置房产没有装修，毛坯房居多，还有，大量房地产开发居于城郊，缺乏必要的公共服务资源配置，在这个过程中，政府如何发挥自己的职能就显得特别重要。

（二）扩大就业，确保民生之本

如何通过共享平台来把大学生就业问题纳入到共享经济发展中也不失为一种缓解大学生就业压力的尝试。共享经济中的人人共享会改变未来的雇佣关系，解决产能过剩和资源闲置问题，加快经济体制、社会体制以及生态文明体制的变革。

据研究，Uber 运营 3 年，在纽约就创造了 13750 个就业岗位，在伦敦创造了 7800 个就业岗位。自 20 世纪后期以来，美国一直面临就业压力加大和家庭收入放缓的双重挑战，尤其是进入 21 世纪，美国居民的实际收入下降了 7.2%，劳动就业率处于 20 世纪 70 年代以来的最低水平。面对这样的经济社会形势，美国社会对于灵活就业的需求非常旺盛。根据

---

① ［美］罗宾·蔡斯：《共享经济：重构未来商业新模式》，王芮译，浙江人民出版社2015 年版。

美国劳工局的调查，大约有 20 万人每周有自己的闲暇时间，希望做一些有经济收入的工作。调查表明，在美国，参加 Uber 的驾驶员中，90% 怀揣老板梦，60% 更喜欢选择像 Uber 这样能够独立自主的工作方式，也有一部分人因为换工作期间没有收入，选择几个月的时间做 Uber 驾驶员来维持生计，还有的人是为了支付孩子的足球课时费。50% 的 Uber 驾驶员实际每周工作时间不超过 10 个小时，每年通过 Uber 获得收入在 1000 至 3000 美元之间。为了在单位时间内提高驾驶员的收入，Uber 通过高科技减少同一车辆连续两趟行程之间的空余时间，几年来，纽约 Uber 驾驶员每小时平均载客时间翻番。[①] 提高驾驶员收入和工作的灵活性是 Uber 的目标之一。《芝加哥阳光时报》专栏作家劳拉·华盛顿指出，Uber 可以解决长期失业、就业不足和工资停滞等问题。在芝加哥，Uber 承担了自己的社会责任，为降低该地区的失业率而招聘 10000 名新驾驶员。[②]

在南非约翰内斯堡，无论在哪里需要出行，都可以约到 Uber。索韦托是一座位于约翰内斯堡西南部的城镇，失业率非常高，可选择的交通工具非常少，Uber 解决了这一难题。[③]

就中国而言，Uber 在中国曾经每个月能够创造出 10 万个就业岗位。[④]"目前全国每天有 6000 万量级的出行需求，出租车大约可以满足 3000 万次的出行需求，加上全国有 35 万租赁车牌，其中一部分营运车牌每天最多承载 400 万单的运输量，这样有 2600 万次出门需求要靠黑车来满足。"[⑤] 由此看见，互联网"专车"将开发一个巨大的劳动力市场。不管

① Uber：《政策研究周报第 5 期》，2015 年 11 月 18 日，北京 Uber 总部。
② Uber：《政策研究周报第 6 期》，2015 年 12 月 2 日，北京 Uber 总部。
③ Uber：《政策研究周报第 6 期》，2015 年 12 月 2 日，北京 Uber 总部。
④ 曹磊等：《Uber——开启"共享经济"时代》，机械工业出版社 2015 年版，第 31 页。
⑤ 曹磊等：《Uber——开启"共享经济"时代》，机械工业出版社 2015 年版，第 105 页。

经济形势如何风云变幻，只要守住就业和收入这个底线，社会就会稳定有序，经济逐步从危机中解脱出来也就指日可待。

（三）增加收入，提高居民生活品质

趋利是市场经济的基本特征。2015 年以来，离开出租汽车队伍的出租汽车驾驶员已经不少，有的还摇摆于二者之间，未来离开出租车队伍的驾驶员还会有进一步增加的趋势。表现在，一是打车软件在一些城市得到居民的欢迎和支持，社会舆论朝着有利于互联网"专车"的方向发展，原有的社会氛围正在发生变化。滴滴打车开始由大城市向三线、四线城市渗透。不到一年，山东省日照市滴滴专车、快车就达到一万多辆了。在没有滴滴打车之前，出租车受困于满街充斥的"红三轮"车，有出租汽车司机说，"大众都说没有'红三轮'了，出租车司机该发大财了，其实根本不是那样的"，这是指活儿都被专车和快车抢去了。二是原来坚如磐石的出租车行业也因为互联网的冲击在发生松动，大量有自己私家车的出租车司机开始步入互联网"专车"领域。三是使用互联网约车的出租汽车司机越来越多，在北京，有的出租汽车驾驶员每天 60% 至 80% 的活儿是通过滴滴打车平台获得的。"扬招"打车在街头越来越少，不会使用打车软件的中老年人面临打车难问题。四是出租汽车司机可以在巡游出租汽车和网络预约出租汽车之间随机做出新的选择。

调查发现，在北京，有的出租汽车驾驶员周一早高峰开出租汽车，8：00—9：00 之后把出租汽车开回家，再开着"专车"出来，据说，周一活不好拉，开"专车"可以赚更多钱，一个驾驶员在两类运营模式中穿梭，这也是新旧经济模式交替时期的一个新现象。出租汽车和"专车"已经不是铁板一块，在趋利机制下，驾驶员在利益驱动下进行自己的市场选

择，不以任何人的意志为转移。

共享经济是人们增加收入，提高生活品质的途径之一，有利于家庭生活的稳定。从短期来说，共享经济可以缓解经济下行给人们带来的收入压力，促进社会良性运行。2008 年，面对国际金融危机的冲击，西方各国的居民纷纷把自己的住房拿出来出租，补贴家用，甚至有些家庭把为客人准备早餐作为兼职的一部分，有人将 2008 年的金融危机视为共享经济的推手之一。从根本上说，共享经济是一项制度创新。

改革开放以来，我国居民的财产性收入不断增长，尤其是商品房的增长。这样的增长速度和规模显然超出了人民群众的实际需求，目前大中小城市，空房闲置、空楼林立比比皆是，盘活这些资源，一是靠政府的政策，二是要发挥市场，尤其是在新技术基础上的市场机制的作用。

再看全国人民喜爱和梦想的私家车也是如此。事实上，大量私家车处于闲置状态，或者说每天的大部分时间是停泊在自家或单位的车位，甚至道路边上。

把这些资产，或者叫作过剩产能利用起来，一方面可以节省继续生产的资源和能源，减少城市交通压力；另一方面，还可以提高车主的收入。当然，这需要相应的税收和监管政策，还需要社会成员之间的相互信任、合作。共享经济的发展绝不仅仅是一个经济体制机制的建立和完善过程，也是一个社会体制改革和创新的过程，它对社会发展和发育以及社会治理都提出了新的要求。是不是可以这样说，改革开放的前 42 年，通过传统意义上的市场机制，中国激发了每个个人创造财富的积极性，今后一个相当长的时间里，中国需要在技术创新基础上完善市场机制来消化和有效使用这些资源，推动中国的可持续发展。

结构调整是新的经济驱动因素，结构优化也是经济增长的新的驱动力。而且二者不可分割，只有通过技术创新才能真正实现结构优化。

三、发展我国共享经济的五个基本思路

（一）从发展和完善中国特色社会主义制度认识共享经济的潜在意义

2015 年 12 月底，习近平总书记在中央政治局民主生活会上的讲话中要求，必须坚持坚定正确的政治方向，有坚定的马克思主义信仰、坚定的社会主义和共产主义信念，并为这种理想信念矢志不渝奋斗。社会主义是共产主义的初级阶段，实现共产主义是我们的理想。技术进步的确改变了市场经济的一系列规则，互联网可能会使现实更加接近古典意义上的市场。"滴滴"或 Uber 向乘客显示其附近"专车"或"快车"的数据的准确性：距离、乘客人数、车辆多少等，并由此决定价格。技术进步使价格更接近供需关系。出租车的价格是既定的，通常是政府在一定时间内规定一个统一价格，然后在一定时间内，不管供需关系如何变化，价格是不变的。因此，市场机制在出租车行业表现的就不那么灵敏。绝大多数的市场是介于"看得见的手"与"看不见的手"之间的计划经济与纯粹市场经济之间的东西。"市场失灵"多数情况下是指无法依照价格这一经济学的核心问题来解决资源的配置问题。互联网就是通过技术让市场变得稠密起来，吸引更多的潜在交易者参与交易，促进市场成熟和发育，使交易者发现更多、更佳的机会。

市场是人类社会发展到一定阶段的现象，而非自然现象，也必将随着人类社会的发展和进步而不断发展和进步。促进社会的良性变革和创新永远是发展的动力。技术的应用必须永远遵循公平公正的原则。

如果让网络像解决人们的出行问题一样来解决住宿问题，化解房地产库存也就指日可待了。我国人民拥有大量的财富，包括住房、汽车等，把这些财富盘活起来，满足各类人群的需求，激发经济发展的动力与活力，是当下应对经济发展下行压力的一条重要路径。

（二）以发展共享经济为切入点认真评估"80后""90后"和"00后"的消费和生活取向

按照 2020 年第七次人口普查的数据，2020 年，我国人口达到 14.1 亿人，约占全球总人口的 18%，仍然是世界第一人口大国。[①] 从人口质量上看，我国人口受教育水平明显提高，人口的素质不断提升。15 岁及以上人口的平均受教育年限从 2010 年的 9.08 年提高至 9.91 年。16 ～ 59 岁劳动年龄人口平均受教育年限从 2010 年 9.67 年提高至 10.75 年，文盲率从 2010 年的 4.08%下降为 2.67%。从人口迁徙流动情况看，人口流动依然活跃，人口的集聚效应进一步显现。普查结果表明，居住地与户籍所在地不一致的现象已相当普遍，2020 年我国人户分离人口达到 4.93 亿人，约占总人口的 35%。其中，流动人口 3.76 亿人，十年间增长了将近 70%。从人口的城乡结构看，我国城镇常住人口持续增加，常住人口的城镇化率进一步提高。十年间城镇常住人口增加了 2.36 亿人，常住人口城镇化率提高了 14.21 个百分点，比上一个十年的增幅又上升了 0.75 个百分点。这里可以看出当今中国的消费主体，15 ～ 39 岁这个群体更是创新的主体。有的网络平台工作人员的平均年龄在 27 岁。政策的制定和决策咨询要邀请这个年龄段的、各行各业的人参与讨论，了解他们的想法、需求、消费偏好等，以提高政策预见性和战略性，当

---

① 国家统计局：《第七次人口普查结果呈现六个特点》，人民网 2021 年 05 月 11 日，http://bbs1.people.com.cn/post/1/1/2/177425120.html。

然，对年轻人也要引导。

（三）建立在互联网基础上的共享经济改变了传统意义上的市场运行方式

互联网改变了市场的外部场景和内部认知系统，随身不离的手机已经成为人类认知系统的延伸，习惯使用 Uber 或其他打车平台的人，没有它，出行就不知道附近的车辆运行状况。

（四）发展和完善共享经济需要创新社会保障体制

共享经济遇到的问题是，如何让企业员工、政府管理部门以及平台为即将到来的经济秩序做好准备。目前，出租车的罢运、政府部门迟迟不能拿出意见，以及平台的束手无策都反映了人们还没有足够的思想准备来面对共享经济。

大部分国家的就业是与全职工作为基础的雇主制度捆绑在一起的，通过固定的雇主雇佣雇员并为之支付社会保障金来维持工作和退休后的福利。一方面，也就出现了很多国家的组织一旦录用了某个人，要想解雇他（或她），几乎是不可能的。另一方面，由于福利体系的刚性特征——只能升不能降，雇主会面临巨大的支出压力，这点可以从上海的出租车公司面临的压力中看到。上海市的四大国有出租车公司一度成为全国出租车经营管理的模范，尤其是公司化经营有利于稳定职工，便于社会治理，但是，近年来，由于社会保障基金逐年增加，企业已经不堪重负。社会保障体制改革如何适应新技术和新业态、如何建立适应共享经济要求的社会保障和社会福利制度，需要进一步在员工和雇主之间找到一种平衡，更需要政府对现行的公共服务体制改革提出新的思路。需要进一步关注的是，随着无人驾驶汽车的出现，部分行业和部门的失业压力增大将不可避免。通常这种情况下，收入会向更少数的人手中集中。要避免出现失业率越来越高，收入越来越不平等的局面。

（五）共享经济将推动政府、市场和社会关系重构

通常，按照传统公共管理的理论，政府需要为社会提供公共服务，这是政府的基本责任和职能，因为公共物品具有外部性（如路灯、灯塔，任何人都是可以使用的）。这是公共管理理论长期坚持的基本观点，也是基本公共服务体系建设的理论基础。

现在人们看到，在互联网的发展过程中，一些网络平台，诸如百度，尽管是私人公司创办的，但是任何人都可以上网搜索和使用，并不必为此付费。拥有数亿用户的"微信"也是免费提供的，它甚至成为当今人们交流的主要方式。由此要问，在这些领域，公共服务与私人服务的边界在哪里？谷歌、百度以及"微信"为什么可以具有外部性？当然，谷歌和百度赖以定位的 GPS 系统是由政府提供的，它最早由美国军方开发和军方自己使用，后来对民间开放。互联网最初也是美国军方内部的通信和计算系统。公共部门还有什么可以对外开放而能够带来革命性的变革呢？"微信"中形成的社交群体，人们通常视为社会组织形态，人们之间互换信息，提供服务，也呈现出了外部性。在这里，政府、企业和社会的边界变得不是清晰了，而是模糊了。在模糊的基础上，重新界定它们之间的职能和关系预示着公共管理、市场管理和社会治理方式方法及其理论都将发生革命性的进步。

人类正处在一个空前的大变革大转型时代，"只有我们醒着的时候，黎明才会到来。会有更多的黎明。太阳只不过是一颗晨星"①。

---

① ［美］梭罗：《瓦尔登湖》，徐迟译，北京十月文艺出版社 2009 年版，第 337 页。

基本公共服务信息化

完善新时代基本公共服务应着眼于制度完善、资源布局、体系建设、便民利民、智能服务能力提升、供给方式多元化。为此，必须坚持体制改革和技术融合的原则，在加快体制改革的同时，通过基本公共服务与新技术的融合，构建基本公共服务供需平台，实现基本公共服务智能化和智慧化，使居民更加便捷、智能、公平地获得基本公共服务。

一、信息化环境下的基本公共服务理论反思

（一）信息化环境下的基本公共服务的特性变异：公共服务的外部性与私人服务的外部性

按照传统公共管理理论，由于基本公共服务的外部性，安排基本公共服务是政府的基本职责与职能，换句话说，政府是基本公共服务制度的安排者，具体的基本公共服务供给可以通过公共生产、私人生产、混合生产等多种方式来完成，这样可以降低服务成本、提升服务效率。

但随着分享经济的出现，许多大型私人企业，诸如谷歌、百度、腾

讯、新浪微博、滴滴出行、摩拜单车等都在提供无须付费或是少量付费的服务，就其使用方式来说，已与传统的基本公共服务没有区别。公共服务的外部性与私人服务的外部性、定价模式与供给方式正在发生深刻变化。基本公共服务供给层面正在通过构建在线的公共服务供需平台，推动各类供给主体参与平台上的基本公共服务供给项目的竞标，探索政府和社会资本合作（PPP），政府与社会组织合作，政府与个人互动的新模式，逐步形成基本公共服务供给方式多元化的格局。未来，实现基本公共服务供需两端的精准匹配不是没有可能的。信息技术的广泛应用正打破传统工业社会的需求与模式，打破传统意义上的纯私人物品和公共物品的界限。

首先，数字时代的公共服务完全不同于工业社会时代的公共服务，一个重要区别是，与传统的标准化大生产并行的是零工经济。零工经济不仅挑战传统的商业模式，也给社会保障制度带来新的选择。据统计，美国"整个零工经济中有4400万独立工作者。另有2900万人考虑在近期成为独立工作者。让皮尤的研究人员有些好奇的是，这一超过7000万人的群体代表的是21%的美国经济"①。零工经济的另外一个含义是生产的私人性和服务的私人定制。其次，另外一个重要区别是，私人定制正取代传统的标准化产品和服务。移动互联使产品个性化需求得到了更大满足。由于移动传感系统的使用，智能手机成为人们感知系统的延伸。在这样的环境下，基本公共服务的本质是，它是一种服务，更是一种体验。所以，要关注"用户体验"。以医疗为例，长长排队、久时等待、医患关系紧张、显然不是一种很好的"用户体验"。互联网在医疗中应用可以分为三类：医生为患者提供的医疗服务、远程会诊和第三方服务平台。第三方服务平台

---

① ［美］玛丽昂·麦戈文：《零工经济：在新工作时代学会积累财富和参与竞争》，中信出版社2017年版，第28页。

类似"滴滴",是不受医院框架限制的互联网医患服务平台,只是它目前还受制于各种相关法规法律的完善程度。智能化的提升会大大提高病人的体验。再次,基本服务如何适应新生代对于"体验"的要求是一个关键问题。经济社会越来越朝着体验方向升级。"随着世界越来越融入体验经济时代,原来可以通过非经济活动获得的很多体验将会逐渐出现在商业领域中,这就必然带来巨大的改变。换句话说,以前我们可以免费获得的东西,现在要付费才能体验到了。"[1]与此同时,原本需要付费的现在却不需要付费了。世界正在发生着深刻变化。政府治理模式将发生深刻变革。

(二)基本公共服务的最终产品和消费:不一定必须联合生产,也不一定是公共消费

通常,在工业社会里,机械化和大生产可以使物品乃至公共物品联合生产,这样可以提高生产效率,降低生产成本。公共物品由于其类型不同可以是联合消费,如路灯、统一规格的药品、同一类型的医疗方案等,单独生产一般很少,所以,布坎南说道:"与纯私人物品相比,公共物品的独特之处在于它蕴含着对于联合供给单位(a jointly supplied unit)的公共消费,一旦意识到这一点,我们就能够回到新古典经济理论,看一看当代公共物品理论在哪些方面与之类似。"[2]"马歇尔针对那些可以个人单独消费的有形物品来构思自己的理论,其中没有提及最终消费单位的公共分享。在他的理论中,物品的联合供给性是由生产的技术条件决定的,而不

---

① 〔美〕B.约瑟夫·派恩、詹姆斯·H.吉尔摩:《体验经济》,机械工业出版社2016年版,第194页。

② 〔美〕詹姆斯·M.布坎南:《公共物品的需求与供给》,上海人民出版社2017年版,第32页。

像在公共物品理论中那样，是消费的技术条件决定了联合供给。"① 传统意义上的公共物品基本上是公共消费的，如我国法定意义上的基本公共服务，即那些保障基本民生需求的教育、就业、社会保障、医疗卫生、计划生育、住房保障、文化体育等。公共消费背后隐含着政府的一套制度安排，包括统一的标准、社会共识、供给主体、财政体制、公民权利、服务范围、基本公共服务均等化等构成基本公共服务体系。

互联网，尤其是移动互联的出现打破了马歇尔曾经假定的每一供给单位所含不同最终产品的相对比例是固定的这一假设，最终产品的生产和消费，包括基本公共服务的最终产品和消费都不一定必须被联合生产，也不一定是公共消费。个体健康和医疗大数据可以为病人提供更有针对性的治疗方案和药物配制。在信息技术基础上的分享经济能够使联合供给单位成为纯公共物品，因为它能够由于信息对称性的进一步提升使任何人都可以将自己用不着的东西称为"最终消费产品"。

（三）传统的官僚体制与信息管理：体制滞后与技术进步的悖论

传统官僚体制下，官员接受和处理信息管理的能力有限的。"每个官员的时间都是有限的，他在搜索或沟通上的时间投入越多，他在其他行为上的时间投入就越少。他在吸收与使用信息上的能力同样是有限的。因此，每个个体在一个特定时期内，可以有效掌握的信息总量总有一个饱和点。"② 这就是说，传统政府治理模式下的信息处理受限于技术，官员处理信息只能在有限时间内选择，不可能进行大规模数据处理。互联网、大数据、云计算和人工智能为改变这一现象提供了可能性。到目前为止，包括

---

① ［美］詹姆斯·M.布坎南：《公共物品的需求与供给》，上海人民出版社 2017 年版，第 32 页。

② ［美］安东尼·唐斯：《官僚制内幕》，中国人民大学出版社 2017 年版，第 112 页。

发达国家在内的政府官员还是采用传统的方式处理日常信息，这一方面是，官员们受制于政府自身的信息化水平：政府不能像企业那样迅速适应市场变化来及时改进自己的信息管理系统，例如像荣事达、阿里、腾讯等；另一方面是，官僚体制中的官员使用数据的能力和水平有限，大部分人不会使用大数据、云计算和人工智能技术，这是普遍现象。即便是在信息技术迅速发展的美国，情况也是如此。在美国，"人们普遍相信，由于大型组织在美国生活中的重要性逐渐上升，美国社会正在被官僚所支配。人们普遍不希望出现这种趋势。强烈的批评家认为，每个个体都将陷入一个充满各种由那个巨大的、'没有个性的'组织所制定的规则与规章的紧张网络之中。他们也担心，社会将由高大的办公大楼、浪费的支出、惊人的失误、不计其数的官样文章、令人心灰意冷的拖延、推诿责任以及他们将之归因于官僚主义的其他的令人厌恶之事所支配"①。所以，传统的官僚体制与信息社会发展出现了脱节现象。这是当今世界政府创新面临的一个重大问题，即体制滞后与技术进步之间的矛盾。

要解决好这一矛盾，就不能回避矛盾。必须深刻认识到，信息社会改变了工业社会中政府组织的层级结构、决策方式与服务模式，原来金字塔式的科层制管理逐渐走向部门协同的散布开放式的平台构架，逐步走向部门协同与数字治理。实现不同公共服务部门之间的"互联"问题，必须建立顶层框架体系，使不同公共服务部门通过接口在"松耦合"的情况下相互连接，通过大型公共服务组织与中小社会组织的共同参与合作，营造新的基本公共服务生态格局。

---

① ［美］安东尼·唐斯：《官僚制内幕》，中国人民大学出版社 2017 年版，第 253 页。

二、基本公共服务供需平台的理论建构

（一）界定基本公共服务平台

我们将基本公共服务供需平台定义为基于移动互联网、物联网、云计算、大数据精算以及政府流程再造的基本公共服务的供需匹配平台，它强调数据互联和数据在线，使需求侧用户、供给侧供给者通过该平台建立起"服务众筹""服务互评""协同治理"的互动机制，实现分布式、点对点的数据治理和服务匹配，实现基于大数据的基本公共服务生产、供给、交换、消费的优化。

互联网与基本公共服务的结合点是基本公共服务云平台。借助于云平台，传统的社会组织、事业单位、相关企业能够纵向整合基本公共服务链资源，实现横向激发跨界创新的可能，推动基本公共服务供给过程的共享、重组和更新。企业组织、事业单位和社会组织可通过云平台，向社会各类服务组织开放入口，提供数据和提升计算能力，推动社会组织与事业单位和企业组织的协同创新，共同实现基本公共服务的数字化升级。

公共服务部门互联需要预先定义若干通信平台、知识共享标准和数据模型。"宽松定义标准"有利于敏捷与弹性开发和满足不可预测的未来需求。建立基本公共服务部门易于合作的"宽接口"可以使各个公共服务部门保持自己的优势。在设计基本公共服务供需平台中须淡化所有权，强调使用权，注意网络与数据安全问题。

基本公共服务平台具有"三重性"：一是它是一种企业形式；二是它具有市场性质；三是具有社会福利性。这"三重性"会给深入分析和处理问题带来困难，这些困难既有观念上的、技术上的，也有社会的。如何在新的条件下，制定适合于平台的竞争政策，需要慎重研究和思考。在我个人看来，在思考这些问题时，我们应该更多地从最终社会福利角度出发去看，而不应该仅仅看竞争者的多少；应该更多看行为，看绩效，而不是仅仅看结构。

（二）基本公共服务平台的价值分析

基本公共服务平台化顺应互联网为社会基础链接的整体形势，采用符合互联网规律的组织方式和技术手段重构基本公共服务供给体系和技术设施，通过"互联网+"和"人工智能+"实现基本公共服务供给的快速化、多样化、便利化。平台化的核心目标是推动政府在基本公共服务领域快速有效地建立起居民需求和事业单位、社会组织和企业之间基于互联网的全面链接，使各类基本公共服务机构在网络环境下，有效地履行服务职能，优化运行模式，升级供给方式。

通过构建在线的基本公共服务供需平台，在线发布政府购买服务目录以及实施方案，吸引企业、社会组织、个人等社会力量参与服务的生产供给，不断拓展政府购买服务的选择范围和空间。在操作流程上，在购买服务前严格通过信息公开、公平竞争、资质审核等程序，优选承接服务的社会主体，确保购买过程阳光透明；在购买服务后，构建购买主体、服务对象和第三方共同参与的基本公共服务综合绩效评价制度，建立优胜劣汰的奖惩机制。通过基本公共服务供需平台建设，扩大市场准入，鼓励社会力量对接公众基本公共服务的供给和需求，形成在线、公平、透明、高效的政府购买服务流程，对政府购买服务行为实现动态管理。

通过基本公共服务供需平台，完善基本公共服务信息收集和动态跟踪监测。例如，整合社区服务平台收集的人口信息，加强对特定区域内高危人群早期干预和监测评价可以加强对流行性疾病的监测与防控；连接社区平台收集的健康数据与大医院的诊疗信息，参与慢性病综合管理和健康干预服务，改善慢性病人群身体状况。基本公共服务供需平台实际上是一个面向政府、企业、社会组织、个人等多主体的开放性平台，在该平台上政府与个人、政府与企业、政府与社会组织、企业与个人、社会组织与个人、企业与社会组织之间都能就其提供的服务进行在线反馈、评价、打分，形成在线互动机制。通过多主体的参与，其他供需主体能对政府行为进行绩效评估与全程监督，政府能够对用户实施信息收集与动态监测，共同提升服务质量。

（三）基本公共服务平台的基本理论

1. 所有权与使用权

越来越多的中青年人通过移动网络与社交媒体表达自己时髦的消费态度，人们更多地关注获得各种服务或物品的使用权而不是占有其所有权。另外，"一些互联网商业平台乐意放弃一些所有权（smart enough not to own）、渴望沟通、乐于分享，整个社会变得更具开放性、包容性和连通性"。如，拥有数亿用户的腾讯微信、新浪微博、百度搜索等，都是私人企业，免费向用户开放其基本服务，如今这些网络平台已经成为人们交流互动、获取信息的重要渠道。公共图书馆的借书电子版可以由读者点击，政府付费，通过这种方式来解决当前存在的版权问题，只是需要政府的制度安排来完成。

2. 中心化与去中心化

适应互联网的发展趋势，更加关注去中心化。从迈克尔·博兰尼1951年在《自由的逻辑》中提出关于社会秩序特征的"多中心"概念，经过奥斯特洛姆等人的进一步研究发展，"多中心"已成为公共品生产与公共事务的重要治理模式之一。与此同时，关于重新分配或分散政府的功能、权力或资源的思考从未停息。斯文·里米尔（1948）认为"去中心化"在社会科学领域主要内涵之一是社会管制方式与在社会组织高度集中时代的民主进程的变化。在"去中心化"理论框架下，必须推进行政资源、基本公共服务的均衡分布，鼓励相关主体积极参与公共事务的决策。随着信息技术在公共部门的应用，尤其是Web2.0技术在电子政府中的融合应用，将改变原来以政府或用户为中心的政府网站的"菜单式"服务模式。在基于Web2.0技术开放的基本公共服务供需平台上，各相关主体，如发展改革委、其他业务部门、企业、社会组织、用户都能够公平、有序地参与到基本公共服务的生产供给与公共事务的决策之中。随着公共服务供需平台的推进，政府组织结构、社会治理模式、政民互动机制、公共资源分布格局正逐渐发生变化，正如凯文·凯利所说，"未来世界会不断从科层制中去中心化，分享和移动化将是趋势"①。

3. 成本与价格结构

根据公共产品理论，基本公共服务的外部性特征决定了政府是公共服务的主要提供者，但是，公共服务的生产供给方式可以多元化，如政府生产、私人生产、公私合作等，这也为政府购买公共服务提供了重要的理论支持。随着政府网络供需平台的建设，政府在线购买服务的范围和规模不断扩大，要优选公共服务供给者、提升购买服务效率，就必须充分重视公共服务成本的测算工作、创新政府购买公共服务的定价方法与财政补偿机制。基本公共服务的成本因地区间自然环境、人口结构特征、投入价格要素等因素而异。分享经济时代，许多私人企业开始免费提供便民服务，把服务成本内化在其他增值业务中。一方面商业模式的变化会影响政府公共

---

① 《凯文·凯利12月1日北京演讲：未来趋势是去中心化，创新来自前沿和边缘》，2014，http://www.financialpie.com/?p=4979。

服务的成本核算与价格结构；另一方面，要考虑实际情况，根据公共服务特性、物价水平、居民收入、财政支付能力等因素确定各方满意的公共服务价格，使供给主体以不低于成本价的价格水平供给公共服务或产品，保证其持续运营能力。

4.边界划定

人们看到，在互联网的发展过程中，一些网络平台，诸如百度、谷歌尽管是私人公司创办的，但任何人都可以上网搜索和使用，并不必为此付费。拥有数亿用户的"微信""微博"也在免费提供服务，它们甚至已成为当今人们互动交流的主要方式和政府发布服务信息的重要渠道。由此要问，在这些领域，公共服务与私人服务的边界在哪里？人们通常把网络中形成的社交群体、兴趣小组，如"贴吧""知乎"视为新社会组织形态，人们之间互换信息，提供服务，也呈现出了外部性。在这里，政府、市场和社会的边界在哪里？网络的开放性特质使得各类供给主体与服务内容的边界不再泾渭分明，出现了互相渗透甚至融合的趋势，边界变得模糊了。在模糊的基础上，重新界定政府、市场、社会之间，平行业务部门之间，综合部门和专业部门之间甚至公私服务之间的作用和关系，预示着公共管理、市场管理、组织结构以及社会治理工具及其理论都将发生革命性的进步。

5.权力与责任

移动互联网与云计算技术在社会领域的融合，重塑了政府、市场、社会之间的关系，强调了各行政部门权力与责任的划分，推动了政府行为透明化。在网络服务平台上，各业务部门要在平台上做好政务信息公开，梳理规范权力事项与权力责任运行清单，实现权责一致，持续推进简政放权；发改委通过云平台协同各业务部门，参与拟订科学技术、人口、教育、文化、卫生、体育、民政等基本公共服务领域的发展规划，优化配置公共服务资源、推进社会建设；企业、社会组织、个人通过网络工具参与公共决策互动、对政府行政行为实现全程监督。新技术的兴起使得"公民与政府之间的权力对比越来越呈现相对均衡"①，行政部门持续推进简政放权，完善权责事项与清单，更高效地为公众服务。

三、基本公共服务供需平台的框架分析

（一）框架机制

基本公共服务供需平台是基于移动互联网、物联网感知设施、云计算和大数据精算技术的"数据平台"，它更强调数据互联和数据在线，并基于数据准确抓取公众需求、寻找高效的潜在生产者，实现公共服务供需合理配置，它将改变政府的工作流程。

1. 媒合机制

基本公共服务供需平台要能够通过物联网感知设施与智能移动端动态感知用户需求，来组织研发、制造和服务，凭借内生动力，实现基本公共服务供需平衡。基本公共服务的生产者和消费者的有效连接，有赖于打通线上线下，把信息网、需求网与供应链融合起来。这是一个系统工程，需要政府、事业单位、社会组织、企业尤其是互联网公司，以及大量的第三方服务机构一起努力。

根据供需平台的设计需求，将该平台上政府基本公共服务职能分解为三个部分：需求侧（海量的潜在用户，居民、企业、社会组织，以及政府

---

① 马建堂：《"互联网+"干部读本》，国家行政学院出版社 2017 年版，第 168 页。

组织自身）、供给侧（海量的潜在供给者，居民、企业、社会组织，以及政府组织自身）和建立在<u>互联网</u>与大数据精算基础上的数据匹配平台（搜索引擎、社交网站、视频网站、运算系统等），通过该平台推进各层级、各部门"协同治理"，实现"服务众筹""官民互评"模式，实现分布式和点对点等基于移动互联网的基本公共服务模式创新。在该供需平台环境下，基本公共服务模式表现为在线、简单、清晰、快速、透明、参与、智能等具体特征，去除了原先以政府为中心的菜单式服务模式，体现了去中心、以人为本、分享、在线一体化、平台化等核心理念。

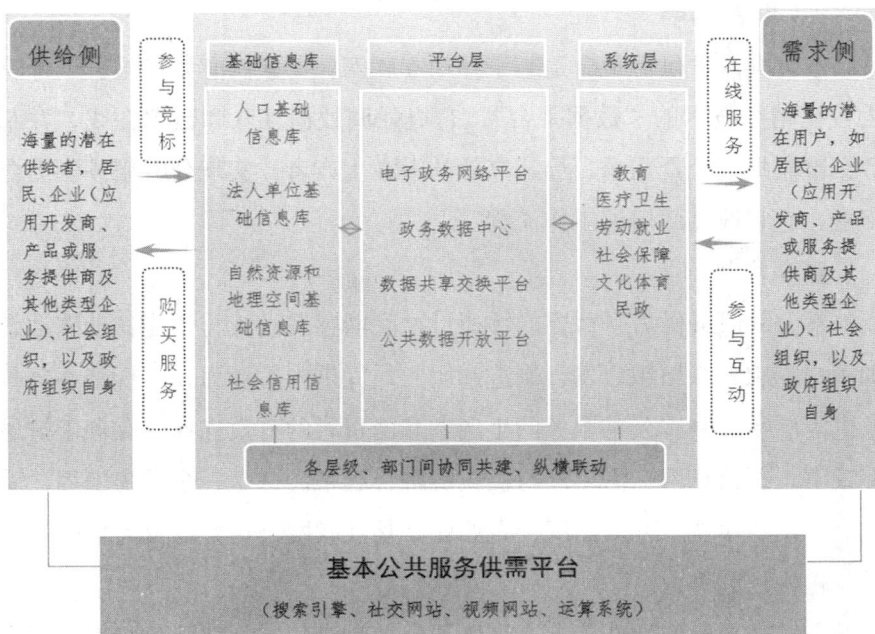

基本公共服务供需平台的媒合机制

（二）技术架构

在全国基本公共服务的供需层面上，各层级、区域、部门间的信息难以实现融合共享，业务部门难以跨站点协同，如低保"重复救助"，等等，拉高管理与服务成本、影响政府流程优化。因此，有必要从整体上对技术架构进行设计。

1.基础层：大数据、算法和大计算

每个居民每一天会产生非常多的数据，如个人的行为、生理状态的变化，如果要监测、记录的话，会有非常庞大的数据。况且，每一个人每天都在跟互联网打交道，在使用互联网过程中，也会产生很多数据。掌握好、利用好、分析好这些互联网数据，在很大程度上也是对基本公共服务需求和供给的重构。大数据技术分为几个方面，比如数据的采集、提炼以及应用。如果对一个基本公共服务部门数据里的用户进行建模，某一个用户可能是需求方，另一个是供给方，这样的行业数据经过分析就可以帮助政府更好地进行公共服务提供。

2.认知层：自然语言处理、知识图谱和用户画像

自然语言处理的范围广泛，如果细分的话，有很多子领域，较宏观地可划分为语言的理解和生成，以及相应的应用系统。一方面要理解人的语言，另一方面要表达，能生成语言。比如，基本的分词、短语分析，核心的解决思路就是做句法的分析和语义的理解或意图的理解。

3.平台以及生态层

云是很大的计算平台，不只是云的拥有者可以用，而且开放给所有的合作伙伴，变成基础的支撑平台，上面有大脑的各种能力。同时还有一些垂直的解决方案，比如基于自然语言的人机交互的新一代操作系统。这样就能解决目前的"信息孤岛"问题。

4.应用层

当今时代，发现信息不再是仅仅通过网站，还通过多端、多屏、多渠道进行传播。根据《第40次中国互联网络发展状况统计报告》，"截止到2017年6月，手机网民占比达96.3%，移动互联网位置强化"。移动接口已经成为了人们获取服务的主要渠道。同时，人工智能正在成为这个时代技术变革的核心驱动力，AI在To B领域的渗入将会给各行各业带来革命性的改变，也会对人们的日常生活产生巨大的影响。

（三）智慧基本公共服务集成应用平台

1.智慧基本公共服务集成技术

探索统一运行平台搭建的关键技术，确定统一的空间数据库建设标准，信息交换和使用方式、用户权限管理、软硬件运行环境等。

聘请熟悉基本公共服务管理、智慧城市建设、信息技术、数据库技术等方面的专家和技术人员，完成基本公共服务系统集成技术研究。

2.智慧基本公共服务系统平台试点应用研究

选择2个基本公共服务领域，教育、医疗卫生，或者基本社会保障或者基本公共文化，搭建符合智慧基本公共服务系统运行要求的软硬件运行环境，开展智慧基本公共服务系统平台试点应用，验证智慧基本公共服务系统平台的实用性，并为培训可熟练应用智慧基本公共服务系统平台的技术人员。

3.智慧基本公共服务系统功能测试

完成智慧基本公共服务系统平台的智能办公管理系统、网络信息发布和交流系统、信息管理和辅助决策系统、信息智能获取系统以及系统集成功能的测试工作。

聘请熟悉基本公共服务管理、智慧城市建设、信息技术、数据库技术等方面的专家和技术人员，对系统平台的各项功能、运行情况进行集中测试。

4.制定政策，鼓励发展面向基本公共服务需求的机器人

大数据和人工智能的快速发展要求政府改变决策模式，从经验决策到数据驱动决策的转变。政府将根据数据变化实时决策，数据成为决策的"触发条件"和"重要依据"，根据提供基本公共服务项目及其所处的数据环境，随时动态调整其服务项目和投资方向。服务项目和投资方向的敏捷性往往是基于数据驱动，依据数据分析结果灵活调整基本公共服务体系、项目和资源配置方式。传统的决策模式是，"提出问题→依据知识→解决问题"，也就是根据"知识和经验"找出问题思路是"问题→知识→问题"的思路，会随着数据科学的兴起让位于"提出问题→依据数据→解决问题"的思路，且直接用数据（无须把"数据"转换成"知识"前提下）解决问题。

"数据基本公共服务化"不是简单地"基本公共服务数据化"，而是要求政府有关部门根据"数据"动态地定义、优化和重构基本公共服务体系及其供需流程，进而提升供需过程的敏捷性，降低风险和减少成本。这就要求，政府跳出传统数据管理中更加关注基本公共服务数据化、记录数据、存储数据和挖掘数据的思维模式。基本公共服务数据化是前提，"数据基本公共服务化"是目标。

（四）智慧服务触手可及，推进基本公共服务均等化

物联网、云计算、大数据等信息技术应用为搭建基本公共服务供需信息平台和建立便捷高效的基本公共服务网络奠定了技术基础。智慧服务触手可及是推进基本公共服务均等化和基本公共服务体系建设的强大动力，它要求，一是加强信息基础设施建设，整合各层级、各区域、各部门的网上信息系统，构建一体化、横向衔接、纵向贯通的统一的在线服务平台。

二是通过物联网感知设施、空间地理位置定位系统、智能设备的普及应用以及供需平台的数据汇集、数据分析、数据共享提升"互联网＋基本公共服务"的智能化水平。三是推进现行各类基本公共服务卡与服务项目的融合。以北京市为例，拓展一卡式"北京通"及其"北京通 APP"、智能终端"96156"社区服务平台的应用领域与覆盖范围，实现"线上服务"和"线下服务"的有机结合。

（五）加强网络、平台和安全三大体系建设

基本公共服务互联网包括网络、平台和安全三大体系，其中，网络是基础。推进基本公共服务平台化，一是要通过实施各类基本公共服务内网改造来推动各个基本公共服务机构内网的 IT 化、扁平化，打通"信息孤岛""数据烟囱"。二是加快基本公共服务外网建设，重点加快推进宽带网络基础设施建设与改造，扩大网络的覆盖范围，优化升级有关部门的骨干网络，为实现基本公共服务链的各环节互联与数据顺畅流通提供保障，打造支撑基本公共服务发展的低时延、高可靠、广覆盖的网络。三是安全是基本公共服务信息化建设的前提和保障，在推动基本公共服务互联网发展的同时，要加强基本公共服务互联网安全保障的手段，同步规划、同步建设、同步运行，提升基本公共服务互联网的安全保障能力，确保各种信息安全。

打造共建共治共享的社会治理格局

发挥社会体制的作用

　　社会关系模式，就其本质来说是社会体制，它由至少两个以上的个体在相互作用中形成。个体的相互作用有着共同的指向和目标，并发生在一定的物理空间中。换句话说，社会中的人们以利益格局为核心，以公共利益为纽带，以公共领域为范围，来构筑社会的基本秩序，编织人们之间的社会关系模式。社会体制的功能是促使社会开展日常活动，形成社会基本氛围，激发社会活力，促进社会和谐，应对社会冲突、激发社会活力。社会体制是社会秩序的基础，也是激发社会活力的核心制度。合理的社会体制使其文化和社会组织方式能够应对复杂的社会问题，避免使社会陷入"困境"。基于这样的思考问题的方式，我们在这里提出，社会体制具有5个要素：利益格局、公共利益、公共空间、社会空间和社会关系模式。

　　这里我们不聚焦具体的社会体制问题，诸如医疗卫生体制、社会保障体制之类问题，而是聚焦比这些具体领域更高一个层次的问题，包括利益格局、公共利益、公共空间、社会空间和社会关系模式等层面的问题。提出这样的分析框架：一方面受经济体制改革的启发，在经济体制改革中，人们通常把经济体制视为包括金融体制、财政体制等在内的体制机制的集合，但是，高于这些体制的是产权机制、价格生成机制等市场机制。另一方面，进入新时代，必须超脱经济领域，超脱市场对社会事业的主导，努力使社会事业摆脱狭隘的经济利益的束缚，简单采用经济方式推动社会事业发展的路径依赖，以及经济沙文主义的研究路径。通过这样一个分析框架对社会领域进行探索，寻找社会关系模式的基础理论和基本解释，在理论和方法上有所创新，探索中国特色社会学科体系建设问题。我们试图从这几个要素入手，主要分析新中国成立以来的社会关系模式变迁，并求教于学界同人。

一、现代中国社会体制的传统文化基因

我们这里讲的传统社会是指中华人民共和国成立之前的中国社会的统称，类似于费孝通在其《乡土中国》所描述的社会。传统社会的社会关系模式渊源于中国固有的地理环境、人文生态、生产方式和人文区位，这种绵延不断的思想和行为传承可以将其称为中华文明的文化基因。

（一）"普天之下，莫非王土"利益关系

"普天之下，莫非王土；率土之滨，莫非王臣"[①] 是人们对封建社会利益关系的一种常见表述。历史学家白寿彝说，封建社会里的"皇帝是最高最大的地主，土地所有权和政权在他身上是统一的"[②]。白寿彝还说，第一次鸦片战争爆发前，"中国是清王朝统治下的一个独立、统一的中央集权的封建国家。……地主阶级占有大量土地，农民则很少或完全没有土

---

① 《诗经·小雅·谷风之什·北山》，载《四书五经》第二卷，燕山出版社 2007 年版，第 845 页。

② 白寿彝：《中国通史纲要》，中国友谊出版公司 2012 年版，第 105 页。

地"①。封建社会的土地所有制的主要特征是地主阶级掌握土地。但这不是说传统中国历史上的利益格局是一成不变的，其实在各个时期还是有其特定形式和特点的。中国封建社会的土地制度在不同的历史阶段上有自己的表现形式，大致从春秋战国到中国封建社会的灭亡，中国历史上曾经有过国家土地所有制（皇帝是其代表）、地主阶级的土地所有制和农民对土地的所有权。

（二）皇权和基于吏治和士绅的治理结构

中国传统社会缺少民众参与的体制机制建构。在这种传统社会中，家是基本的社会单位，公共领域寓于家庭和家族之中，实行长老统治，家是一个公共空间，社会关系发生在这样的公共空间之中。这样的民本主义自然要依靠治理者的道德行为，自然形成家法，而不是法律。民主制度是依靠法制建立起来的。这是从中国的文化基因来看中国与西方政治文化的差异。

皇权、士绅、家是传统社会治理的三个主体，吏治和社会规范是其基本制度建构，就其思想和生活方式而言，是一种更加密集的"农业社会"。历史上的紫禁城里居住的是一个大家族。由于没有商品的扩散和交易，这种城市对外的影响是有限的，城乡各自满足着自己的需求和消费。它与后来的户籍制度有没有文化上的遗传基因也还有待于深入研究。这样的经济布局实际上也影响了城乡人口的布局和社会治理的格局。这也是可以成为我们理解"皇权不下县"的另外一个视角。没有商业，也发展不起来工业，形不成对企业家创业刺激，中等收入群体也培育不出来，这样的社会结构不仅存在于古代的中国，也发生在古代的日

---

① 李侃等:《中国近代史》(第四版)，中华书局 1994 年版，第 1 页。

本、朝鲜、印度，以及埃及等国家。这也许是东方传统社会的基本特征。但是，士绅制度不是一成不变的。"14 世纪到 20 世纪间，中国只出现了三个朝代。那六百年间统治中国的三十四位皇帝虽都依赖于士绅对其政权的认可，但皇帝个人，还是更喜欢把任务交给自己的属下，而非士绅。在明显循环往复的朝代更替模式下，随着君主恩宠而来的权力平衡，帝国的专制程度越变越强，士绅的影响力则日渐减弱。"① 这是对中国历史上士绅角色的另一种解读。

（三）以家和社区为基础的公共空间和社会空间

在传统社会，家庭有其独立特征，基层组织也是独立的，费孝通通过自己的研究证明了这一点，"生活上相互依赖的单位性质和范围却受着很多自然的历史的和社会的条件所决定。我们不能硬派一个人进入一个家庭凑足一定的数目。同样的地方团体有它的完整性。保甲都是以人数来规定的，而且力求一律化的"② 。这里就讲了家庭的血缘特征和情感要素。不但在中国，在其他国家，家也是一个私域。不过在这里，费孝通强调了家庭的血缘关系特征，认为这样的社会单元相对独立，可以满足人类的一些基本需求。"家庭是中国文化中最重要的一部分。"③ 由此我们也可以理解为什么儒家提出"修身齐家治国平天下"的治理方略了，家庭是中国传统社会体制的重要组成部分，甚至是核心。传统意义上的"家"是比现在意义上的"家"的规模要大，这一点上中外不会有多大区别，例如，1870 年的时候，美国的家庭户均人口是 5.3 人，到了 2010 年则减少到了 2.6。传统的农业社会是没有现代意义上的社会保障制度的，对于家庭的劳动力来

---

① ［美］魏斐德：《中华帝国的衰落》，民主与建设出版社 2017 年版，第 64 页。
② 《费孝通文集》第 4 卷，群言出版社 1999 年版，第 341 页。
③ 钱穆：《晚学盲言》（上），东大图书公司 1996 年版，第 307 页。

说，也就不存在退休的惯例，大多数情况下，男性劳动力必须不断地劳动才能养家糊口，直至他们残疾或死亡。

中国传统意义上的"家"，既是一个私人空间，也是一个公共空间，说它是一个私人空间是指它是个人或家庭私生活的地方；说它是公共空间，是因为"中国的家是一个事业组织，家的大小是依着事业的大小而决定的"①。这"大大小小"的事业是指生产的安排和生产过程，以及公共服务的供给。② 另外，传统农耕意义上的"家"负责家庭成员的生老病死，家庭纠纷、基本生计，还可以满足人们的精神需求。"人类为了生存，需要一个地区中人类伙伴的联合。"③造成家庭及其角色变化的主要原因是经济发展，当然，行政力量的干预也不可忽视。行政体制有时会把这种人类自然的社会单元打破，例如保甲制度。"把这种保甲原则压上原有的地方自治单位，未免会发生格格不入的情形了。原来是一个单位的被分割了，原来被分割的单位被合并了，甚至东凑西拼、支离破碎，表面上的一律，造成实质上的混乱。"④

在这个历史脉络中，现代中国社会体制的传统文化基因，包括"普天之下，莫非王土"利益关系，皇权和基于吏治和士绅的治理结构，以家和社区为基础的公共空间和社会空间等就成为我们理解现代中国社会发展的历史和逻辑起点。

---

① 费孝通：《乡土中国生育制度》，北京大学出版社 1998 年版，第 40 页。

② ［英］约翰·伦尼·肖特：《城市秩序：城市、文化与权利导论》，上海人民出版社 2011 年版，第 227 页。

③ （日）黑川纪章：《城市革命——从公有到共有》，中国建筑工业出版社 2011 年版，第 47 页。

④ 《费孝通文集》第四卷，群言出版社 1999 年版，第 341 页。

二、新中国成立后到改革开放前的社会体制模式

1949 年后，正如历史学家黄仁宇所说的，"中国的社会和文化传统已经被纳入新的秩序之中"①。这主要是指土地改革、人民公社制度的建立、农村的集体生产制度的实施。黄仁宇在这里讲的"被纳入新的秩序之中"也是比较内地和台湾地区而言的，尽管在外在形式上和文化上，两岸在基层社会结构上存在差异，但是内在的、全面地看去，都各自继承了中国文化的传统，这并没有改变两岸同源同祖的历史事实。

（一）公有制和集体所有制为主体的利益格局

从 1949 年中华人民共和国成立到 1952 年，中国还没有接受苏联的计划经济模式，这段时间里，经济主要是由政府主导，也存在市场经济，有国营的，也有民营的。这与毛泽东在新中国成立之前对于中国面临的形势判断有着密切的联系，1948 年 3 月 2 日，毛泽东在为中共中央起草的对党内指示中要求："中国现阶段革命的目的，是推翻帝国主义、封建主义、官僚资本主义的统治，建立一个以劳动者为主体的、人民大众的新民民主主义共和国，不是一般地消灭资本主义。"② 之所以采取如此政策，也与毛泽东和中国共产党人在中共七大提出的社会主义"分两步走"的战略有关。刘少奇等党和国家领导人也要求不要过早地限制私人经济发展。朝鲜战争结束后，毛泽东的认识发生了重大变化，提出"中国内部的主要矛盾是工

---

① 黄仁宇：《现代中国的历程》，中国书局 2011 年，第 7 页。
② 毛泽东：《毛泽东选集》第四卷，人民出版社 1991 年版，1285—1286 页。

人阶级与民族资产阶级的矛盾"[1]，并在 1953 年提出了使生产资料的公有制成为社会主义国家的唯一经济基础作为过渡时期的总路线，把解决所有制问题提上议程，扩大公有制，逐步消灭私有制，国家由新民主主义迅速转向社会主义。1955 年，毛泽东掀起了"社会主义高潮"，在个体农民逐步被消灭的同时，私人工商业也就失去了继续存在的环境和基础。对于这个变化的影响，1981 年费孝通在其《重访江村》中描述道：

> 土地改革后，农民在自己的土地上耕种，积极性空前高涨。若以土改完成后的 1952 年和 1949 年相比，全国平均粮食生产增长了 42.8%，农民购买力提高了一倍。以开玄弓村来说，1936 年的粮食亩产量是 300 斤，1952 年据格迪斯教授的数字是 500 斤，增加了近 66%，如迪格斯教授所记下的这个村子完成了合作化后，粮食产量继续上升，到 1955 年已达亩产 560 斤。1956 年就是合作化后一年，但是农民给格迪斯教授的预算概念亩产将达 700 斤，那就是比合作化前 1955 年增加 28%；比 1952 年增加 42%。[2]

从 1955 年到 1978 年的改革开放，国家所有制和集体所有制成为国民经济的唯一基础。这个时期，经周恩来审阅，国家计委发布了关于第一个五年计划执行情况和十五年远景计划及第二个五年计划基本任务的报告。在这份报告中，国家提出了十五年远景计划基本任务，就是要尽可能提前完成国家在过渡时期的总任务：要在 1967 年以前完成国家对工业的技术改造，完成社会主义工业化，完成对农业的改造，基本上完成对运输业的

---

[1]　毛泽东：《毛泽东文集》第五卷，人民出版社 1996 年版，第 231 页。
[2]　费孝通：《费孝通文集》第八卷，群言出版社 1999 年版，第 142—143 页。

技术改造；完成对农业、手工业和资本主义工商业的社会主义改造，消灭产生阶级的根源，消灭阶级；消灭失业和贫困，使人民生活实现富裕，建成社会主义社会。1960 年 1 月，中共中央印发了《关于 1960 年计划和今后 3 年、8 年设想的口头汇报提纲》，提出了今后 8 年的总要求和基本任务：以共产主义的雄心大志，尽可能地加快建设，保证工农业生产不断跃进，基本上实现国家工业、农业、科学文化和国防四个现代化，建立起独立完整的经济体系，使中国成为一个富强的社会主义国家。要基本上完成集体所有制到社会主义全民所有制的过渡，在分配制度中要逐步增加共产主义的、按需分配的因素。在这种思想指导下，中国的计划经济体制逐步建立。计划经济时期的经济特征是，"所有的工业和商业都是由国家垄断经营的，政府可以人为地把农民生产的粮食、棉花、原材料价格压低，在工业里又把上游产品的价格压低，这样就把农业和上游工业的利润转移到了商业，国家可以从自己垄断经营的商业环节把利润全部拿到自己手里，派作各种用途"①。由于所有制结构比较单一，各类经济主体缺乏竞争，经济体制缺乏活力；国有企业变成行政机关的附属物，人、财、物、产、供、销等环节全部由计划决定。

（二）以户籍制度为核心的城乡分隔分治社会关系模式

户籍是改革开放前中国社会管理体制的重要制度设计，把人口人为地分为城乡户籍也是这个时期独有的社会管理方式之一。解放初期，中国的户籍制度并没有后来那么多的附加意义，仅仅是作为人口统计的一种基本方式，到 1958 年，由当时的公安部门颁布实施了有关户籍管理的行政条例，把一个国家的人口通过制度安排摆放在两个不同的空间，老死不相往

---

① 吴敬琏：《当代中国经济改革教程》，上海远东出版社 2010 年版，第 61 页。

来。毛泽东在《读苏联〈政治经济学教科书〉的谈话》中要求，在社会主义工业化过程中，随着农业机械化的发展，农业人口会减少。如果让减少下来的农业人口，都拥到城市里来，使城市人口过分膨胀，那就不好。从现在起就要注意这个问题。[①]1949年，中华人民共和国成立时，中国的农村人口占总人口的89.36%，1958年为83.75%，到1978年改革开放时为82.08%，在1958年到1978年的20年间，城市人口仅仅增加了不到2%，城乡人口的比重几乎是凝固的。甚至农民进城购物和走亲访友都需要生产队的干部批准。

户籍制度既是一种利益格局，其赋予了人们不同的权利，城市户口和农村户口的含金量差异巨大；它也是一种公共空间，整个国家分成了城市和乡村，在改革开放以前，农民只能在农村地区谋取生计，被限定在特定的空间结构中；它还是社会空间，由于它有把人限制在特定地域的能力，人与人之间的交往和人口流动就受到了限制，人们的社会空间也就有了限定的范围，不是可以随便自由流动的，在以上基础上社会关系模式也就基本形成了。

新中国成立至1960年，城市人口几乎增加了10%，而从1960年至1978年，城市化率基本是静止不动的，甚至在一些年份还是呈下降态势，足见户籍制度对于人口城市化率的遏制。在这个意义上，户籍制度是中国改革开放以前并影响到现在的一种重要的社会体制、重要的利益格局、分割性的社会空间和社会关系模式。

农民在土地上按照国家计划开展生产。生产什么，生产多少，都是政府说了算，农民只能被动接受，政府实行统购统销，禁止农民贩卖粮食和

---

① 毛泽东：《读苏联〈政治经济学教科书〉的谈话》，《毛泽东文集》第八卷，人民出版社2010年版。

农副产品等经营性活动。被这样束缚在土地上的农民，通过公分制度来计量自己的贡献，大部分地区采取了固定工分制度，农民从年初干到年终，劳累一年，收入很低，有的地区不能维持温饱，还有的地区处于贫困状态。描写习近平总书记在梁家河下乡时期农民状况的报告文学《梁家河》中有这样一段：

> 梁家河也很贫穷。
>
> 有人一年四季只有一套衣服。天冷的时候，在里面缝上棉絮；天暖的时候，再把棉絮拆下来。
>
> 粮食不够吃，有人把残次枣磨成粉，掺在玉米面里，做成团子。这种食物很难消化，容易便秘，以致留下了"寻吃的，讨吃的，屁股掉下个枣核子"的说法。为了应对粮食短缺，人们一天早晚两顿饭吃稀的，中午吃顿干饭，补充劳作消耗的体力。但常常挨不到晚上睡觉腹内已空，饥饿难耐，有人会取一撮儿盐，用水冲了，仰脖子喝下，趁腹内饱胀，赶紧入睡。[①]

这是改革开放前一些地区农村生活的真实写照。

从改革开放前实施的头五个五年计划的情况看，第一个和第二个五年计划时期，主要任务是完成生产资料的社会主义改造和进行工业化建设，同时也把提高和改善人民生活水平摆在重要位置。经历三年自然灾害后，人民群众生活极度困难，政府对经济政策和社会政策进行了调整，第三个五年计划期间提出要重视解决吃穿用问题，重视人民的生活改善。1959年，毛泽东在庐山会议上要求，"要把衣、食、住、用、行这五个字安排

---

① 《1968 梁家河》编写组：《梁家河》，陕西人民出版社 2018 年版，第 63 页。

好，这是六亿五千万人们安定不安定的问题。安排好了之后，就不会造反了。怎么才不会造反？就是要使他们过得舒服，少说闲话，不骂我们。这样了才有利于建设，同时国家也可以多积累"①。第四个和第五个五年计划时期，正值"文化大革命"，同时考虑国际形势和中苏关系，这个时期的经济建设带有强烈的军事色彩，把加强"大三线"建设和加强战备作为主要任务。尽管前五个五年计划的指导思想虽有所差别，总体上看，对社会发展的认识主要着眼于基本生活水平的保障，体现出这一时期以阶级斗争和重工业建设为主要任务的特点。这是我们理解这个时期利益关系、公共空间、社会空间和社会关系模式的基础。

（三）被行政化和单位化渗透的社会空间

这个时期的社会管理体制也基本上是与计划经济相适应的，对此李培林是这样认为的，"在计划经济时代，由于特定的国际背景和历史原因，我国社会管理的基本体制是政府承担着几乎全部社会职能，以单位为基础对社会实行总体控制，社会运行成为政府运行的组成部分。这是一种行政吸纳社会或社会运行行政化的管理体制。随着改革的深入和社会主义市场经济体制的确立，社会组织体系发生深刻变化，传统的行政化单位体制逐步弱化，国家在相当程度上失去了依托单位承担社会职能的组织基础，同时强调在改革中剥离单位原来承担的社会职能，实现社会职能社会化（以及某种程度的市场化）"②。李培林在这里讲的"以单位为基础对社会实行总体控制"是指发生在城市里的社会组织形式，最为典型的例子是类似改革开放前后分布在边远地区的一些大型国有企业——企业办社会，这样的

---

① 毛泽东：《庐山会议讨论的十八个问题》（1959年6月29日、7月2日），《毛泽东文集》第八卷，人民出版社2010年版，第78页。

② 李培林：《创新社会管理体制是我国改革中的新任务》，《人民日报》2011年2月23日。

企业除了没有自己火化厂外，几乎拥有各类教育、医疗机构，以及为吸纳本企业职工子女就业的第三产业。在这样的企业里，公共利益与企业利益结合在一起，企业也就是公共空间本身。由于职工子女可以代替父母上班，或者叫接班，在社会关系模式上，工厂里的人们既是同事关系，还可能是长辈和晚辈的关系，企业成了一个近乎完整的经济社会系统。在农村实行政社合一制度，通过户籍制度、粮票、口粮制度以及其他体制机制管控，农民的财产权、劳动权和产品支配权都受到了约束。甚至每个月吃多少粮食，粗粮和细粮如何搭配都是由计划决定。按照最初的设想，通过 1958 年的"大跃进运动"和"人民公社运动"把农村中的集体所有制和合作社变成"一大二公"的国家所有制，尽快实现使国有制成为国家的主要经济成分的经济体制。据测算，"1951—1978 年，农民以税收形式给国家提供了 978 亿元，以工农业产品剪刀差形式给国家提供了 5100 亿元；同期国家对农业的投资仅为 1763 亿元，收支相抵，农民共为工业化提供净积累多达 4340 亿元"①。

计划经济时代，甚至改革开放后的相当长一个时期，"奠定了政府主办社会事业和政府是社会管理主体的理论基础和政策框架。经过社会主义改造，随着经济活动单位从多元所有制转向集体和国有所有制，社会发展领域的社会活动单位也逐步转向这两种所有制形式。政府主办社会事业，政府同时成为社会管理的主体"②。政府主导的社会治理在中国有着悠久的历史和文化传统，这也是社会组织不能发育的历史原因之一。"新中国成立以后实际上对社会采取了一个大包大揽的设计取向"③，"20 世纪 50 年代

---

① 吴敬琏：《当代中国经济改革教程》，上海远东出版社 2010 年版，第 88 页。

② 刘瑞、武少俊、王玉清：《社会发展中的宏观管理》，中国人民大学出版社 2005 年版，第 87 页。

③ 任剑涛：《事业单位改革能否成功关键在政府》，《改革参考》2011 年第十六期。

初，全国性社团只有 44 个，1965 年有近 100 个，地方性社团有 6000 个
左右"①。到改革开放初期，整个社会组织的规模在 1 万个左右。

三、改革开放以来构建与市场体制和新技术革命
相适应的社会体制的探索

（一）在市场经济体制基础上重构社会关系模式

新中国成立 70 年来，国家从建立社会主义计划经济体制开始探索中
国特色的经济制度和经济建设道路，到改革开放之后逐步建立和完善中国
特色社会主义市场经济体制，公有制为基础、多种所有制并存的经济体制
逐步建立和完善。党的十八届三中全会明确提出了发挥市场在配置资源中
的决定性作用和更好地发挥政府的作用作为处理政府和市场关系的指导思
想，为新时代发展和完善中国特色社会主义制度指明了方向。

第六个五年计划的最大特点是体现了改革开放后经济建设指导方针的
转变，要求在研究和安排计划顺序时，首先考虑改善人民生活，把民生
问题摆在重要位置；第七个和第八个五年计划把人民生活、社会保障，教
育事业、精神文明、环境保护等有关国计民生的发展任务和目标列入了发
展计划。虽然从经济发展角度看，第八个五年计划以前的发展计划基本上
属于赶超型发展战略，客观上促使某些时期出现经济过热现象，但从政治
高度看，它对加快经济发展，提高综合国力和中国的国际地位具有重要作
用，是实现邓小平提出的"三步走"战略思想的必要举措。在总结了历史

---

① 张平等：《中国改革开放：1978—2008》，人民出版社 2009 年版，第 661 页。

经验和教训的基础上，国家第九个五年计划和 2010 年远景目标的建议更加成熟，可以说它是中国共产党对社会主义初级阶段任务和目标更深刻、更全面、更成熟的认识，其显著特点之一就是更加重视经济与社会、人类与环境和资源之间的协调关系与和谐发展。这个建议强调实施可持续发展战略和经济与社会协调发展战略，把保护和改善人类生存和发展环境，提高人的自身素质摆在了更加重要的位置。国家发展战略及其实施中的社会特色越来越显著。

改革开放四十多年，中国先是从计划经济体制中"外化"出来一个市场体制，当时人们称之为"双轨制"，随着对计划体制改革的深入，新的社会体制逐步形成。例如，原有的计划体制下并没有社会保障制度，只有国有企业职工、机关工作人员和事业单位工作人员享受社会福利设计。20世纪 80 年代的农村改革、企业改革造成了人口流动和企业职工分流，承担这些流动人口和下岗职工的社会保障任务自然成就了社会保障体制建设的使命。伴随着市场经济的发展，中国的社会保障体制逐步建设起来了，这个过程中，教育体制改革、医疗卫生体制改革也逐步被提上议程。在经历了教育和医疗产业化的阵痛之后，基本公共服务体系建设提上议程，目的是建立一个政府负责制度安排的公共领域，把基本公共服务作为一项制度产品向 13 亿人民提供，从计划经济下的社会事业，到教育和医疗卫生产业化，再到基本公共服务体系建设的转变就是要使社会体制改革与社会主义市场化改革的目标相适应。

（二）从社会事业到基本公共服务：公共空间和社会空间的新布局

伴随着市场经济的发展，逐步在市场之外形成了越来越庞大、越来越复杂的社会领域，诸如社会保障体系、医疗卫生、教育、社会福利、人口服务等。这就是我们通常所说的社会事业，社会事业在 20 世纪 90 年代从教育和医疗卫生的产业化探索入手，到 21 世纪的头几年开始转向公共服务为基础的探索，表现出中国社会事业逐步找到了发展的方向感。不是探索社会事业的各个领域和社会事业本身，而是从深层次来认识社会事业的本质属性。基于税收财政、个人缴纳和个人积极参与等方式形成的社会事业是发展过程中的利益调整，这也是从利益格局讨论社会体制的因由。社会各项事业在设施和设备投入的基础上行形成了公共空间，这是人们社会生活、社会活动和社会关系的基础性设施。最初它们是在市场、政府和社会之间形成的，说得更确切些，它是伴随着政府和市场之间的博弈形成的。在政府和市场博弈过程中，社会领域不断扩大。最近几年随着互联网发展出现的共享经济正在改变这种利益格局和公共空间。这种共享经济带来什么样的利益格局和公共空间还有待于进一步观察，但这是一个不可忽视的领域。

21 世纪初期，中国在历经多年的改革之后，把社会管理作为现代政府的四大职能之一，既顺应了国际趋势，也适应了国内社会发展的形势。经过几十年的改革和发展，一些社会问题凸现和国家具有治理社会的财力，社会治理作为政府的基本职能也对现代政府提出了基本的要求，那就是要求政府必须更加出色和更有效率。在现代社会，出色的和有效率的政府是社会秩序的基础。面对社会诸多问题和社会上要求解决这些问题的呼声，政府适时解决好这些问题是政府治理体系和治理能力的具体体现。现代政府要实现社会治理现代化首要任务是对现代社会的科学认知。从社会管理到社会治理是习近平总书记对中国共产党社会治理思想的重大发展。社会治理是国家治理体系的重要组成部分。通常讲政府的基本职能包括经济调节、市场监管、公共服务、社会管理、环境保护。社会管理是中国共产党推动社会建设工作的一项重要内容，是政府五大基本职能之一。

四十多年的改革开放，整个社会已经出现了整体性和结构性的变迁，社会建设已经不是改革开放初期的以户籍制度为基础的、单位制为核心的社会管理和以科教文卫体为主体的带有计划色彩的社会事业，整个社会结构、治理模式、基本公共服务体系建设呈现出了前所未有的格局；就整个世界而言，19 世纪后期出现的社会保障体系建设和 20 世纪出现的福利国家，使过去一百年的社会建设呈现出新的局面，这也是 20 世纪人类为之自豪也为之困惑的一项体制机制建设。自豪是因为它大大缓解了资本与劳动的关系；困惑的是随着人口增加、老龄化和人们对福利要求的不断提高，这项体制机制的持续性如何保障。2018 年出现的各种新情况和新问题，以及方兴未艾的科技革命，带来了深刻的社会变革，表明整个世界出现了整体性和结构性的变化，西方社会、东方社会，以及其他社会，都发生了变化，有的具有共性，有的具有自己的特性和特色。社会研究要对国际国内的发展变化有一个新的理论视角。这种解释已经超越了对单纯的经济、社会、文化、生态、环境、军事的任何一个单独的问题，而是要综合经济、社会、价值、模式等整体化思维的变迁和变局，进行全方位的思考。这个过程将是一个新知识的研究、探索和生产的过程，也是一个对西方各种学说进行反思和对中国发展进行总结和评估并行的过程：中国依然需要继续学习和借鉴，更要敢于抛弃书本，最重要的是要深入现实，从社会体制的深层次探索那些成功的案例。从实求知。

中国四十多年改革开放和发展的历史证明，市场在其扩张过程中会塑造着非市场社会关系。而非市场关系又为市场关系创造一个社会环境。二者互为因果，只是在实际的政策执行过程中，人们如何来对这种关系进行不同设计罢了。但是，一旦市场支配了人们的社会行为，渗透到人类社会发展的深层，会导致人类的社会行为屈从于经济行为。20 世纪 90 年代，社会领域的过度市场化就是典型例证。马克思在其《1844 年经济学哲学手稿》中讨论的异化问题也许就是对这种结果的一个预见。因此，在社会体制的背后，利己主义和利他主义、市场化制度和非市场化制度的关系具体表现是由特定历史环境决定的。转型国家如何处理这两对关系，取决于他们的理性选择程度。

当前中国正在经历百年之未有大变局。从传统农业社会的家、家族、社区向城市社会的转变。短短 70 年，从大约 11% 的城市人口，增加到了超过 60% 的城市人口，换句话说，从不到一亿人生活在城市，到八亿多人生活在城市，一方面是传统的农村家庭、家族和社区在解体；另一方面是大量的农村人口转入城市成为城市居民，他们的生活习惯和生活方式不可能在一个短短的时间内发生根本性改变。在农村原来意义上的通过家庭和家族约束个人行为的社会习惯和社会习俗因家庭和家族的解体而失去应有的效应，加之中国传统社会本来就缺乏法治的观念，农村社会治理就出现了空当；而在城市，面对大量农村人口的进入，原有意义上的基层治理模式，无论是在治理方式还是在人力物力上都难以适应这样一种快速的变化。可以想象，整个国家因为这种快速转型而形成的各个个体和各类组织的角色重新定位、文化重新调适的问题是历史上任何一个时期和任何一个国家都不曾有过的。

（三）网络环境下的社会关系新模式

中国进入互联网时代，即便是在遥远的边疆地区，也可以看到拿着手机交流信息、查阅文献、进行娱乐的人们。互联网对不同年龄段的社会群体会有不同的意义，年轻一代自出生就生活在互联网世界之中，形成了新的接触和交流习惯。对于年轻一代来说，网络环境会成为真正的现实，因为他们感知的习惯改变了。根据中国互联网络信息中心（CNNIC）发布的第 45 次《中国互联网络发展状况统计报告》①，截至 2019 年 12 月底，

---

① 中国互联网络信息中心（CNNIC）：《中国互联网络发展状况统计报告》（2020），人民网 2020 年 7 月 15 日，http://5gcenter.people.cn/n1/2020/0715/c430159-31783993.html。

我国 4G 用户总数达到 12.8 亿户，占移动电话用户总数的 80.1%，远高于全球的平均水平（不足 60%），成为全球覆盖最完善的 4G 网络。到 2020 年 3 月底，全国已建成 5G 基站 19.8 万个，套餐用户规模超过 5000 万。截至 2020 年 3 月，中国手机网民规模达 8.97 亿，较 2018 年底增长 7992 万。移动互联网月活跃用户规模同比增长率下降。与此同时，2019 年我国移动互联网接入流量消费达 1220 亿 GB，同比 2018 年增长 71.6%；月户均流量（DOU）达 7.82GB/户/月，是上年的 1.69 倍；短视频应用更成为流量增长的主要拉动力，移动用户 2019 年使用抖音、快手等短视频应用消耗的流量占比超过了 30%。由于互联技术的不断进步，越来越多的单个技术和单个个体从孤岛中走出来，以协作的方式创建交互空间，例如智能城市、智能社区、智能组织，在这些自组织形式内部，单个个体是可以形成便利的社区、社会，组织内部的协作关系的。智能空间在其组织内部具有开放性、连通性、协调性、智能性。智能社区会通过其成员的互动再造社区组织方式，人们可以通过社区在线活动讨论有关社区活动和解决社区问题，进而开展面对面的交流和互动，进一步塑造社区成员之间的社会关系模式。

回过头来看中国社会体制演变的历史，从传统的"普天之下，莫非王土"的利益格局，以家、家族和传统社区为基本单位的公共利益和公共空间形式，以及传统的农业耕作方式下的社会空间和社会关系模式，到新中国成立后建立的国有企业、集体企业以及农村集体经济为基本特征的利益格局，以及政府以城市公务人员为主体建立的社会福利制度的公共利益和公共空间，在户籍制度分割下的社会空间和社会关系模式，在这个阶段，社会空间得到了巨大拓展，社会关系模式发生了深刻变化。改革开放以来，以建立社会主义市场经济体制为目标的改革，逐步形成了一个以公有制为基础、多种所有制并存的利益格局，随着农村改革和企业改革的深入，以社会保障体制改革为先导的公共服务体系改革和创新，以及随之的人口流动，大大改变了公共空间结构和社会空间结构，带来了人与人关系的深刻变革，形成了新的社会关系模式。也必须看到，利益格局得到改善的同时，不尽如人意的地方也表现出来：收入差距拉大和收入分配不合理现象时有发生，利益协调问题成为核心问题。公共利益伴随着基本公共服务体系的建设，尤其是基本公共服务均等化体系的推进正在得到不断完善，公共空间伴随着交通设施、互联网的飞速发展不断扩大，在此基础上，社会空间和社会关系模式的深刻变革前所未有。这正是新中国七十年社会体制的变迁过程。

适应社会沟通方式的变化

　　社会沟通是指发生在社会关系中的两个以上的社会实体通过常规环境（例如面对面的语言的或肢体的）或技术环境（电话、普通信函、电子邮件、微博、微信等）展开的知识、信息、思想、感情等方面交流。新中国成立七十年来，中国社会发展经历了由农业社会、工业社会向信息社会的转变。由于中国在短短的几十年间走过了西方发达国家数百年所走过的历程，农业社会、工业社会和信息社会几种形态叠加。随着生产力的发展，利益格局、公共空间、社会空间也发生了深刻变化。在信息技术进步背景下，发生在开放社会的非正式社会沟通成为社会沟通的重要内容，这包括微信、微博等。沟通工具从信函、电报、电话到移动手机，日新月异。每一次技术革命和产业革命对于人类社会而言都是革命性的，市场超出人们的认知。

　　这里探索七十年来中国社会沟通方式的变迁并对未来发展予以展望，以求教于学界同人。

一、七十年社会沟通方式的历史演变

（一）传统农业社会中的面对面交流

1949 年，中华人民共和国成立伊始，中国农村人口占总人口的89.36％，是一个典型的农业社会，或叫做乡土社会。在这样的乡土社会中，人与人之间的沟通基本是熟人之间的沟通，一种面对面的交流，表现为邻里之间、个人之间、群族之间的交往与沟通。由于生产方式和生活方式大致相同，居住在同一村落里的人们，以农业耕作为主，面朝黄土，背朝天，日出而作，日落而息，相邻而居，社会结构基本是长期处于稳定状态，没有大规模的市场交换和工业化，也就没有人口的流动，可以说这样的社会形态在中国历史上持续了几千年。对此，费孝通教授在其《乡土中国》中描述得更加具体，"在这里我想说明的是生活上被土地所囿住的乡民，他们平素所接触的是生而与俱的人物，正像我们的父母兄弟一般，并不是由于我们选择得来的关系，而是无须选择，甚至先我而在的一个生活环境"。① 在这样一个长期不变的自然和社会环境中，人们之间的接触、交流、沟通时常是在不经意的时间和空间中发生的，在经常的接触中产生熟悉、舒适、亲密、自然等感觉，无拘无束。人们通过亲密的接触相互影响，遵循着相通的规矩，"规矩不是法律，规矩是'习'出来的礼俗。从俗即是从心。换一句话说，社会和个人在这里通了家。"② 费孝通的这句话把人们经常说的"习惯"一词说透了。在一个相对静止不变、邻里守望的

---

① 费孝通：《费孝通全集》，第六卷，内蒙古人民出版社 2009 年版，第 112 页。
② 费孝通：《费孝通全集》，第六卷，内蒙古人民出版社 2009 年版，第 112 页。

社区环境中，一些沟通是不需要语言的，点个头，或者一个体态语言都可以"不言而喻"，甚至成为经常的沟通模式，"'我们大家是熟人，打个招呼就是了，还用得着多说么？'——这类的话已经成了我们现代社会的障碍。"① 传统农业社会中，人们之间面对面谈话是社会沟通的基本形式。由于熟悉，面对面之间的交流和语言之简洁，有些交流甚至不需要言语，可以"不言而喻"，人们也比较容易感受"言外之意"。熟人社会中的面对面交流进行"察言观色"也比较容易。这样社会中的人们内心世界也是比较容易透视的。

面对面的交流不是传统农业社会唯一的沟通方式。出门在外的家人、亲戚、朋友之间的信函、电话、电报、口信等也是社会沟通方式，只是比较稀少，不普遍。新中国成立之初，不在一起居住、工作和生活的亲人、朋友、同事之间社会沟通的基本方式是书信，"鸿雁传书"是一种真实的写照。根据国家统计局的有关报告，"建国初期，我国邮政通信发展水平很低，邮路总长度仅为 70.6 万公里，长途明线仅为 14.6 万多公里。……2018 年末，全国邮政营业网点 27.5 万处，比 1949 年末增长 9.4 倍；邮路总长度 985 万公里，比 1978 年末增长 103%；光缆线路总长度达 4358 万公里。"② 在那个时期，远在千里之外的家人、朋友通过短短数页和洋洋数百字的书信传递信息，抒发情感，表达思念。书信发出去后经过漫漫路途达到目的地，中间需要几个礼拜甚至一个月，这中间产生的期待、焦虑，甚至误解自然不可避免。除此之外，电报也是人们常用的交流方式，通常这是发生紧急情况下的沟通方式。邮递员的一句话："这是你家的电报"，接受电报的人们往往是带着忐忑不安的心情接收的。那个时候，人们不在

① 费孝通：《费孝通全集》，第六卷，内蒙古人民出版社 2009 年版，第 112 页。

② 国家统计局：《沧桑巨变七十载民族复兴铸辉煌——新中国成立 70 周年经济社会发展成就系列报告之一》，国家统计局网站，2019 年。

万不得已的情况下也不会发电报。

交流的最佳状态是可以及时做出反馈。面对面的交流、信函、电报和电话都是交流，只是交流、反馈的速度不一样，信函和电报有时间间隔。电话和电报出现之前，面对面的沟通模式独具特点，人们之间的社会关系比较亲近、社会空间有限，人们甚至只可以通过表情、眼神、手语等相互理解，从村落到其周边，范围不会太大。

（二）工业化进程中的沟通方式

20世纪80年代，随着改革的深入，农村经济发生深刻变化，大量农业人口进城寻找发展机会，农村人口离开农村进入城市。这些来自全国各地不同地区的所谓"农民工"或"流动人口"在城市中打工、居住，造成了城市人口异质化，相对于传统的农村社会，城市开始变成"陌生人"社会。在这样的背景下，有人提出重建像早年的乡村社会中的人与人可以面对面互动的社区，重建"熟人"社会，也就是所谓的"社区建设"。这也是其他国家在工业化进程遇到的问题。就世界范围内而言，社区重建已经进行了上百年，有收获成效的一面，也有不那么理想的地方。城市的生活压力、生活节奏与传统农业社会是有区别的，本来就陌生的人们又都为工作和生机奔波，见面的机会自然减少，社区建设中如何重建人们之间的相互交流、合作、参与依然是当代社区建设的核心问题。这个核心问题往深处说就是，居住在同一社区中的居民如何理解社会环境、公共安全、公共事务等与之相关的公共利益，以及社区组织在多大程度上得到发展。高质量的社区组织建设与高质量的社会沟通互为条件。

改革开放前后这段时间，手摇电话机、轮盘电话机开始进入人们的生活，大多只有在机关单位和极少数家庭中用得上。与电报比较，电话毕竟是一种可以直接互动的工具。随着改革开放和人们经济社会生活的需要，一些邮政部门开始经营电话业务，少数人也到电报大楼打电话。这个时期的电话交流内容除了家庭、亲人、朋友之间的信息、情感交流外，做生意的内容也大大增加。印度学者阿鲁·萨丹拉彻写道，"快速浏览经济的发展史，我们会发现在工业革命之前，绝大多数的经济行为都是发生在个体之间，根植于社群并且与错综复杂的社会关系交织在一起，让商业交换顺利进行需要的信任感，大部分来自复杂的社会关系"。① 之后，经济快速发展，催生了家庭电话的快速增长。

在城市，大量咖啡馆的出现标志着社会交往方式的拓展，它是人们之间相互沟通和交流的新形式，在商务活动和日常交往中发挥着重要的作用。在当代中国，咖啡是上班族的标配。咖啡馆是办公大楼中不同人群休闲和传播信息的俱乐部。由此也可以理解为什么在一些大的商业区会遍布着咖啡馆或者速食店。咖啡馆不仅是一个空间，也是一种文化。这种产生于西方国家的面对面交流的形式，在中国强大的文化传统中形成了新的形态，而不是简单地照搬其他国家的咖啡文化。例如，"有人说，中国虽然有很多咖啡馆，却没有真正的咖啡馆文化，即人们相约于咖啡馆，并非只是为了谈生意和谈恋爱，而是因为生命体之间需要通过各种对话来接触彼此、连接彼此，在安全而温暖的对话中释放彼此的灵魂。"② 这句话对否我们且不加评论，但它确实指出了咖啡馆另外的文化含义。在欧洲，咖啡兴起于 17 世纪，正值欧洲商业开始兴旺之际，这种来自中东的饮料摇身一变成为西方商业活动中的社交媒介。中国的咖啡馆有社会沟通、商业交流、休闲工作、速食快餐等诸多功能。

20 世纪 80 年代以后，报纸、电视、广播，尤其是电视慢慢进入中国

---

① ［印］阿鲁·萨丹拉彻：《分享经济的爆发》，文汇出版社 2018 年版，第 6—7 页。

② ［美］朱安妮塔·布朗和戴维·伊萨克：《世界咖啡》，中国工信出版集团/中国电子工业出版社 2015 年版，"推荐序"。

的大众生活。严格意义上讲，最初的报纸、广播电视不是一种沟通方式，而是一种传播方式，因为它们是单向传播，受众不能也没有办法反馈自己的意见和建议，只能被动地接受。当然，最近十几年，广播电视通过电话和互联网开启了与公众的互动交流。电报是一种线下的互动交流，电话是一种典型的在线互动，一开始，这种互动方式的成本极高。到了 20 世纪 80 年代中后期，座机开始步入大众生活，但 5000 元装机费仍让人们望而止步。移动互联出现后，尤其是"微信"和"微博"出现后，在线互动的成本才大大降低下来。这是互联网出现以前人们沟通和互动的主要方式。由于电话的双向交流功能，使其慢慢取代了电报。到了 20 世纪下半叶，电话开始在中国普及开来，之后的手机、移动网络快速发展，一发不可收。通信革命大大改变了中国的社会网络，把每个家庭连接在一起，把国际国内联系在一起，即时、在线交流和沟通成为常态，人们再也不需要因为漫长的等待而焦虑。

改革开放的过程也是一个人才、物资和资金流动的过程，这就是全球化。我国自 20 世纪 80 年代开始，每年有大量的留学生奔赴发达国家学习和交流，远居异国他乡的海外学子与远在国内的亲属交流是必不可少的。最初的留学生受制于经济条件，与国内的交流主要是通过书信"鸿雁传情"，偶尔使用电话，限于国内家庭电话在 20 世纪 90 年代前不普及，跨国电话交流是受限制的，越洋电话打到邻居家或居委会、收发室是常有的事儿。再到后来，国内在 90 年代中期慢慢开始引进了互联网，远在海外的学子们开始通过互联网与国内的单位、亲朋好友联系，然而，由于国内家庭计算机未普及，能够用互联网沟通的人或家庭也是少数。越洋电话大大改变了人们互动的空间，因为成本等因素，一开始不是每个人都可以参与到这样的交流中去的。在这样的技术环境下，人与人之间的社会关系模式和社会空间也还是有限的。

（三）信息时代的社会沟通

产生于 20 世纪 70 年代的互联网技术应用改变了人类的社会组织形式、交往形式，甚至带来社会结构的深刻变革。信息技术的快速发展，尤其是移动互联网的广泛应用，大大推动经济全球化，经济全球化又把全球社会化带到了一个新的阶段。对此，萨丹拉彻这样写道，"科技拓展了我们经济行为的'社群'范围，超越了家族、朋友圈，扩大到了由数字技术按照需求划分的亚群体，使我们能参与到社会学家朱丽叶·斯格尔（Juliet Schor）所谓的'陌生人之间的分享'中"。① 移动互联的出现，人们拥有手持电话数量之多，以及低成本等因素，将整个地区的大部分人联结成一个整体，在互联网环境下，社会空间扩大了，人与人之间的社会关系模式出现了质的变化。

"你在哪里呢？"这是移动时代的典型用语，电话号码不再局限于一个位置，之后出现的微信、微博都与地点无关。手机闯入人们的日常生活，大大改变了他们的社会行为和文化生活：新闻即时性变为现实，娱乐出现了个性化和碎片化。"我国网民数量共有 9.4 亿，其中'19 岁以下'的约占 18.3%，未成年人群中互联网渗透率已高达 93.1%（不含 6 岁以下的群体和非学生样本）。"②"党的十八大以来，邮电通信全面发展，'宽带中国'建设加快实施，2018 年移动宽带用户达 13.1 亿户，已基本建成全球最大的移动宽带网，大数据、云计算、人工智能等现代信息技术方兴未艾，高速、移动、安全、泛在的新一代信息基础设施加快建设。"③ 由于移动互联

---

① ［印］阿鲁·萨丹拉彻：《共享的爆发》，文汇出版社 2018 年版，第 8 页。

② 《中国互联网发展报告 2020》，中国工信出版集团 / 电子工业出版社 2021 年版，第 179 页。

③ 国家统计局：《沧桑巨变七十载民族复兴铸辉煌——新中国成立 70 周年经济社会发展成就系列报告之一》，国家统计局网站，2019 年 7 月。

的普及，中国国内与国际上任何一个国家的交流已经不是问题，移动互联把中国与世界连接成一个整体，技术和经济全球化带来了社会全球化。互联网拓展了人们交流和沟通的范围，也拓展了社会治理的手段。有人计算，在互联网时代，个人的交往对象已经超出熟人的范围，拓展到成千上万的陌生人，如果加上间接沟通的，甚至可以拓展到以百万计的群体规模。中国社会在最近一个时期的快速发展是与互联网的出现密不可分的，历史的发展证明，人们密切联系的程度越高，社会进步越快，取得的成绩会越明显。互联网把单个个人联系起来了，这样大大提升了创新的效率，提升了社会空间的范围，产生了新的社区，即互联网社区。这是 20 世纪人类社会空间的新发展和最新形式。这种社会空间，对个人来说是机遇，对于商人来说，是无限的商机。

网络环境下教育领域的师生间的沟通发生深刻变化。移动互联改变了学习教育方式，冲击着师生之间原有的社会关系模式。教师们抱怨学生上课看手机的人越来越多，是学生的原因还是老师的原因？老师们怪罪学生，其实，这里有着深刻的社会变革的因素。试想想，手机已成为人们感知的延伸，没有手机在某种情况下似乎失去一定的感知，久而久之，触摸手机和不断查看手机就成为人们的日常习惯，习以为常，这是学生们在上课查看手机的第一种解释；第二种解释，当代的大学生是在互联网，尤其是移动互联环境中长大的，在线是他们生活方式的一部分，对于老师的授课，他们可能边听边查阅有关知识和信息，也是习惯使然。如果教师能够结合学生的特点，在教学模式上有所创新，通过讲授和启发，让学生在线查阅，甚至互动，然后师生之间再在线下进行互动，教育的意义就变了，教育也就向现代化迈出了大大的一步。在这个意义上，必须深刻反思教育体制改革的内涵是什么？人们经常说，学校培养出来的学生不适应就业岗位的要求，问题出在哪里？举个例子，从事知识产权研究和教学的机构确实不少，但适应知识产权岗位的学生却不多，试想下，如果，从事知识产权教学的老师熟悉网络技术和网络环境下的知识一起运用于教学，那会是什么情景？技术改变了公共领域、公共空间和社会关系模式不是一句空话，关键是我们怎么理解这个问题，关键也在于在实践中如何去应对。用线下社会管理的方式管理线上社会有一定意义，但效果是有限的。

在当代中国农村，农民使用移动互联已经是常事，甚至六十岁以上的老年人在摆地摊中使用微信收费。随着技术的进步和普及，人们担心的数字鸿沟正在逐步消失。当然，年龄太大的人群依然存在数字鸿沟问题。

二、在信息化时代培育健康社会沟通方式

经过七十年的快速发展，中国社会的沟通方式经历了从传统的面对面交流、电报电话交流到移动互联，这种深刻的社会变革对社会发展的影响以及对社会治理带来的变革都将是深远的，培育健康积极的沟通方式是新时期社会治理创新的一项重要任务，必须高度重视。

如前所述，社会沟通是通过一个个沟通主体实现的。个体与个体、个体与群体、群体与群体之间的沟通的结果和效应，既决定于沟通工具，也取决于个体和群体所处的环境：个性、社会人口因素、经济、体制性因素等。到目前为止，尽管移动互联和视频拉近了人们之间的距离，面对面的交流依然是最基本的交流和沟通形式。一个健康的社会环境是良好沟通的基础。因此，必须通过不断完善社会建设的各个领域的工作来引领由于新技术革命带来的社会沟通方式的变革，使线下社会沟通与线上社会沟通有机结合，互为促进。

（一）以和谐的家庭塑造个人健康心态

移动互联改变了家庭成员之间的沟通方式，但没有改变家庭作为社会基本单位和社会细胞这一基本事实。和睦的家庭、亲密的邻里关系，是家庭成员和社区成员沟通的基础，也是个人心理健康的前提。童年的记忆会成为一生的记忆，深深刻在每个人的心里，甚至体现在一生的行为中。人们经常看到的事实是，一般情况下，健康家庭与暴力家庭培育出来的孩子在性格、行为、发展等方面存在巨大差异，家庭教育会影响个人的一生。家庭是社会核心价值传承、培育、延续的初始环境，也是孩子社会化的起点。通过父母的言传身教，慈爱关心，鼓励支持，百般呵护，子女会辨别是非，区分好坏，在社会中能够有正确的社会行为选择，面对复杂的社会变迁会表现自己的定力。一个有着良好家庭教育的孩子，进入社会后心里会充满阳光，对生活充满友爱，对未来充满信心和希望，与周围的人群会和谐相处，这些，确实是健康社区和健康社会必不可少的要素。由此也可以理解，为什么家庭社会学会成为社会学学科这个大家庭中的一员。

健康的个人心态源自家庭传承和社会环境。马克思说，人是社会的存在物，人们要在社会中生存、交往、交流，就必须遵循社会为维持自己既定秩序而建立的各项社会制度、社会规范、风俗习惯等。按照社会规范行事就是认同既定的社会环境，只有认同既定社会环境才能被社会接纳。在一个被社会充分接纳的环境中，个体从容坦然，不必为自己的行为担心、内疚、自责。只有内心阳光灿烂，才会不产生负面心理。社会有好坏之分，建设好社会是人类孜孜以求的理想。好社会首先要有一套良好、健康的社会规范，例如社会责任感是各个社会、民族中最普遍、最广泛、渗透性最强的社会规范之一。良好、健康的社会规范是社会成员和谐相处的前提。有品位、高质量的生活品质的前提是朝夕相处的人们都能够承担起自己对社会的责任，以及人们能够坦诚自然地沟通、交流和愉快地相处。真正的、有品位的社会生活应当是使人们自觉地承担起各自的社会责任和遵守社会的共同规范。家庭核心价值是互联网时代必须坚守的价值观，因为它是个人梦想启航和个人的社会价值形成的地方。正如习近平总书记说过的，"家风是社会风气的重要组成部分。家庭不只是人们身体的住处，更是人们心灵的归宿"。① 因此，"要重视家庭文明建设，努力使千千万万个家庭成为国家发展、民族进步、社会和谐的重要基点，成为人们梦想启航的地方"。②

（二）在社区融合中培育健康社会生活

现代意义上的社区建设是培育社会沟通的不可或缺的环节。社区，又名共同体，说的是人们相互依存的生活和工作的社会环境，是基本的社会组织形式。无论从滕尼斯的论述，还是对各国更早的文献分析，以及对各个国家历史事实的研究都可以发现，在一定人文区位上相互依存与帮助而结为生活共同体是人类自然发展过程中的必然现象，作为生命个体的人与他人之间有着彼此的社会需要：他们需要沟通、认同、交流、互助、互惠、交易，从而得以生存，提升生活质量和拥有健全的精神生活。社区建设，究其根本意义，是把单个生活的个体通过社区互动和沟通联系在一起，参与共同体事务，建立公共利益，实现公共目标，维护生活共同体的存在与发展。

社区居民生活，也就是基层人民的社会生活，它是非常具体和琐碎复杂的，乡规民约只有具体、细致、入微才能形成效力，发挥作用。个体能

---

① 习近平：《在会见第一届全国文明家庭代表时的讲话（2016 年 12 月 12 日）》，《人民日报》2016 年 12 月 16 日。

② 习近平：《在会见第一届全国文明家庭代表时的讲话（2016 年 12 月 12 日）》，《人民日报》2016 年 12 月 16 日。

否得到全体社区成员的认同和称赞，是一个人得以立身的前提。得到认同和赞许的关键在于，作为个体的人是否遵循共同体的约定俗成、行为准则。在社区生活中，个人的品行十分重要，而个人的品行在社区生活中的具体体现，就是他（或她）如何处理与邻里之间的关系，他（或她）怎么处理发生在邻里之间的大小事情，也就是如何待人处事。通情达理、设身处地、承担责任、平和友好、乐于助人、与人为善，无疑是最基本的社区生活规则。可以想象，如果一个社区有着这样的氛围，在其中长大成人的孩子会是什么样子的？在这个意义上，社区建设不仅仅建设基层人民的社会生活，也是从基层建设社会的共同未来和共同价值。一个社会的共同价值和共同未来的培养不是仅靠媒体的舆论宣传，更要靠人们的日常生活的孕育。社会的共同价值和共同未来就孕育在人民的日常社会生活之中。也正是在这个意义上，社区要靠建设，也要靠治理，根本上要靠建设。健康、向上、向善、平和、友好等要素组成的基层人民社会生活是社区治理的基础。社区治理应当把精力放在这里才会更加贴近生活和行之有效。在各类共同价值中，社会责任感是非常重要的社会价值，也是基层人民社会生活的最基本的行为准则。

20 世纪以来，社区价值的培育一直是社会学家和社会工作者们孜孜以求的精神境界，但是，社区也是人们最感到困惑的东西。社会人类学家费孝通早年与自己老师和同学一道把西方学者使用"Community"来表述人类生活共同体的概念翻译为"社区"，最初他们是把"社区"作为一个研究单位使用的，即一个具有相互依存的、各个部分的制度搭配在一起的人文区位上的社会组织，"江村"就是一个典型意义上的社区。这种研究单位后来成为社会政策实施中一个工具，那就是社区建设。在其晚年，费孝通以社会人类学家的眼光看到，"社区中的住户，彼此都很了解，发生了什么事，大家有一种责任感，要一起去解决。这种意识，在上海人的生活中，特别是在邻里关系中，是早就有的"①。无论是作为早期的人类学研究单位，还是现代意义上的基层建设单位，"社区"都包含了一系列社会价值、社会规范，它是健康社会生活的基础。

（三）在提升民族国家凝聚力中建设共同体

国家的凝聚力是社会沟通过程中的基本价值取向和基石。凝聚力是把国家和民族建设成为命运共同体的心理基础，这种心理基础的核心是文化。一种象征性的文化可能会把不同的族群联系起来，大家相互认同。历史上曾经发生的证明就是，18 世纪的英国人进入印度，把这个南亚次大陆的诸多文明区域，以地图的方式表征出来，使南亚次大陆的人们感到了他们是一个象征意义的整体，形成了统一的认同。再加上历史上孔雀王朝的阿育王和莫卧尔帝国阿克巴奉行的多元文化共同融合也构成了印度多元文化共生共存的历史基础。即便是现在看去，印度这个国家远看是由一群文明小国组成的文明古国是有其历史原因的。

全球化环境下，人类社会要继续存在和发展，就必须寻求共同的目标、行为规范和价值取向，时代要求处于百年未有之大变局的地球上人们对未来做出正确的价值选择。基于对历史的追溯、学科的训练、现实的研究和全球问题的思考，费孝通在其晚年提出了"各美其美、美人之美、美美与共、天下大同"的著名表述，就是讲不同的国家、民族和文化之间的沟通、融合、欣赏问题的价值取向。民族之间的社会沟通基于具有文化相对主义的价值判断，就是，不同民族之间的价值和思维方式是不一样的，或者说具有不同的文化习惯，如果一个民族用自己的价值和思维方式去理解和解释另外一个民族的行为，可能会产生误解。解释当代民族之间的行

---

① 《费孝通文集》第十五卷，群言出版社 2004 年版，第 8 页。

为，必须了解它们的动机、习惯和价值观。特别是根植于人们内心的核心价值更是民族文化的基本要素。互联网和全球化把人类社会的沟通带向一个新时代，空前复杂。

短短七十年，中国经历了不同的社会形态，目前依然处于乡土社会、工业社会和信息社会等几种不同社会形态的叠加阶段，这个叠加阶段既表现在空间上，又表现在时间上，还表现在人们外部行为和内在心态上。在没有完全脱离传统社会影响的环境下，移动互联成为新的社会组织形式和社会沟通形式。面对这样复杂的局面，探索网络环境下的社会治理的意义尤为重大，一些人技术使用所表现出来的行为现代性与内心中的传统价值造成了新时期网络社会中的文化行为偏差。这也是眼下的人们对于网络社会治理心存一定程度茫然的原因。网络社会蕴含巨大机遇，也隐藏着巨大风险。互联网是一把双刃剑，人们可以利用互联网来满足生活需求，提高便利性，创造新的社会环境。但是也有很多人利用互联网来传播虚假信息，进行网络诈骗，甚至通过网络骗取、偷窃个人信息，带来社会混乱，造成诸多社会问题。解决好这些问题需要政府、社会、企业和群体社会成员的共同努力，我们将其视为未来社会治理的新趋势、新特点和新问题。网络社会治理已经不再是很遥远的事情，对此，要有足够的心理准备。"人与人之间还是需要面对面的交流，但是，不可否认，网络上交流的便利，提高了熟人之间密切交流的重要性。"① 随着人们感知习惯的适应和改变，网上交流就是一种现实世界的交流方式，发展互联网文化，倡导健康的社会交往方式和沟通方式是互联网时代的社会治理的重要内容，需要积极探索，更需要不断创新。

领导干部要把社会沟通作为创新社会治理的重要手段和联系群众的重

---

① ［日］岩井克人：《未来的公司》，东方出版社 2018 年版，第 61—62 页。

要方法，也是作为坚持群众路线、密切联系群众的重要修养。要做到这些就必须适应新形势下的网络环境，学会在线下线上都能做好调查研究，在线下敢于与群众面对面，在线上勇于与网民讨论，线下和线上结合来解决好群众关心的问题。更要积极通过网络环境下的大数据分析来了解民情民意，顺应民情民意，推动社会朝着健康、和谐、积极的方向前进，努力实现社会治理现代化。

激发社会活力

　　社会治理的目的是实现社会秩序和活力的有机统一。新中国成立七十年，国家、社会等社会治理主体在维护社会秩序的同时，积极采取各种措施激发社会活力，推动社会治理目标的实现。社会治理的目的之一就是动员尽可能多的社会成员参与社会行动，实现社会目标。说到底，社会治理体系离不开人民。

　　进一步说，治理是指一系列的社会价值、社会规范、政策制度，通过这些，社会来管理经济、政治、文化、社会和生态环境。治理是一个国家开发经济和社会资源过程中实施管理的方式。它同时也是制定和实施决策的过程。在这个意义上，社会治理还被理解为一个国家限制和激励个人和组织的规则、制度和实践的框架。所以，社会治理不仅仅局限于政府，也包括多元角色互动，以及全体社会成员的积极参与。这里的多元角色的互动过程就是社会动员和社会活力激发过程，也就是最大限度发挥人民群众的积极性、主动性和创造性。中国特色的社会治理就是通过维护社会秩序和激发社会活力来完善中国特色社会主义社会体制。新中国成立七十年来，在中国共产党的领导下，中国人民的积极性、主动性、创造性不断得到激励和发挥，社会充满活力，在推动中国特色社会主义现代化事业进程中发挥了重要作用。

一、激发人民群众的积极性是中国共产党克敌制胜的法宝

中国共产党取得新民主主义革命胜利的法宝之一就是坚持群众路线。以土地改革为例，党不只是领导斗地主、分田地，更是先用理论武装群众，告诉群众革命的道理，使群众了解自己行为的意义。这是思想上的统一和共识的凝聚；接着发展组织，通过农会、妇女协会、共青团这些党的外围组织深入群众，发动群众。在思想上和组织上逐渐掌握群众，在此基础上，通过斗地主、分田地的过程建立了新的经济关系。农民参与土地改革不是一个被动的过程，而是一个主动的过程，一个共同协商、共同参与的过程，这个过程中，农民有自己的利益，也有自己的理想，利益和理想在参与的过程中结合起来。解放思想，完善社会关系，推动事业发展。

调动群众的积极性是一门学问，也是中国共产党领导中国社会主义革命、建设和改革开放从胜利走向胜利的法宝。早在1975年，邓小平在谈到调动教师的积极性时就说："教育方面存在不少问题，现在老师积极性不高，学生也不用心学，教育质量低，这样下去怎么实现'四个现代化'？"[1] 这抓到了教育体制问题和激发教育体制活力的核心：教师和学生，也就是教育的主体。任何时候，任何情况下，只有抓住了人，就抓住问题的核心和社会动员的牛鼻子。邓小平当时为什么这样讲？主要还是针对当时一些人把毛泽东在特定情况下讲的"以学为主，兼学别样"曲解为学工、学农、学军都是以学为主，有的大学把专业课取消了，基础课压缩了，教师地位低下，得不到应有的尊重，严重违背了教育发展的客观规律，挫伤

---

[1] 《胡乔木传》编写组：《邓小平的24次谈话》，人民出版社2004年版，第61页。

了教师和学生的积极性。邓小平说道："几百万教员，只是挨骂，怎么调动他们的积极性?"① 换句话说，要调动教师的积极性就要尊重他们，必须尊重他们的人格、职业。同样，社会动员也需要动员者尊重人民群众的人格、职业和意愿，尊重人民群众的积极性、主动性和创造性。邓小平在改革开放初期针对教育体制改革提出激发教师积极性的重要论述对于当前的教育体制改革依然具有重要的指导意义，对于理解当前的社会动员工作同样具有重要意义。就社会学而言，人格尊重是人与人关系和谐的基础，也是社会和谐的基础。

2014 年两会期间，习近平在上海代表团强调，加强和创新社会治理，关键在体制创新，核心是人。社会治理的重心必须落到城乡社区，社区服务和管理能力强了，社会治理的基础就实了。这是对新中国七十年社会治理经验的高度概括和总结。让社会充满活力必须充分激发人民群众的积极性、主动性和创造性。习近平总书记在 2014 年初党中央举办的省部级主要领导干部学习贯彻党的十八届三中全会精神专题研讨班的讲话中作了精辟的概括，那就是要提高人民群众参与国家事务、经济社会发展事务和解决自身问题的能力和水平，并将其作为国家治理体系和治理能力现代化的重要组成部分。

社会动员机制是社会治理的重要组成部分，人民群众作用发挥的程度大小，是衡量社会治理能力的重要标志。社会动员的首要工作是尊重人民群众的首创精神，社会要实现自己的发展目标，必须动员全体社会成员积极参与。一个全体成员全都有意愿积极参与的社会才是一个充满活力的社会，当一个社会的社会问题主要依靠社会成员自身而不是完全依靠政府去解决时，这个社会才算是走向成熟的社会。

---

① 《邓小平文选》第二卷，人民出版社 1994 年版，第 33—34 页。

二、发展和完善基层组织是激发社会活力的基点

新中国成立七十年，中国社会经历了从单位人到社会人的历史转变。社会学家李培林认为，"在计划经济时代，我国社会管理的基本体制是政府承担着几乎全部社会职能，以单位为基础对社会实行总体控制，社会运行成为政府运行的组成部分。这是一种行政吸纳社会或社会运行行政化的管理体制。随着改革的深入和社会主义市场经济体制的确立，社会组织体系发生深刻变化，传统的行政化单位体制逐步弱化，国家在相当程度上失去了依托单位承担社会职能的组织基础，同时强调在改革中剥离单位原来承担的社会职能，实现社会职能社会化（以及某种程度的市场化）"①。这个过程就是一个社会重建和社会力量培育的过程。在这个过程中，单位作用较改革开放以前逐步淡化，社会组织、社区和社区组织不断发展。基层社会发展是新中国成立七十年活力机制的一个重要领域。新中国成立之际，由于战争还未完全结束，一些地区采取了不同的基层治理模式，1954年颁布实施的《城市居民委员会组织条例》规定居委会为城市基层居民自治组织，同年，《城市街道办事处组织条例》将街道办事处法定化，规定10万人口以上市辖区和不设区的市，设街道办事处;10万人口以下5万人口以上市辖区和不设区的市可设立街道办事处。但是，"文化大革命"期间，基层治理组织遭到严重破坏。1979年颁布实施的《地方各级人代会和地方政府组织法》重新确立街道办事处的派出机构的性质，1980年重新公布《街道办事处组织条例》，再次明确街道办事处是市或区政府的派

---

① 李培林：《创新社会管理体制是我国改革中的新任务》，《人民日报》2011年2月23日。

出机构，将街道党委、办事处、生产服务联社分开，确立街道办事处的工作由民政部管理。改革开放以来，我国的基层政权和基层组织发展迅速，根据民政部门的数据，"截至 2019 年底，全国共有社会组织 86.6 万个，比上年增长 6.0%；吸纳社会各类人员就业 1037.1 万人，比上年增长 5.8% 起"。① 这些基层组织在解决人民群众最直接、最现实、最迫切的民生问题中发挥了重要作用。

改革开放前，全国人民响应毛泽东等老一辈无产阶级革命家的号召，学习雷锋，做好事，助人为乐，形成了良好的社会风气。改革开放后，社会组织，尤其是志愿组织，在动员人们参与志愿服务活动中的作用越来越凸显，尤其是那些以组织志愿服务为使命的组织，他们的使命决定了他们的工作重点和工作方式，社区志愿者协会、青年志愿者协会、地方的志愿服务联合会，乃至中央层级的志愿服务联合会，以及那些最基层的社会组织都在动员社会成员参与志愿服务方面发挥着重要的作用。这些年，除了原有的志愿者组织，如中国青年志愿者协会、中华志愿者协会等，又陆续出现了中华志愿者联合会，中华志愿服务基金会等组织，不仅"工青妇"参与了志愿者的组织动员，中央精神文明指导委员会也把志愿服务工作摆在重要位置，都大大推动了志愿服务的发展。"2019 年，全国共有 7.3 万人通过助理社会工作师考试，2.1 万人通过社会工作师考试。截至 2019 年底，全国持证社会工作者共计 53.4 万人，其中社会工作师 12.8 万人，助理社会工作师 40.5 万人"。②"截至 2019 年底，全国共有经常性社会捐赠工作站、点和慈善超市 1.3 万个（其中：慈善超市 3528 个）。全年共有

---

① 民政部：《2019 年民政事业发展统计公报》，民政部网站，http://www.mca.gov.cn/article/sj/。

② 民政部：《2019 年民政事业发展统计公报》，民政部网站，http://www.mca.gov.cn/article/sj/。

1664.2 万人次在民政领域提供了 4326.9 万小时志愿服务。全国志愿服务信息系统中汇集的注册志愿者近 1.4 亿人"。①

　　志愿组织和志愿者在一系列重大事件和重大活动中发挥了重要作用。2008 年的北京奥运会志愿者参与人数愈百万人之多，开奥运先河。2008 年 5 月 12 日发生在汶川的特大地震，是新中国成立以来，破坏力最强，波及范围最广，救援难度最大的一次自然灾害。志愿者成为汶川抗震救灾中不容忽视的力量，据当时的媒体报道，参与抗震救灾的志愿者超过 130 万人，面对大灾大难，社会活力被充分激发出来，有人估算，整个汶川救灾和恢复期间，参与志愿服务的志愿者以千万计算。2012 年 7 月 21 日，中国大部分地区遭受特大暴雨袭击，北京及其周边地区遭遇 61 年来最强暴雨袭击和洪涝，造成严重人员伤亡。在巨大天灾面前，通过微博互动等形式，人们的志愿热情迸发，先是无数热心市民主动出门，帮助那些滞留的人们回家，后是商家、个人纷纷行动，打开家门，展示了一个友善、互助的北京。事后，这些壮举引发社会的讨论，也引起了政府的关注，如何激发社会活力，尤其是在突发事件面前，如何实现有效的社会动员，成为新时代社会建设和社会治理的重要内容。进入新时代，随着经济社会发展，志愿服务无论在形式上还是在内容上都不断创新，抗灾志愿者、应急志愿者、大型赛事志愿者、大型会议志愿者、文艺和文化志愿者，等等，层出不穷，激励着越来越多的人们参与其中。

　　网络正在改变人们的生活和工作。尤其是，很多单位，在组群的过程中，除了单位工作群，往往还有一个生活群，这个单位生活群不是讨论单位工作，而是讨论单位的人关注的日常生活问题，网络环境下的单位又出

---

　　① 民政部：《2019 年民政事业发展统计公报》，民政部网站，http://www.mca.gov.cn/article/sj/。

现了新的特点和趋势，社会化程度又加强了，未来肯定不只是在网络环境下，也会在现实生活中，线上线下一道互动。这些非正式的社会组织形式其实是一个社会中最为重要，往往是隐性的社会联系，不被注意，但确实需要加以关注。

三、通过公共利益把人民群众团结起来是社会活力激发机制的核心

七十年的社会活力激发实践表明，社会动员机制的核心通过公共利益把人民群众团结起来，引导大家就共同关心的问题一道工作。公共利益需要共同责任。实现公共利益的最佳选择不是某个群体单独做出方案，而是需要广泛的公众参与，政府的作用是能够把拥有不同的人群和不同的利益集团聚集起来，创造一个无拘无束、真诚相待的对话交流环境，大家共商关系自己切身利益的话题。除此之外，政府还需要通过规制使公共利益的解决方案公平规范，并确保公共利益最大化。也就是说，政府需要引导公民在形成解决公共利益方案的基础上，引导社会成员一道去共同实现公共利益。"公共利益不是由个人的自我利益聚集而成的，而是产生于一种基于共同价值观的对话。因此，公务员不仅仅是要对'顾客'的要求做出回应，而且要集中精力与公民以及在公民之间建立信任与合作关系。"① 必须创造条件使居民准备好承担公共责任，如果社会动员的政策不是从人民关

---

① ［美］珍妮特·登哈特和罗伯特·登哈特：《新公共服务：服务，而不是掌舵》，中国人民大学出版社 2014 年版，第 7 页。

注政府事务，甚至对于社会上的种种弊端熟视无睹，而仅仅认为那是官员和政府的事情，人们因而对于公共事务就不会再有兴趣，就会局限于一家一户的个体的福祉，对于公共生活和公共利益也会麻木不仁，也不关心它们，长此以往，社会治理和社会动员的政策就会脱离实际，甚至出现严重后果。

七十年的社会活力激发实践表明，社会动员工作不求大而全，要求精而实，人性化、机制化、生活化，尤其要与人民群众的社会生活密切结合起来，力求激发每个人的活力和创造力。这些年来，各级地方政府和志愿组织通过项目化方式推动社会动员工作取得了一定成效，比如社区的项目化管理和推动、志愿服务活动、志愿服务体系建设等。采取社区项目化的工作方式引导推动工作，必须进一步明确社区建设的目标、任务、措施，更加有效的组织实施，督促指导试点项目进展情况，切实实现预定的动员目标；志愿服务活动开展和志愿服务体系建设要掌握志愿服务的基本规律，尤其是要研究志愿服务体制机制，并将其与社会体制改革创新有机结合起来，在一个更大的制度环境中为志愿服务寻找合理定位和发展动力。激发社会活力，实现社会动员，就是要引导人民勇于承担起对于国家事业、经济社会发展事务和自身事务的责任，建立起与之相适应的价值观。

七十年的社会活力激发实践表明，社会动员机制意味着要让人民群众参与到政策的实施和评估过程，重构新的公共服务思路。志愿服务是一种重要的社会动员形式，推动志愿服务发展必须正视志愿服务的动机。理解志愿服务的动机可以从若干角度，比如正义之心。"正义之心使得人类在没有血缘纽带的情况下，也有可能组成庞大的、相互协作的群体、部落及至民族。人类是唯一具备此种能力的物种"。[1] 这是从人类的本性来理解

---

① ［美］乔纳森·海特：《正义之心》，浙江人民出版社 2014 年版，第 XVII 页。

人的动机的。内心的动力有时来自外部环境的刺激，例如幸福感，"幸福感不仅来自于内心，也与外部有所关联。它来自于我们与他人、我们与自己的工作，我们与群体的正确关系中"。① 在所有的志愿服务体系的研究中，志愿者的动机是一个最不容易观察和分析的问题，就全世界而言这也是一个最为复杂的志愿服务研究课题，主要问题是涉及到人的本性、人的表达方式和人的表现方式等因素，即通常人们是不愿意把真实的我展示给别人的，或者不知道如何展示给别人。这也是社会活力激发的难点问题。

新时代，对于网络环境下的社会动员要两面看。一个铜板都有两面。互联网强化了人与人之间的交流，推动了社会组织和社会动员形式的创新，同时也带来了集体的孤独。缺乏面对面的交流是互联网环境下社会关系模式的一个特点，尤其对于那些从农业社会走过来的人或传统社会走出来的人，对缺乏面对面的交流是不习惯的。"'寂寞是20世纪的主要疾病'，正如大卫·雷斯曼所说，'我们都是寂寞的人'。人口在迅速膨胀，而人与人之间的可共患难的真情却逐渐消失了……我们生活在一个无个性的世界里，我们的事业、政府的规模、人口频繁的迁徙等很多原因，致使我们无法获得持久的友谊，然而这还只是个开始而已"。② 这里的所谓事业，应当就是指工作、就业等诸方面的压力，以及人们对于名利的追求。对于名利的追求占用了一些人大部分的时间，甚至影响了个人的健康。这里所谓的政府规模，就是指政府承担的公共事务越来越多，使得那些本该公民自己承担和负责的任务都由政府去做了，本该由公民自己去承担的社会责任也由政府承担了，这是新时代进一步创新社会治理体制和激发社会活力需要关注的问题。

---

① ［美］乔纳森·海特：《正义之心》，浙江人民出版社 2014 年版，第 264 页。
② ［美］戴尔·卡耐基：《淡定：内心强大的力量》，中国华侨出版社 2012 年版，第84 页。

新中国成立七十年来，贯彻党的群众路线，社会活力已经被大大激发出来。面对新形势，推动社会主义现代化建设，必须进一步贯彻党的群众路线，不断激发人民群众的积极性、主动性和创造性，还需要进一步突破"群众反映，领导研究，组织处理"的模式。这种模式的问题在于：一是缺乏公众参与公共政策的制定和决策过程，社会成员往往不是主动参与，而是被动参与，尤其是在执行过程中往往得不到他们的理解和支持，贯彻起来难度就会增加。二是要进一步思想解放，敢于正视和解决问题，力争得到群众的理解，不断激发群众的参与热情。三是群众广泛积极参与解决问题的途径还需要进一步拓展，涉及解决群众切身利益问题的活动，还需要更多的公众参与。社会问题只有动员人民群众参与，才能找到问题的答案。说到底，社会治理离不开人民的参与，需要激发人民群众的积极性、主动性和创造性。换句话说，就是要建立和完善社会活力激发机制。

直面社会治理新情况

2020 年 5 月 6 日，习近平总书记在中央政治局常委会会议研究应对新型冠状病毒性肺炎疫情（以下简称"新冠肺炎"疫情）工作时的讲话中指出，当前，境外疫情扩散蔓延势头并没有得到有效遏制，国内个别地区出现聚集性疫情，"新冠肺炎"疫情还有很大不确定性。6 月 11 日，继北京市西城区新增 1 例确诊病例后，该地区连续 3 天报告新增确诊新冠肺炎病例，北京进入非常时期。当前，要认真学习、深刻领会习近平总书记的讲话精神和科学判断，全面总结"新冠肺炎"疫情中的经验，存在的问题，在面对不确定性中做好中长期发展规划工作。

2019 年 11 月 25 日，国务院总理李克强在主持召开研究部署国民经济和社会发展第十四个五年规划编制专题会议时指出，"十四五"时期，外部环境可能更加复杂，不确定性和挑战更多。"新冠肺炎"疫情不期而遇，至今在世界范围大流行已经近半年。各地、各国纷纷采取措施应对，目前已经感染的人数逾千万，死亡数十万，成为 1918 年西班牙大流感以来最大的公共卫生事件。眼下，病毒在其他国家继续蔓延，感染人数持续上升，一些国家防控初效渐显，一些国家挑战依旧。为抗击疫情采取的社会疏离导致全球经济停摆，全球化进程几近停滞。

进入 21 世纪以来，我国已经实施了四个五年规划，其中有两个五年规划在编制前都曾遭遇突如其来的风险袭击。编制"十五"规划前两年，我国遭遇"非典"冲击，应对"非典"大大提高了人们对发展风险和危机的认识，风险和危机管理纳入国家发展战略；编制"十二五"规划的头两年，我们遭遇了由美国次级抵押贷款机构破产、投资基金关闭、股市剧烈震荡引起的全球金融风暴，进一步提高了我们防范金融风险的能力。这次"新冠肺炎"疫情发生在我国启动"十四五"规划之初，疫情发生距编制"十四五"规划时间太近，事态还处于演进中，有些问题还看不太清楚，研究由疫情带来的各种不确定性成为编制好"十四五"规划的重要议题。

鉴于当前国际国内环境和疫情的不确定性，由于疫情，部分发展、改革、创新的边界条件已经或将会发生深刻变化，需要进一步梳理"十四五"时期的国民经济和社会发展规划编制工作的各种边界条件。应对疫情过程中的举措有些是应急性的，有些可能会成为未来的常态，对此要及早评估、及早研究。加强对由不确定性带来社会治理的新情况新问题的应对，推动社会创新，努力使编制"十四五"规划工作更具前瞻性、预见性和创新性。

一、新冠肺炎疫情对"十四五"时期社会治理提出新挑战

（一）新冠肺炎疫情本身具有巨大不确定性

"新冠肺炎"是人类遇到过的、前所未有的病毒，它极其狡猾，变异强、传播快、易感染、危害大，疫苗研发时间不确定，成熟有效和有针对性的疫苗开发困难。如果"新冠肺炎"长期与人类共生，必定会改变人类

的生产方式和生活方式。必须认真研究"新冠肺炎"可能带来的影响，如果真如有些科学家所说，这种病毒是无法控制的，那么，它就有可能永久改变人类的政治、经济、社会和文化模式。

疫情常态化的含义之一是，人类必须保持一定的社交距离。倘若真的需要把社会距离当作一种常态，那将改变自有人类以来的社会交往、社会互动模式。那种以商品流动、人口流动和信息流动为基础的全球化将会发生巨大转变，商品流和信息流会继续，人口流动将受到一定社会隔离的影响而永久性改变。人口流动的减少将会由信息流量的增加和信息技术的发展来弥补。但新的人口流动方式已经远远不是人类习惯的交往方式和互动方式。这里要考虑三个因素，一是"新冠肺炎"疫情传播的威胁；二是次生风险；三是信息技术的不断发展。"新冠肺炎"以及由于预防被其感染带来的次生风险有哪些？长时间佩戴口罩对心脏和肺呼吸会产生什么影响？长期居家隔离对人们心理会产生什么样的影响？长期居家隔离和使用互联网接收大量不加分辨和真假不明的信息又会怎样？这些问题需要及早预测和研究。技术进步已经使"地球上任何一点都可以确实达到即时沟通；观点、影像和信息可以无阻碍地传播到任何地方"，[①] 但它是否符合人类业已形成的习惯则需要一个过程。

（二）社会疏离正在改变社会关系模式

抗击疫情工作在全球范围内仍在进行，"新冠肺炎"疫情正进入一个新阶段。在针对性疗法或疫苗问世之前，整个世界必须学会与新冠病毒共存。人类面临的是彼此关联的、前所未有的挑战。2020 年中国抗击疫情

---

① ［美］兰德尔·柯林斯、迈克尔·马可夫斯基：《发现社会：西方社会学思想评述》，李霞译，商务印书馆 2014 年版，第 436 页。

首先采取的措施是社会学意义上社会隔离，它通过拉开国家之间、区域之间、社区之间、家庭之间，和个人与个人之间的社会距离，最终把每个社会成员隔离在特定空间，从人口流动、社会交往上阻断病毒传播，有效抑制病毒传染。通常意义上，这是预防传染病流行的基本手段和最初措施，也是最为有效的措施，我们且称之为社会学的治愈方式。在这点上，中国发挥了独特的制度优势，把基层力量组织动员起来，调动各种社会资源参与社会疏离、秩序维护、服务供给、检查检测，在"新冠肺炎"疫情发生初期就控制住了疫情蔓延，使我国的感染率控制在最低水平，保护了人民生命安全。这次抗击疫情过程中，社区组织通过各种方式动员，在人口流动阻断、居家隔离观察、居住人口核查、社区生活服务、公共安全维护等方面发挥了不可替代的作用，凸显了新时代社区建设的特点和优势。社会疏离前提下，尽快研发疫苗，使用疫苗，通过生物学和医学措施抑制病毒，重新开启人口流动和社会交往，缩短社会距离，我们且称之为医学措施。人类为了抑制病毒传染，采取物理空间疏离措施，把已经和正在形成全球化基础上的人类命运共同体分割成了以人或家庭为单位的共同体原生态——人类最早的共同体始于家庭的，在此基础上形成社区，物理空间疏离在阻断病毒传播的同时，由互联网的无处不在、无时不在和高速运行铸造的虚拟共同体，但疫苗没有正式投入应用和行之有效之前，人们能够做的只是社会疏离。疫情之后或在疫情与人类共生环境下，社区如何建设和治理，需要提上议事议程。

"新冠肺炎"疫情发生后，先是传言老年人是最易感染人群，大批养老院封闭，住在其中的老年人与家人疏离达数月之久。若是疫情常态化，老年人如何提升生活品质是一个需要深入研究的问题。几十年的人口政策、人口流动，无论是城市还是乡村，空巢家庭大量存在，《乡土中国》意义上的"长老统治"将不存在，代之而起的是满足"长老"们的年迈和照顾的需求。这将是"十四五"时期最大的社会问题之一。进一步说，中国已经进入城市化中后期，在过去七十多年里，尤其在最近的四十一年里，大量人口，准确地说是八亿多人口离开农村或小城市进入大中城市就业和生活，这种人口流动已经改变了传统意义上的社会空间和社会关系模式。眼下，那些年龄在八十岁至九十岁的"长老"们的家庭有数个子女，这些子女的年龄也在五十至六十岁之间，由于人口城市化带来的人口迁移，这些在现在看来依然是"大家庭"的家庭已经不是费孝通先生在《乡土中国》中描述的那种乡土社会中的子孙满堂、儿孙绕膝、同吃同住的大家庭，不论是农村还是城市，无不如此。现在所谓的传统意义上的大家庭实际上已经是核心家庭，传统意义上的大家庭社会空间基本上是一种心理空间，因为大部分子女与年老的父母分居，大家居住在各地，有的居住在中国各地和世界各地，除节假日见面和平时的通信，他们大部分时间并不生活在一起，人们之间已经没有了过去那种因为同吃同住同劳动而产生的财产关系和利益关系。但传统意义上的养儿防老的文化依然积淀在几代人的心里：老年人对子女有依赖感，子女对老年人有责任感和义务感，这些并没有因为经济发展和社会进步完全消失。居住在远方的"长老"们依然是年轻一代内心的挂念、情结、责任。传统意义上的大家庭已经由面对面、朝夕相处的社会空间变成了由高铁、喷气机、互联网连接的社会空间。与此同时产生的问题是，"十二五"规划以来各地已经和正在积极推进的居家养老模式、机构养老模式，以及与之相适应的社会保障制度的建设和完善，它们承担了传统社会中的大家庭和子女的责任，这是一种进入工业社会阶段的责任转移和让渡，由家庭转移和让渡给政府和社会，形成新时期的公共利益和公共空间。接下来的五十岁至七十岁之间的这代人可能要经历一个不同于上几代人的生活：由于他们是历史上的"独生子女"政策的实践者，大部分是独生子女家庭，他们与子女之间的空间关系将由分布式转为点对点模式，一对年轻夫妇关照两对以上的父母养老将成为常态。在接下来的四十岁以下的父母的情况会有所改变，因为他们正在实践新的生育政策。可以想象，"十四五"时期和接下来的至少二十年间，中国社会变迁会进入一个非常特殊、无论对于家庭还是对于政府和社会都将会面临巨大压力的时期。政府和社会承担更多责任将会成为社会的基本特征，如果再加上疫情常态化，都会考验着"十四五"时期社会治理创新能力和水平。

（三）"网络病毒"凸显新的社会心态问题

"新冠肺炎"疫情在全球传播给人类带来两大问题，使人类面临两大病毒，"新冠肺炎"和"网络病毒"。换句话说，2020 年，人类同时遭受了两场病毒迅速传播的侵袭，一场是百年未有的"新冠肺炎"在全世界的迅速传播。这场病毒迅速感染的原因之一是由于在喷气机和高速火车带来的人口迅速流动。技术进步是把双刃剑，发生在 14 世纪的霍乱是通过"中欧亚大陆的贸易网络传播开来的。这些网络非常稀疏——定居的部落之间的联系太少——以致这个具有高度传染性的疾病用了四年的时间才传到亚洲，也就是说传播的速度是每年 1000 千米"。① 而这次"新冠肺炎"疫情在当天就传播到世界各地。还有一场是前所未有的网络谣言和网络虚假信息（我们且称其为"网络病毒"）传播。在人类已经进入并大规模推广 5G 技术时代，"网络病毒"与"新冠肺炎"同时迅速传播，给社会带来恐慌、焦虑、仇视、敌意、误解等，大大降低了社会的信任程度，拉大了社会距离，带来社会撕裂。"互联网的确是一种新的沟通方式，人们同时也相

---

① ［英］尼尔·弗格森：《广场与高塔：网络、阶层与全球权力竞争》，周逵等译，中信出版集团 2020 年版，第 69 页。

信，一种新的心理学即将因为'网络空间'的虚拟人际关系而诞生。"① 问题是，在互联网时代，人类如何开发心理疫苗来预防互联网下的虚假信息传播？命运共同体如何提升心理素质和筑牢共同体意识？面对"网络病毒"迅速传播的局面，不像面对"新冠肺炎"，人类毕竟已经经历了无数次的瘟疫，整个近代历史进程中，人类经历了天花、流行性感冒、肺结核、疟疾、瘟疫、麻疹和霍乱。②"新冠肺炎"与"网络病毒"同时高速传播前所未有。"网络病毒"的传播起因于网络的扁平化结构，"如果在一个等级化、自上而下的网络中，在水平的同级之间的联系被禁止的情况下，它就不一定传播得如此广泛和迅速了"。③ 换一个角度讲，在一个扁平化的网络传播系统中，自上而下的行政体制会出现失灵，这也是人们为什么会看到在疫情期间有如此多的"网络病毒"传播而无法制止的原因。但是，面对"网络病毒"，人类尽管进行了阻断但是效果并没有那么明显，更没有开发出能够抵御它们的"心理疫苗"，这不是说，人们对此没有考虑，沃森就认为，需要通过把互联网信息系统化和知识化来抵御碎片化信息带来的社会问题，他说道，"互联网上的信息未经提炼和归纳，其中有着太多纷繁复杂的细节，还称不上知识"。④ 这就说，要通过开发"心理疫苗"的系统知识来阻断虚假信息的传播。互联网这种扁平化的网络系统与等级制的治理系统之间会产生某种程度的不

---

① ［英］彼得·沃森：《20 世纪思想史：从弗洛伊德到互联网》，张凤等译，译林出版社 2019 年版，第 1054 页。

② ［美］贾雷德·戴蒙德：《枪炮、病菌与钢铁》，谢延光译，上海译文出版社 2014 年版，第 192 页。

③ ［英］尼尔·弗格森：《广场与高塔：网络、阶层与全球权力竞争》，周逵等译，中信出版集团 2020 年版，第 8 页。

④ ［英］彼得·沃森：《20 世纪思想史：从弗洛伊德到互联网》，张凤等译，译林出版社 2019 年版，第 4 页。

一致，尽管等级制治理模式与网络式治理模式之间可以互动，但是，它们是各自的系统。① 人类针对“新冠肺炎”除了采取社会隔离，还在积极开发疫苗，但是对于“网络病毒”似乎还没有成熟的解决方案。

在这个问题上，费孝通极有预见性，他在1992年就写道：“小康之后人与自然的关系的变化不可避免地要引起人与人的关系的变化，进到人与人之间怎样相处的问题。这个层次应当是高于生态关系。在这里我想提出一个新的名词，称之为人的心态关系，心态研究必须会跟着生态研究提到我们的日程上来了。”② 如果说，“新冠肺炎”病毒是在身体之间进行传播，那么“网络病毒”在心与心之间传播。长时间使用手机，使银屏连接着每个人的心，没有“心理疫苗”，网络在技术上的加速，也会为“网络病毒”加速传播创造条件。2020年是一个承上启下的历史节点，中国人民将全面建成小康社会，迈入社会主义现代化建设新征程，面对互联网，尤其是面对5G的广泛应用，心态问题也该提上议事议程。

二、应对“十四五”时期社会治理新情况新问题的基本原则

（一）把不熟悉的事与不太会发生的事区分开来

直面“十四五”时期社会治理的新情况新问题，必须解放思想，实事求是。通常在做发展战略和发展规划时，人们会陷入一个误区，那就是容

① ［英］尼尔·弗格森：《广场与高塔：网络、阶层与全球权力竞争》，周逵等译，中信出版集团2020年版，第5页。

② 费孝通：《费孝通全集》第14卷，内蒙古人民出版社2009年版，第42页。

易把自己不熟悉的事与认为不太会发生的事混淆起来，认识的真正危险就在于缺乏预见性，就在于脑海中只有那么几种自己熟悉的、但却不大可能发生的危险性。"新冠肺炎"发生初期就落入了这样思维模式的俗套，人们对"新冠肺炎"不熟悉，对其影响估计不足，而且对病毒的致命性和扩散爆发力一无所知。面对这样的情况，无论有什么样的危机准备，都难以避免麻烦。美国经济学家加尔布雷斯探讨20世纪30年代大萧条时写的《大恐慌》一书所提出的忠告，如今看来对认识"新冠肺炎"具有启迪意义。他说，经济危机有五大原因，其中之一便是对经济研究过于贫乏。同样，人们对于这种病毒研究过于贫乏。直到目前为止，人类对于"新冠肺炎"的危害、扩散方式、死亡率等，都还没有形成一个全面、统一的认识，更不用说针对"新冠肺炎"的治疗药物。"新冠肺炎"认知不清带来未来一系列不确定性。新形势下，必须加强对新情况新问题的研究，全面提升把握全局和中心工作及应对各种突发事件和公共危机的能力，推进社会治理现代化。

（二）坚定不移坚持发展依靠人民和发展为了人民的理念

"十四五"时期，创新社会治理，必须坚定不移坚持发展依靠人民和发展为了人民的理念。习近平总书记指出，"让老百姓过上好日子是我们一切工作的出发点和落脚点"。中国共产党坚持立党为公、执政为民的本质要求就是增进民生福祉。现代国家发展经济，推动社会进步，创造财富的目的就是让人民获得更多的社会福祉。做好"十四五"时期的社会治理创新工作，必须调动全体社会成员的积极性、主动性、创造性，为各行业各方面的劳动者、企业家、创新人才、各级干部创造参与以民生为重点的社会建设的环境。脱贫致富终究要靠贫困群众用自己的辛勤劳动来实现。发挥各类社区组织、社会组织和居民个人在保障和改善民生中的作用，动员一切可以动员的社会力量推动民生事业发展和社会治理水平的提升。

（三）坚持在发展中保障和改善民生

"十四五"时期，必须夯实社会治理的民生基础。目前，各地纷纷复工复产，努力解决民生问题，努力恢复常规的生产生活方式，这既是经济学意义上的措施，也是社会学意义上的措施。民生就是人民生活。如果发展就不能回应人民对幸福的期待，不能让群众得到实际利益，这样的发展就会失去意义，社会治理也将失去其基础，因此，一切工作必须时刻心系百姓，努力让老百姓过上好日子。马克思恩格斯指出，只有发展生产力，创造生产的物质条件，"才能为一个更高级的、以每个人的全面而自由的发展为基本原则的社会形式创造现实基础"。①1959 年，毛泽东在庐山会上指出，"要把衣、食、住、用、行这五个字安排好，这是六亿五千万人们安定不安定的问题"。② 重温毛泽东的重要论述，在当前和今后一个时期，仍有重要意义。改革开放后，邓小平多次强调，社会主义的基本原则第一是发展生产力，第二是共同富裕。他把人民群众利益具体化为"三个有利于"，即"判断的标准，应该主要看是否有利于发展社会主义社会的生产力，是否有利于社会主义国家的综合国力，是否有利于提高人民的生活水平"。③ 坚持人民福祉的主观与客观统一是马克思主义关于人的全面发展和科学发展观的内在要求，"十四五"的社会治理创新工作必须在充

---

① 马克思、恩格斯：《马克思恩格斯全集》第 23 卷，中央编译局译，人民出版社 2006 年版，第 649 页。

② 毛泽东：《庐山会议讨论的十八个问题》，《毛泽东文集》第 8 卷，人民出版社 1999 年版，第 78 页。

③ 邓小平：《邓小平文选》第 3 卷，人民出版社 2001 年版，第 372 页。

分、深入调查研究人民群众要求的基础上，在充分发扬民主的前提下，通过人民群众广泛参与政治、经济、社会和文化管理来实现社会稳定有序和激发社会活力。

针对疫情造成的应届毕业生就业压力，最近，中央组织部等七部门联合发文，引导高校毕业生到城乡社区就业，助力完善城乡社区治理体系，提升社区治理能力。把应届高校毕业生充实到社区服务企业、社区公共服务组织、社会组织，是我国新时代城乡社区治理体系建设的需要，也是公共服务体系发展的需要。2020 年因疫情造成的应届毕业生的就业积压可能需要几年时间的消化，这会延伸到"十四五"规划中期，"十四五"发展规划需要全盘考虑这个问题。我国城乡社区公共服务和乡村振兴需要大量有文化、有知识、德才兼备的人才。现阶段，我国公共服务发展的阶段性特征和乡村振兴的需要决定了高校毕业生参与城乡社区建设和治理将不会是权宜之计。引导高校毕业生到城乡社区就业，需要尽快完善各项配套政策，统筹城乡、统筹公共服务与社会治理，长计划短安排，使有文化、有知识、德才兼备的高校毕业生成为我国基层建设和乡村振兴的生力军和社会主义现代化建设的重要力量。

三、"十四五"时期社会治理创新的着力点

（一）在适应社会关系模式变化基础上创新社会治理方式

自 1918 年流感大流行以来，人类长期生活在相互接触、直接互动、面对面交流且其程度不断加强的时间和空间中，以致人们对空间和时间认知方式这一维度忽略不计。到目前为止，自 18 世纪以来，人类通过

工业革命和技术创新带来的全球化和全球共同体建设戛然定格在 2020 年春季。2020 年 3 月 11 日，世界卫生组织宣布"新冠肺炎"为"全球性流行病"。不得已情况下，在国内，先是武汉封城，后是举国戒备；在国际上，先是意大利封城封国，后是各国采取不同形式社会疏离措施，包括取消各种会议、外出旅行、探望亲人、居家办公、大型聚会，在条件不允许的环境下必须间隔一定距离工作、就餐，避免面对面交流，等等，社会疏离成为生活常态。从武汉封城开始，世界开启了一次全球性社会疏离（也有人将其称为"逆全球化"）演练。由于社会隔离，人们居家，尤其是那些制造业部门的人们不能大规模参与生产活动，全球化的产业链断裂造成物品流动停止。现在，全球范围内唯一还在运行的是信息。抗击"新冠"病毒中实施的社会疏远措施让人们再一次思考：社会关系不仅仅基于"经济人"，也不仅仅基于"社会人"，还基于时间和空间序列中的"关系人"。由于社会关系模式，人们才构成他们在现实生活中赖以生存的社会。一旦个体、社区、社会组织被隔离开来，社会关系模式会发生深刻变化。"空间习惯，即流动性、位置、分类、过滤、连接和分离，影响着每个人的生活轨迹，每一代人都以独特的方式经历着这些习惯"。①

要在适应社会关系模式变化的基础上创新社会治理新格局。要适应居家办公的心理辅导和心理调适，完善各项服务需要配套措施，以解决由于社会疏离带来的孤独、焦虑、抑郁等心态问题。一是建立与社会疏离相适应的服务机构，社会工作者和心理工作者需要进入这个领域。二是员工所在的工作单位需要考虑如何支持员工加入到这类服务中去，或

---

① ［法］迈克尔·斯托珀尔：《城市发展的逻辑：经济、制度、社会互动与政治的视角》，李丹莉等译，中信出版集团 2020 年版，第 252 页。

者是公司货单购买服务，或者是政府购买服务，这些都需要在制度上及早做出安排。

（二）完善智慧环境下的社会关系模式

互联网改变了人们之间的社会疏离状态，一是传统的家庭、家族、村落的等级制度以及由此形成的礼治秩序被平行网络关系所取代。正如英国历史学家尼尔·弗格森所说过的，"当世界的重要秩序属于等级制度时，你只能通过一个垂直机构中（如国家、企业等）一级一级的等级阶梯来获取你的最大权力；而当网络系统取得优势时，你就能够在一个或多个水平组织的社交团体中获取权力"。① 当前，这种变迁过程依然在进行中，等级关系和网络关系相互交叉，相互作用，构成了当代新型社会关系，他们不断变换于家庭、村落、企业与社交网络之间。二是互联网技术的日新月异，大大改变了社会计划的实施方式，它将从物联网上收集到的数据转变为知识，推动社会不断进步。"通常认为运用数据是行政机关和企业的行为，很少有人会像'智慧市民'那样把运用数据当成自己的事情。因此，关键是要在全社会鼓励对应用数据的讨论及应对。"②"'社会5.0'的理想社会是人人都能'通过高度融合网络空间与物理空间，消除地域、年龄、性别、语言等造成的差距，享受能够应对多样化以及潜在需求的物品及服务'。"③ 一方面可以通过人类使用数据来更加精准决策，推动社会发展；另一方面，人工智能可以自动合成指令促进社会进步，若是设计合理，问

---

① ［英］尼尔·弗格森：《广场与高塔：网络、阶层与全球权力竞争》，周逵等译，中信出版集团2020年版，"前言"，第2页。

② 日本日立东大实验室：《社会5.0，以人为中心的超级智能社会》，沈丁心译，机械工业出版社2020年版，第20页。

③ 日本日立东大实验室：《社会5.0，以人为中心的超级智能社会》，沈丁心译，机械工业出版社2020年版，第20页。

题分析到位，抓得住问题的关键和社会问题的根源，采取一揽子手段，这样可以走出"头疼治头，脚疼治脚"困境。在这样的技术和社会环境下，数据成为政府、企业和居民交流的基本手段，在这个过程中，新的社会规范——风气、习惯、文化就产生了。预计"十四五"时期，互联网发展会超越基本和非基本公共服务界限，形成"信息合作基础"，出现跨领域的合作交流信息系统，提出系统解决社会问题的一揽子办法。

家庭是原有的下班后的生活空间，在抗击疫情中变成了家庭成员朝夕相处的地方，既是生活场所，也是工作场所，这将带来什么样的变化，有待于进一步观察。由于长期的疫情和社会疏离、居家办公，会导致公司创意减少，人们担心 2021 年市场创新产品会减少。当然这样的说法也不一定对，不过这个问题值得我们关注。在应对当前风险的时候也要考虑到次生风险，使我们的每一步走得稳健扎实。"人们的远距离迁移，不管是临时的还是永久性的，也都是技术扩散和知识传播渠道。"[①] 社会疏离是一把双刃剑，一方面，通过社会疏离，可以阻断病毒传播；另一方面，也会阻断技术和知识的传播。因为，人的信息获得和创新力既来自标准信息（网络教学和对话），也来自非标准的信息（身体言语、即兴发挥、类比、隐喻、闲谈），等等，这是眼下网络环境下解决不了的问题，一方面技术达不到，另一方面人类长期进化形成的面对面交流和交换信息的习惯，它会在不确定环境中达成一致，形成激励。面对面沟通是一种多层次、立体化沟通。而且，从社会学理论看，人的社会化的基础是面对面的交流和接触，阻断家庭以外的交流和接触会带来不可想象的社会后果。远程交流和互动基本上是一种设定好了的场景，与人们面对面交流的心态和心理是不

---

① ［法］迈克尔·斯托珀尔：《城市发展的逻辑：经济、制度、社会互动与政治的视角》，李丹莉等译，中信出版集团 2020 年版，第 190 页。

一样的。"我们不能完全预测未来的远程呈现，因为这不仅取决于远程呈现的技术质量（可能会大大提高），也取决于社会和个人的学习使用。"①远程技术的发展不可能完全取消面对面的互动，但会大大改变远近互动的场景，在这样的背景下，社区治理可以与家庭的某些功能结合起来，进一步夯实基层治理的社会基础。

（三）重塑社会共同体

传统意义上的亲密可能会带来交叉感染，这是一个二难选择。"新冠肺炎"在多个方面影响既定的社会结构。以往，人类是依靠面对面和身体的触碰建立起人际关系的，人们一道参加各种会议、仪式，在这些会议和仪式上，人们要握手、贴面、拥抱，它们代表了人际交往的性质、程度、意义、疏密等。通过这些仪式和形式，人们之间打开社会关系的大门，来建设共同体。若是因为抑制病毒传染，人们改变了这些仪式和形式，就会改变社会关系的性质，造成了社会距离。目前，人们对发生的抖脚互动、撞肘问候等新的、复杂的仪式还不习惯，也许将来会适应。这些看起来不是很大的变化，却将深深影响人类的人际交往，形成不同的接触、容纳、距离、隔离等。面对这样的局面，人们不得不问：这将是我们的归宿还是人们需要重建社会关系？重塑共同体？答案是肯定的，我们需要重塑共同体，筑牢共同体意识。共同体意识是共同体的价值基础，任何一个制度背后都有自己价值基础，只有坚实、健康的价值基础，共同体才能够有强大的凝聚力，才能有抵御各种"网络病毒"的强大免疫力。

在智慧社会环境中，数据可以把个人、家庭、社区、政府、市场全部

---

① ［法］迈克尔·斯托珀尔：《城市发展的逻辑：经济、制度、社会互动与政治的视角》，李丹莉等译，中信出版集团 2020 年版，第 227 页。

作为社会活动主体进行描述。数字共同体将超越"乡土"与"城市"、"熟悉"与"陌生"、"信任"与"契约",形成数据和网络空间中的匹配机制,有史以来,滕尼斯所谓的"共同体"与"社会"的相互矛盾可以得到解决,在这个意义上,"智慧社会"是一个开放的共同体,① 我们乐见这样一个共同体在历经乡土社会到城市社会的艰难探索,尤其是在经历这场前所未有的疫情之后,能够与智慧社会共存共荣。

---

① 日本日立东大实验室:《社会 5.0,以人为中心的超级智能社会》,沈丁心译,机械工业出版社 2020 年版,第 177 页。

人心是最大的政治

党的十八大以来，习近平总书记紧紧抓住新时代中国社会的主要矛盾，站在国家发展全局思考社会发展，高度重视激发社会活力和维护社会秩序等社会治理中的重大问题。基于党的十六届六中全会以来我们党在"社会治理"领域的思想创新和理论创新成果以及各地社会治理的创新实践，在一系列讲话和谈话中，对社会治理问题进行了阐述。习近平总书记社会治理思想博大精深，其中，他关于建立在人间真情基础上的人与人相处的论述鞭辟入里，是我们在新时代加强和创新社会治理的坚定遵循。

不论身处何时何地，不能忘人间真情。习近平总书记指出，在工作和生活中要重视人间真情，他说："不能忘了人间真情，不要在遥远的距离中割断了真情，不要在日常的忙碌中遗忘了真情，不要在日夜的拼搏中忽略了真情。"[①] 这就要求，任何一个社会成员都要正确处理好工作与生活之间的关系，努力创造一个良好的社会环境。理想的社会环境中，人与人之间能够形成温暖、亲切、亲密的关系，感受到满足与安全。各个社会成员可以从家庭生活中获得情感的交流。与其他社会组织不同，家庭理应是一个通过提供温暖、快乐来满足家人情感需求的组织。人们期待亲人的理解

---

① 习近平：《在 2017 年春节团拜会上的讲话》，新华社 2017 年 1 月 26 日。

和照顾，当需要时，亲人总是会在身边。家庭关系、家庭情感是无私的关系和情感，不存在任何利益上的交换。

人间真情，可以理解为社会成员、家庭成员之间的相互信任、相互关心、相互体贴，社会成员和社会组织之间的责任，社会成员和社会组织的诚信等。一个健康的社会，应杜绝人与人之间的冷漠和基本相互信任的匮乏，要对丑陋事物的绝不宽容，杜绝庸俗的实用主义和物欲主义横流。人间真情是一种重要的社会资本。社会资本是时下需要高度重视和着力培育的道德资源。要培育社会责任意识、社会规范意识和奉献精神。必须解决好社会缺乏信仰、公民和企业缺乏社会责任感、人与人之间缺乏诚信和真情等困扰社会发展的道德问题。包括人间真情在内的社会资本对社会发展会产生深远影响，会影响到数代人的行为模式和思维模式。

用中华民族传统美德涵养真情，以社会主义核心价值观引领真情。如何培育真情？习近平总书记说道："真情，需要用社会主义核心价值观来引领，需要用中华民族传统美德来滋养。真情，是不虚、不私、不妄之情。"① 这就回到了一个老问题：人最需要、最看重、最认同、最容易吸引人、最崇敬的东西永远不是钱和物，而是思想、情感、道德、信仰、信念、价值。一个社会只有重视人间真情了，社会才能回归秩序、活力、尊重、和谐。必须用社会主义核心价值观引领真情。社会主义核心价值观是社会主义核心价值体系的内核，它体现了社会主义核心价值体系的本质属性，反映了社会主义核心价值体系的丰富内涵和实践要求，是社会主义核心价值体系的高度凝练和集中表达。

人心是最大的政治，要时时刻刻倾听人民的呼声。

搞好社会治理，必须首先做好人的工作。2015 年 3 月 5 日，习近平

---

① 习近平：《在 2017 年春节团拜会上的讲话》，新华社 2017 年 1 月 26 日。

总书记在参加他所在的十二届全国人大二次会议上海代表团审议时强调，加强和创新社会治理，"核心是人，只有人与人和谐相处，社会才会安定有序"。① 这就指出了社会治理的核心问题。社会治理是指在一定共同价值基础上，一定的规章制度下，为实现社会秩序和激发社会活力，政府、社会，甚至包括企业共同处理社会事务、解决社会问题、化解社会矛盾和消除社会冲突的活动。社会治理的目标是维护社会秩序和激发社会活力，现实这些目标离不开现实生活中每一个个体的人和人与人之间的关系。社会和谐之所以能够成为人类孜孜以求的理想，是因为处理人与人之间的和平相处始终是人类文化的核心。正如社会人类学家费孝通说的，"中国人最宝贵的东西，这就是中国人关心人与人之间如何共处的问题"。② 习近平总书记把人放在社会治理的核心，源于对中华民族优秀文化的深刻理解和高度重视。

人与人之间的相处，就其本质来说是心与心之间的沟通。习近平总书记高度重视人心工作，指出"人心是最大的政治。推进党和国家各项工作，必须坚持问题导向，倾听人民呼声"。人心，就是要求每一个社会成员能够设身处地为别人着想，文明地与他人相处，推己及人，这是中华民族优秀文化的核心。为他人着想就是承担起个人的社会责任和奉献精神，和谐社会是一个有责任的社会，一个诚信友爱的社会。

随着我国进入新时代和社会主要矛盾的深刻变化，人与自然关系的变化不可避免地要引起人与人的关系的变化，人与人之间怎样相处的问题，人与人之间的和谐相处，说到底，就是人的心态关系。习近平总书记在党的十九大报告中要求，"加强社会心理服务体系建设，培育自尊自信、理

---

① 《习近平到上海代表团参加审议经济发展不能任性了》，http://news.china.com.cn/2015lianghui/2015-03/05/content_34966443.htm。

② 《费孝通文集》第十二卷，群言出版社 1999 年出版，第 295 页。

性平和、积极向上的社会心态"。① 社会心理说到底，是人们之间如何彼此看待，互相影响，互相联系，人们的直觉如何引导个体行为，以及自己的行为如何影响别人。只有培育健康的社会心态，才能理性平和地看待个人与个人、个人与群体、群体与群体之间的关系，才能实现人们之间的友好相处。新时代的社会治理，就是要通过培育健康的社会心理来化解社会矛盾和社会冲突，培育利他主义的价值观，形成人们之间的相互吸引的亲密关系。

---

① 习近平:《决胜全面建成小康社会夺取新时代中国特色社会主义伟大胜利——在中国共产党第十九次全国代表大会上的报告》，新华网 2017 年 10 月 27 日。

党建引领基层社会治理新格局

20 世纪 20 年代，毛泽东领导了著名的秋收起义，在三湾进行部队改编时，首创"支部建在连队上"。从那时起，我们党不仅确立了党指挥枪的重要原则，也确立了基层组织建设的基本原则。

"治国犹如栽树，本根不摇则枝叶茂荣。"党的基层组织建设是我们党克敌制胜、从胜利走向胜利的强大法宝。新时代，实现"四个全面"的战略布局，协调推进全面建成小康社会、全面深化改革、全面依法治国、全面从严治党，必须加强党的基层建设，构建基层社会治理新格局。

一、党建引领是构建基层社会治理新格局的根本保障

我国的国家治理必须以坚持中国共产党的执政地位为前提，国家治理体系和治理能力是党的执政行为的具体体现。构建基层社会治理新格局必须加强党的领导，发挥党组织统领全局、协调各方的作用。搭建城市基层党建联动机制，形成党组织"总揽全局、协调各方"的领导体系。

充分发挥基层党组织的政治引领能力。一是发挥党的信念在鼓舞人心

方面的引领作用。党的十九大报告指出，要"不断增强党的政治领导力、思想引领力、群众组织力、社会号召力，确保我们党永葆旺盛生命力和强大战斗力"。① 通过政治引领焕发出强大的战斗力、凝聚力和号召力，更好发挥和突出基层党组织政治功能。二是加强基层党组织的领导地位发挥组织引领。完善基层社会治理必须强化基层党组织的核心作用，把党的全面领导建立在严密的组织体系建设基础之上，推动基层党组织覆盖与党的工作同步展开，不断贯彻党的群众路线。

坚持党建引领基层社会治理。一是基层工作的成功与否决定着人心向背。在基层党组织领导下，通过各类社区组织的动员和激励，激发基层居民的积极性、主动性和创造性，使全体基层居民心往一处想，劲往一处使，为实现中国特色社会主义现代化目标和中华民族伟大复兴的中国梦奠定坚实的群众基础。二是在基层党组织领导下做好基层工作，让社区居民形成归属感、认同感。社区治理和社区自治不是基层社区建设的根本目的，社区建设的根本目标是在党的领导下把社区建设成为人民生活的共同体和具有归属感和认同感的基层社会。三是在基层党组织领带下形成良好的社会秩序。治天下，不如安天下，安天下，不如天下安。社区要成为生活共同体，首先要求全体社区成员遵循共同的社会规范，这些社会规范是社区成员依据法律和自身事务的特点共同参与制定、与居民利益密切相关的乡规民约。通过乡规民约在使每个社区居民需要得到的满足的同时，满足整个社区的需要，在享受权利的同时，承担应尽义务，在建立和谐的邻里关系中实现个人安全、自我放松、家庭温馨、邻里和睦。

基层党建是一项系统工程，必须通过建立和完善层层覆盖和相互关联的党建体系来进一步完善需求与民意自下而上传递、资源与力量自上而下

---

① 《习近平谈治国理政》第三卷，外文出版社 2020 年版，第 13 页。

汇集的基层体制机制。大城市基层党的组织建设与构建简约高效的基层管理体制目标高度契合。

二、以党组织统领全局协调各方推动基层治理现代化

基层社会治理现代化是国家治理体系和治理能力现代化的重要组成部分。实现基层社会治理现代化必须突出党组织领导核心地位，一是不断扩大党组织的覆盖面。努力改变过去仅"就条条抓条条、仅就块块抓块块"的工作模式和思维模式，把党的组织根系全面向基层延伸，做到城市建设到哪里，党的组织就覆盖到哪里，形成纵向到底，横向到边的党的组织体系和领导体系。不断扩大党的组织力量在基层社会的覆盖和延伸。在社区，构建社区党建、社区服务、社区自治"三位一体"治理格局。二是发挥党组织把握方向、谋划大局、制定政策、促进改革的决定性作用。基层党组织依法领导辖区工作和基层社会治理，大力支持和坚决保证基层行政组织、经济组织和群众自治组织充分行使职权，发挥职能，激发基层居民的积极性、主动性和创造性。三是发挥党组织集聚基层治理合力的功能。基层面临许多复杂矛盾的问题，诸如环境、物业、停车、治安、邻里，等等，涉及居委会、业委会、物业公司等部门的关系，通常解决起来比较棘手，这就需要最大可能发挥基层党组织在基层社会治理中的协调引领作用。党建引领激发社会活力，就是要发挥党组织的领导作用，重视协同治理，形成社区居民广泛参与，促进基层社会和谐运行。

党领导基层自治既是基层社会治理的需要，也是新时代党自身能力建设的根本要求。一是构建基层社会治理新格局，必须健全基层治理平台。

通过搭建社区联席会议平台，完善社区工作各项制度，形成以社区党组织为领导核心，社区居委会为主导，居民为主体，业委会、物业、社会组织、群团组织等多方共同参与的治理格局。二是党领导基层社会治理，要充分贯彻党的群众路线，注重调动社会力量参与社会治理。不断完善基层民主选举制度、民主决策制度、民主管理制度和民主监督制度。在制度安排上规范民主选举程序，确保基层群众的知情权、表达权、参与权。大力发展社区志愿者骨干队伍，动员社区退休党员、社区居民参与社区事务，培育社区社会组织，通过多元力量参与治理，形成居民共治协商新格局。

不断完善基层党的组织体系是落实基层体制机制建设的根本保证，也是发挥党组织核心地位、实现社会动员的前提。只有以党的基层组织作为领导核心，发挥模范和引领作用，才能有效凝聚人心、凝聚力量、凝聚智慧、凝聚共识，激发基层社会活力，在多元治理体系建设中形成既有秩序又有活力的局面。坚持党领导社区自治，必须充分调动基层群众的参与热情，充分发挥社区党员的模范带头作用，建立起社区居民自下而上反映问题、解决需求的体制机制，回归社区建设的初心。一是结合基层行政体制改革目标，理顺条块关系、赋权基层组织、减轻社区负担、发挥基层党组织活力，使基层各类组织能够集中精力做好自己分内的事情，更好服务群众。二是推动基层党建重心下移，将基层治理与基层党建密切结合起来。社会治理的重心在街道、社区，基层党建的重心也应放在街道、社区。街道、社区是各类资源与社会力量的聚集地，只有把各类社会主体和各种资源在街道和社区有机匹配、合理使用，才能形成以街道和社区党建为中心，多元主体参与、共建共治共享的基层社会治理新格局。

三、以社区党建平台为载体不断加强基层社区组织建设

加快构建基层社会治理新格局，必须理顺社区综合党委、公共服务工作站、居委会、业主委员会四者的职能，强化社区综合党委的核心作用，强化居委会的自治作用；理顺社区与物业公司的关系。制定街道、社区权责清单，明确各自职能划分，规范事权下放相关措施；理顺社区居委会、业主委员会与物业公司的关系，逐步转变社区对代管小区的物业管理职能，探索成立业委会、业委会协会等组织形式，创新基层社会治理。

"治国必先治党，治党务必从严。"基层干部是做好社区工作的骨干力量。领导干部、社区负责人活动在社区，面对面接触居民，体察民情，及时发现问题，化解矛盾。做好社区工作这门学问，创新社区治理，要以最广大人民群众根本利益为坐标，从人民群众最关心最直接最现实的利益问题入手，把加强基层党的建设、巩固党的执政基础作为贯穿社会治理和基层建设的一条红线，建立起一支以党员为核心、素质优良的专业化社区工作者为骨干的基层队伍，推动服务和管理力量向基层倾斜，逐步实现基层由管理向治理的转变。

鼓励和支持在职党员到社区报到，这是加强基层党建的重要举措。基层党员和党组织是城市社会治理的中坚力量，也是实现基层各种资源和力量综合统筹的关键。倡导在职党员走进社区，深入群众、听取民意，参与社区服务、发挥模范带头作用，尤其是鼓励离退休党员在居住地发挥作用，对创新新时期党和基层群众的联系方式，改进党的作风，强化党员在基层治理中的模范带头作用十分重要。一是社区党组织要借助"互联网＋"技术手段，按楼宇、居住区、街建立起微信群、短信群等，主动把党员联

系起来，在交流中倾听民意，解决群众关心的问题。二是落实党员责任制，实现责任到人，调动社区党员的参与积极性和主动性。三是建立社区党员志愿服务组织，组织党员参与社区公共活动，包括秩序维护、邻里关系协调、环境清扫、宣讲咨询等，当好社区党组织和居委会工作的参谋和助手。

创新基层治理必须坚持党的领导，同时也要相信社区居民能够依法管理好社区事务。治理好社区必须依靠社区居民。社区建设既是自治过程，也是法治过程。说是自治过程，就是要给居民更大空间参与自治，处理好自身事务。说是法治过程，居民要守法，地方和基层政府要依法把本该属于居民的权力还给居民，指导居民用好法律，在法律的框架内自治。社区机制的形成有一个过程，它需要个人坚守对集体的责任、完善的制度和健全的机构。每个人坚守社会规范，把日常的小事做好，才会逐渐把社会和国家的大事做好，这也是基层社会治理创新的真谛。

构建基层社会治理新格局

党的十九届四中全会要求，构建基层社会治理新格局。完善群众参与基层社会治理的制度化渠道。健全党组织领导的自治、法治、德治相结合的城乡基层治理体系，健全社区管理和服务机制，推行网格化管理和服务，发挥群团组织、社会组织作用，发挥行业协会商会自律功能，实现政府治理和社会调节、居民自治良性互动，夯实基层社会治理基础。这为社会治理创新指明了方向。

一、基层治理在国家治理体系中享有基础性地位

像中国这样一个超大型国家，基层治理无疑在国家治理体系中享有基础性地位，在某种程度上，基层治理体系和治理水平体现了整个国家治理体系和治理能力的现代化水平。做好社区工作，必须积极探索创新，通过多种形式延伸管理链条，完善治理体系，提高服务水平。习近平总书记说，社区工作是一门学问。这就明确地指出了社区工作和社区治理的重要性、复杂性和专业性。经济新常态下，推进社区工作和社区治理，是加强

和创新社会治理的重要组成部分，社会治理的重心必须落到城乡社区。做好社区工作，关键在体制创新，核心是人，只有人与人和谐相处，社会才会安定有序。

我国的社区治理始于 20 世纪 80 年代中叶，至今已有近 40 年的历史。40 年来，党中央国务院和各级党委政府高度重视社区建设，各项工作不断取得进展。

一是探索街道体制改革，厘清政社关系。2014 年底，根据习近平总书记的指示精神，深化街道体制改革成为上海"1+6"文件的重要组成部分。根据"1+6"文件，上海街道的主要职能是加强党的领导，统筹社区发展，组织公共服务，实施综合治理，动员社会参与，指导基层自治和维护社区平安。

二是依法开展居民自治，引导社会力量参与。组织引导社会力量参与社区治理，必须明确参与主体和参与重点。居委会根据自治章程开展自治，围绕社区居民公共事务，关注居民提出的公共议题，开展协商讨论，进行民主决策。要激发居民参与的积极性，必须推动居民参与制度化，创新自治内容和方式，支持社区骨干发挥积极作用。发挥村民主体作用，必须规范村民（代表）会议制度，完善村民委员会职能。

三是立足居民需求，寻求以治理实现服务。立足居民需求开展社区服务和社区治理是中国社区建设的传统，它始于 20 世纪 80 年代。近年来，北京市运用信息化技术手段，加快推进社会服务治理体系建设。在西城区"全响应"社会治理系统中，民生服务涵盖了社会政务服务、社会公共服务、社会党建服务、卫生医疗服务 4 个类型服务。在智能化社区体系下，网站、家庭信息机、数字家园、无线终端、社区电子屏和大厅触摸屏等，成为服务终端。民生服务和城市管理的触角延伸至辖区居民生活。

四是以物业管理为切入点，探索"参与式"治理。物业问题直接关系居民生活和切身利益，近年来，时常发生围绕物业问题的社会矛盾和冲突。据调查，北京市大兴区倡导居民参与社区治理，不断完善"参与式"治理模式，目前，全区已经有 13 个老旧小区成立自管会，自我管理工作良性运行。

五是围绕打造生活共同体，关注居民微生活。社区是人民生活的共同体。基层社会对公共服务有着巨大需求。从有关城乡居民社区服务需求的比较研究中可看出，城镇居民的服务需求依次是家政、就业、老年人、儿童青少年、低收入家庭服务，而农村依次是老年人、文体生活、儿童青少年、低收入家庭和残疾人服务。这些都需要地方政府根据各地实际具体制定符合本地实际的政策，加以解决。

六是"社工＋义工"，推动社区队伍建设。社区工作需要人来做。广东省中山市共青团积极探索社区志愿服务，社会效益显著。他们开展邻里守望志愿服务，通过举办"邻里文化节""邻里文化周"等活动，促进社区成立邻里互助会，举办邻里节、设立邻里互助日、发布中山《邻里公约》、开设就业热线、创办就业网站和就业指导站、成立就业促进会，建立邻里互助中心联动机制，实现社区志愿服务零距离。

二、努力做好社区工作这门学问

当前，我们学习贯彻落实党的十九四届中全会精神，构建基层社会治理新格，就必须做好社区工作这门学问。创新社区治理，要以最广大人民根本利益为根本坐标，从人民群众最关心最直接最现实的利益问题入手，把加强基层党的建设、巩固党的执政基础作为贯穿社会治理和基层建设的一条红线，建立一支素质优良的专业化社区工作者队伍，推动服务和管理力量向基层倾斜，实现从管理向治理转变。

一是发挥社区党组织的协调指导作用，进一步明确参与主体，搭建参与平台。创新基层治理必须坚持党的领导。同时，也要相信社区居民能够依法管理好社区事务。治理好社区必须依靠社区居民。依照《中华人民共和国城市居民委员会组织法》，社区实行自我管理、自我服务、自我教育、自我监督。社区建设既是自治过程，也是法治过程。说是自治过程，就是要给居民更大空间参与自治，处理好自身事务。说是法治过程，居民要守法，地方和基层政府要依法把本该属于居民的权力还给居民，指导居民用好法律，在法律的框架内自治。社区机制的形成有一个过程，它需要个人坚守对集体的责任、完善的制度和健全的机构。每个人坚守社会规范，把日常的小事做好，才会逐渐把社会和国家的大事做好，这也是基层社会治理创新的真谛。

二是加快政府自身改革与创新，理顺街道与社区的关系。建立街道、社区权责清单，明确职能划分，规范事权下放等；理顺社区综合党委、工作站、居委会三者职能，强化社区综合党委的核心作用，强化居委会的自治作用；理顺社区与物业公司的关系，逐步转变社区对代管小区的物业管理职能，探索成立业委会、业委会协会。理顺街道与社区的关系意味着要实现四个根本转变，即由单一的民意表达转向多元的民意表达，除了发挥网络的作用外，可以考虑民意调查、消费者座谈会、服务电话、街道和社区发展论坛、邻里委员会等；由政府转向政府与社会共同治理社会事务；由公共部门提供公共服务转向政府、企业、社会组织和居民共同提供公共服务；由等级和权威转向网络和合作伙伴关系；由注重居民的反映到注重居民诉求回应的结果。理顺街道与社区的关系需要以更开阔的视野把地方公共事务拓展到地方政府与其他纵向的政府间关系、政府与企业部门、社会部门以及居民之间的关系，把由单纯地方政府铸造的公共舞台变成地方政府与企业、社会组织和居民共同表演的地方，在这个过程中，政府将由生产者、主导者逐步变为协调者和助推者，由划桨者逐步成为掌舵者，从掌舵者逐步变为服务者。社区工作不能忽视社会生活的特点，过于强调信息技术，忽视人自身；尽管家庭和邻里组织有其不足之处，但是，它们永远是培养公共精神、公共价值的首要组织。三是努力建设人民生活的共同体，从基层夯实全面小康社会。让居民对社区形成归属感、认同感。社区治理和社区自治，都不是社区建设的目的和根本目标，而是把社区建设成为人民生活的共同体和具有归属感和认同感的社会单位。鼓励和支持社区工作的社会创新。社会创新在继承与发展中实现，它通过跨学科和跨部门形成新的组合与组织结构，在新的组织和机构中产生新的功能。"创新"就是指完全计划的、有确定目标的活动。"创新"也可以指新出现和形成的社会事务和新的发展领域、机制要素或者在一个现存的机制框架内的生成的新的行为方式。社会创新的目标或者是使已经存在社会事务的各种方法、程序实现最优化，或者是更好地满足新出现的和发生变化了的社会功能需求。社会创新通过新的方式解决社会问题。解决的方式可以是商业模式，也可以是非商业模式，但必须是有效的、可复制的、创新性的。从国际经验来看，社会创新已经覆盖了就业、扶贫、社区服务、医疗卫生、教育等部门，未来它还将覆盖因互联网发展而导致的社会关系变革和社会结构调整的其他领域。

四是正确处理政府管理和社区自治的关系，依法建立政府社区公共事务准入制度。依法建立政府社区公共事务准入制度。机关事业单位过多介入社区事务是"十二五"时期各界较为关注的问题。近年来，安徽省在破解这个问题上进行了一定的探索。安徽省规定，政府机构、企事业单位、社会组织和其他有关部门若进入社区开展服务活动，必须按照管理权限，由同级社区建设工作领导小组审核、批准、管理。社区公共服务事项准入范围包括就业、救助、养老、卫生计生、文体、安全等六类服务。安徽省实行社区准入制度后，凡属社区自治的事务，交由社居委自主管理；凡属有关政府事业单位职责范围的工作任务，不得随意下放居委会；未经批准的事务，居委会有权拒绝。机关事业单位经审批进入社区开展服务要按"权随责走、费随事转"原则，严格落实人员、经费等。进入社区的事项由社区统一管理。在社区自治中始终坚持通过法治来规范各个行为主体。发挥乡规民约在社区社会治理中的积极作用。要深入开展多层次多形式法治创建活动，深化基层组织和部门、行业依法治理，支持各类社会主体自我约束、自我管理。在个人成长过程中，社区发挥不可替代的作用。社区的任务之一就是宣传宪法、法律、法规和国家的政策，维护居民的合法权益，教育居民履行依法应尽的义务。全面推进依法治国，基础在基层，重点在社区。社区成为生活共同体，首先要有共同的社会规范，这些社会规范是社区成员依据法律和自身事务的特点共同参与制定的、真正意义上的乡规民约。通过乡规民约在使个人需要得到的满足的同时，必须满足群体的需要，在享受权利的同时，必须承担义务，在建立和谐的邻里关系中实现个人安全、自我放松、家庭温馨、邻里和睦、共同认知。

五是大力培育社区社会组织，建立社区工作者职业化体系。按照职业化、年轻化、知识化、专业化要求加强社区工作者队伍建设。积极推动和探索在社区服务领域开展政府购买社会组织、社会工作组织和社工人员的公共服务。要加大在社区、社会福利、社会救助、社会慈善、残掌康复、优抚安置、卫生服务、青少年服务等社会工作领域的专业人才的培养。推动社区工作者向职业化、专业化发展。大力培育专业主义精神。积极推动和探索在这些领域开展政府购买社会组织、社会工作组织和社工人员的公共服务。加强社会工作事务所和社区工作服务中心建设。当前，社区建设中，基层骨干力量职业前景不明确，工资福利待遇不高，难以留住人才，尤其是年轻人，如何通过机制创新、制度设计，实现制度引人、留人，是社区建设的关键。但是，从整个改革，包括事业单位改革方向来看，这种人事体制机制还是有很多值得商榷的地方，需要在实践中进一步完善，为社区工作者职业化创造良好的政策环境。值得注意的是，北京、广东、上海已经和正在建设的社会工作事务所和社区工作服务中心模式需要从体制机制上加以完善，从政策上给予支持，让他们在实践探索中长出新模式。

构建多民族交流交往交融的基层治理共同体

前不久，参加了《昆明市"十四五"时期社会建设发展规划》评审和"昆明市社会治理指标体系发布会及专家座谈会"，仔细研读了昆明市有关文献，听取了有关情况介绍，感觉昆明在探索民族团结民族融合方面，特别是在基层层面探索民族团结民族融合方面做了大量工作，一些做法和经验值得进一步研究和总结。

昆明是多民族聚居的边疆省会城市，下辖 7 区 1 市 6 县，其中有 3 个少数民族自治县、4 个民族乡、2196 个少数民族杂居村。少数民族人口 130 万人，其中 40 万人为流动人口。少数民族人口占昆明全市人口的 18.9%，分布广、大分散、小聚居，有 10 个世居民族，在全国省会城市中，昆明辖民族自治地方最多、世居民族成分最多，少数民族人口总数位居第二。

近年来，昆明各族群众"共商共议""共建共治"，城乡社区环境从脏乱到整洁、治安从混乱到有序、管理从薄弱到强化、服务从低质到优质、党群从散乱到聚集，2019 年昆明市荣获"全国民族团结进步示范市"称号，寻甸、禄劝和石林 3 个民族自治县荣获"全国民族团结进步创建示范县"称号，石林县荣获"海峡两岸少数民族交流与合作基地"称号。昆明没有发生因为民族宗教问题引发重大群体性事件，群众综合满意率达 94.09%。

一、夯实筑牢中华民族共同体意识的基层着力点

（一）从各族群众生活入手。一是在日常生活中促进社会团结。盘龙区金星社区居住着哈尼族、白族、彝族、藏族、傣族、水族等 28 个少数民族约 1300 余人，其中约有 240 余人为流动人口，是个以青壮年为主的民族杂居社区。从 2010 年起，社区以"民族大团结"为主题举办"百家宴"，成立由各族群众参加的志愿者服务队，一方面丰富各族群众日常生活；另一方面通过日常生活促进各族群众之间交往交流交融。社区先后为 300 余名少数民族群众提供茶艺、厨艺等培训，协助 50 多人找到工作，为 87 名少数民族务工人员购买意外伤害险，帮助 22 名少数民族流动人口子女入学，使其逐步融入当地社区生活。二是帮助少数民族群众融入城市社区。春晖社区"智创共建联盟"目前有楚雄、迪庆、丽江、怒江四个驻昆办。社区中的彝族、白族、藏族、傈僳族、纳西族等少数民族群众通过少数民族服务窗口、民族服务热线、少数民族服务联系卡、少数民族服务接待日等服务途径，邀请辖区内的医院为各族妇女义诊、开展来昆住院困难藏族家庭走访慰问等活动，缩小各族群众之间的距离。三是在改善民生中实现各民族交往交流交融。盛高大城社区居民由汉、回、彝、白、纳西、壮等 26 个民族组成。社区通过惠民生、促发展凝聚各族群众参与社区建设，每月开展"留住乡村—美丽盛高"城乡互助集市活动，帮扶山区少数民族群众销售生态农副产品。通过捐书、助学、书信往来等方式关爱和支持山区少数民族儿童健康成长。依托社区居家养老服务中心，提供医养结合的中西医诊疗、日间照料、居家上门等服务；依托社区爱心食堂、"楼栋管家""幸福驿站"等配套服务，使少数民族老年人实实在在感受到家门口

幸福。开设校外"四点半牵守课堂"为学生提供照看托管服务，让外来务工少数民族家庭感受社区温暖。

（二）以共建共治共享筑牢基层治理共同体意识。一是大力培养民族人才。昆明与云南民族大学等驻昆高校合作办学，大力培养少数民族干部和发展少数民族党员，增强党组织的凝聚力和组织力。禄劝县少数民族处级、科级干部分别达到同级别干部的 36.36%、37.33%，各民族干部背着国徽去山村开庭，田间地头调解，把服务送到群众家门口。二是组织丰富多彩的文化活动。春晖社区围绕彝族火把节、怒江阔时节等重要节日，开展庆典演出、民族文化交流、地方特色餐饮品鉴等。定期举办春晖社区"寻找最美声音"卡拉 OK 表演赛、"最炫民族风广场舞展示"等文化活动，让少数民族群众欢乐过节。三是在文创活动中提取各种文化元素。"春晖"文创提炼少数民族元素用于民族元素工艺品创作。春晖社区依托滇西驻昆办的民族资源开设"民族微博物馆"，由本民族工作人员引导参观并讲解民族风俗文化、服饰美食等，让居民群众体验各民族风情；展示民族特色美食餐饮、手工艺品、乐器等以全新的民族特色。四是共同面对严峻疫情。昆明全市累计 10.8 万名党员、2 万余名社区工作者、4.1 万名志愿者投身抗击疫情战役中。禄劝县、寻甸县、石林县"村村响"大喇叭用彝语、苗语、傈僳语等民族语言宣传疫情防控知识，动员村民做群防群控的宣传者、参与者。禄劝县少数民族群众自创彝语山歌助力抗击疫情宣传活动。富民县罗免镇发动苗族、彝族等各民族党员志愿者，自行缝制口罩，满足群众防疫需求。石林县板桥街道、富民县赤鹫镇等动员菜农捐赠蔬菜直供昆明一线抗疫医疗机构。五是以民主协商促共治。鼓励支持各族居民和驻区单位广泛参与社区议事会，强化群众社会责任感，凝聚社会治理的最大公约数。盘龙区采用"8+X"工作模式开展基层民主协商议事，鼓励各族群众积极参与办好家门口的"民生实事"，有效解决停车、厕所、楼顶防水等疑难问题。五是发展社会组织，优化社区资源配置。汉族、回族、彝族、白族等各民族群众踊跃参与志愿服务团队，争当"市民河长"保护滇池。官渡区建立公益创投机制，推广街道社工中心，以购买服务方式引导社会组织参与个性化服务。

二、从基层筑牢中华民族共同体意识的几点思考

（一）城市化进程必然带来各民族人口的流动。民族地区人员进入城市，因工作生活需要，不可避免与其他人建立联系，寻找机会，逐步形成适应城市生活的社会关系网络，遵循城市社会的生活规范，改变原有的生活习惯，遵守企业的规章制度。一旦民族地区人员进入一个更大社会环境，他们原有的社会规范就会发生变化。

（二）交流交往交融要从居民生活入手。昆明市通过推动节庆互庆、风俗互适、婚姻互通、生产互助，加深各民族群众血脉相通、和衷共济的情感，激发起各民族群众共建共治共融共享美好幸福生活的热情，推动形成利益共同体、情感共同体。从基层人民生活，从文化活动，从各民族的共同生活探索民族交往交流交融，培育各民族的共同体意识，探索筑牢中华民族共同体意识的路径，不断探索边疆社会治理的特色。

（三）满足各族人民群众美好生活需求。社会治理必须找准服务群众的着力点。昆明市从各族群众最关心关注的公共文化服务、基层民主协商、治安乱象整治等入手，回应各族群众的诉求和期盼，及时解决各族群众最关心最直接最现实的利益问题，让各族群众在共建共治共融共享中感受发展红利，感受党的温暖。

三、几点建议

（一）在城市化进程中促进各民族之间的交往交流交融。民族交融作为一种社会实践受到城乡社会结构和民族自有的文化习惯影响，其关系强度在乡村与城市有较大差异。在城市化进程中不断加强族际共居、族际共事、族际共乐、族际通婚，淡化族群习惯，强化共同的社会意识，实现民族之间的交融。

（二）把社会建设摆在重要位置。在社会建设基础上和在保障和改善民生过程中推进社会治理。民生问题是社会治理的基础，这些年昆明在这方面做了很多探索。社会建设夯实了各民族团结的生活基础。边疆民族治理能力提升的核心是提升筑牢中华民族共同体意识的能力，完善筑牢中华民族共同体意识的体制机制。

（三）探索高水平有特色的基层社会治理新格局。昆明利用智慧化技术，在各个社区建设 22 个信息化服务项目，包括政府公共服务平台、居民服务平台，以及居民 APP 应用，把智慧技术用于民生改善，社会问题解决，为群众提供便利性服务，提高了社会治理水平。

（四）从数字化转型到数字化改革。当前，包括昆明在内的全国各地都在探索基层治理信息化和智慧化，但普遍存在各类平台、信息项目众多、信息分隔、不易形成大数据广泛使用的环境问题。在统一的大数据平台上，各种事务的处理会更加容易和便利。在数字化转型的同时，必须进行数字化改革，推进相应的政府改革和社会改革。智慧化应用改变了社会结构、行政运行结构，在这样的环境下，社会改革和政府自身的改革就提上议程，行政体制改革、社会管理体制改革必须与数字化转型相适应。

（五）探索筑牢中华民族共同体意识与构建人类命运共同体交汇点的建设方式。昆明不仅是个边疆城市，同时也是中国与南亚地区交往交流的区域性国际中心，处在筑牢中华民族共同体意识与建设"一带一路"和人类命运共同体的交汇点上。昆明在探索筑牢中华民族共同体意识与构建人类命运共同体的交汇点上有条件做一些新探索：探索各民族之间、各国之间文化的交流交往交融，各族人民、各国人民共同建设区域性的美好社会，为探索筑牢中华民族共同体意识和建设人类命运共同体做出自己的贡献。

（六）以遵纪守法夯实基层治理基础。多民族地区和多国人员往来交流的区域，首先要坚持法治，不管来自什么民族，不管哪个国家的人，都必须遵守当地法律法规、国际准则。这是筑牢中华民族共同体意识和构建人类命运共同体的基础性工作，只有把这件事情做好了，不同民族、不同国家间的交往交流交融才会有法治基础。要培养不同文化、不同民族、不同信仰、不同习惯之间的相互欣赏、相互尊重、相互学习。在实现共同目标过程中交往交流交融，培养共同的信仰、价值、文化、行为规范，在更大范围内建立人类命运共同体。

青年承载未来

习近平总书记在纪念五四运动100周年纪念大会上的重要讲话对五四运动的性质进行了全面诠释，对五四运动以来青年事业发展给予历史概括，对新时代青年事业健康发展提出更高要求，是做好新时代中国特色社会主义强国建设的行动指南。

一、寻求中国的出路是全体中国人的共同要求

习近平总书记在讲话中指出，五四运动，爆发于民族危难之际，是一场以先进青年知识分子为先锋、广大人民群众参加的彻底反帝反封建的伟大爱国革命运动，是一场中国人民为拯救民族危亡、捍卫民族尊严、凝聚民族力量而掀起的伟大社会革命运动。

回顾历史，从1840年鸦片战争至1927年大革命，中国的各种社会矛盾激化，国家陷入内忧外患的黑暗境地，中国人民经历了战乱频仍、山河破碎、民不聊生的深重苦难，寻求中国的出路几乎成了每一个先进中国人的要求。

20 世纪初期，经济危机是蜕变中的中国社会的标志之一。有人记录了五四运动前后民族资本主义工业的景况："欧战既终，险象即生，九、十两年（指 1920 年、1921 年——笔者注）实为中国工业恐慌时代。铁厂积货如山，无人问津，至于闭炉停机；纱厂结账大多无利；上海数十年之三大油厂竟同年倒闭；其他工业亦消沉。因欧战致富之实业家，营业失败重入旋涡者，及时有所闻。"[①]1920 年之前的六七年间，帝国主义各国混战，对华输出激减（日本除外），民族资本主义突飞猛进发展：1920 年以后，西方各国经济逐步稳定，帝国主义又回到东方，它们在中国掠夺原料，大量农产品倾销国外，经济作物生产排除了粮食生产，给其他国家提供了倾销粮食的机会，农业陷入了更深刻的危机。这些现象在费孝通后来的《江村经济》中有深刻反映，他写道："在这个村里，当前经济萧条的直接原因是家庭手工业的衰落。经济萧条并非由于产品的质量低劣或数量下降。如果农民生产同等品质和同样数量的蚕丝，他们却不能从市场得到同过去等量的钱币。萧条的原因在于乡村工业和世界市场之间的关系问题。"[②]

经济危机总是伴随着社会危机。帝国主义在分割中国领土的同时，对手无寸铁的百姓施以暴力，并使之处于灭亡的威胁之中。樊仲逸在 1933 年写道："在一年以前，日本帝国主义的大炮及轰炸机正向上海闸北的工业区域轰击，和平的松沪城市，继潘阳、吉林、锦州及齐齐哈尔之后，在火光和血花中被破坏着，这惨痛壮烈的景象不但在一年以后的今日还浮现于我们的脑际，便数历十百年后，也将留着不可磨灭的印象。"[③]人们普遍感到：中国人民若"不能振作起来，应用最先进的技术以适应工业革命所

---

① 杨铨：《五十年来中国之工业》，陈真、姚洛：《中国近代工业史资料》第一辑，生活·读书·新知三联书店 1957 年版。

② 费孝通：《江村经济》，江苏人民出版社 1986 年版，第 200 页。

③ 樊仲逸：《抗日斗争的一年》，《东方杂志》卷 30，2 号，商务印书馆 1934 年版。

造成的新环境的能力，则其沦亡，当在不久的将来"。①1930 年的《东方杂志》的"开头语"既反映了当时中国危机的程度，又反映了中国人民寻求出路的强烈愿望，"目前国内既有饥荒、刀兵种种不幸的现象，人口虽因此减少，而社会上远甚贫困，感到人口过剩的痛苦。加上更蒙帝国主义的侵略和压迫，国民经济受人剥削，边境地区时起风烟，从社会的生机、国家的尊荣看来都发生了危机。国人若不再接再厉，激发民族精神，依靠民族的力量解决国内重要问题，怎能启社会国家未来的光明呢？"②20 世纪初期的危机唤起了中华民族的危机意识。寻求中国社会的出路几乎成为当时每一个先进的中国人关心的问题，探索中国的前途和命运就成为全体中国人的共同要求。

二、五四运动开启了先进中国人对民族出路的探索

习近平总书记指出，五四运动是一场传播新思想新文化新知识的伟大思想启蒙运动和新文化运动。五四运动开启了中国的新文化运动，有人将其称为"启蒙运动"。它始于 1919 年，完成于 1927 年。"五四运动解决了套在圣经贤传里的中国人，使大家知道读书的目的不是'天子'的科举考试，而是为了求得各方面的知识，只有知识才能帮助我们各个人的生活，能帮助整个人类的生活。"③五四运动在中国人民中间树起了科学和民主的旗帜。这场新文化运动最初所做的大多是介绍西洋的东西。正如胡绳所指

---

① 樊仲逸：《抗日斗争的一年》，《东方杂志》卷 30，商务印书馆 1934 年版。

② 《东方杂志》，"开头语"，卷 27，1930 年。

③ 胡绳：《为什么要读书》，《读书日报》，创刊号，1937 年 5 月 15 日。

出的:"这个时期的文化运动者,在介绍西方科学和文化的时候,是'全盘受之态度'的,因为那时的厌旧心情激起了趋新的心情,而凡西洋的都新,所以凡西洋的都介绍。"① 这场文化运动在实践上启蒙了一系列的社会运动:在社会方面演出二七事变,在民族方面演出五卅运动,在政治方面演出国共联合战线,因此逐在中国历史上成了1927年的国民革命。② 国民革命的失败从某种意义反映了这场文化运动的局限性。表明这场文化运动必须由单纯地介绍和宣传西洋社会科学和文化转入对中国社会深入细致的研究。从1928年起的几年中,新的哲学、新的伦理学、新的社会科学方面的西洋著作翻译了很多。中国社会科学界对西方会科学的研究出现了四种情况:一是解说它们的学说和理论;二是应用它们研究某些科学问题;三是应用它们批判某些理论;四是应用它们于中国社会史的研究。这已经是一个不小的进步。

以反全盘西化为标志的新启蒙运动便是在这种情况下发生的。新启蒙运动在一个更高的层次上展开了如何对待西方的社会科学和文化。胡适和陈序经代表了全盘西化派。潘光旦和吴景超则代表了反全盘西化派。争论始于1929年,至1935年以胡适发表《从充分世界化与全盘西化》,公开宣布放弃"全盘西化"的口号,主张充分世界化而告终。

"全盘西化派"和"反全盘西化派"的斗争表面上看是如何对待西方文化问题,实质上是如何看待各国的社会发展规律和发展道路问题,即承认不承认每个国家、每个社会都有自己的特点。"全盘西化派"认为,西洋文化是一种优秀的文化,是人类文化发展的高级阶段。这是他们的一个

---

① 钟离蒙:《中国文化问题论战》,《中国现代哲学史资料汇编》,辽宁大学出版社1981年版。

② 钟离蒙:《中国文化问题论战》,《中国现代哲学史资料汇编》,辽宁大学出版社1981年版。

基本的假定，也是他们的出发点。陈序经曾经说："全盘西化论，在积极方面，是要使中国文化能和西洋各国文化，立于平等的地位，而继续在这世上生存。"[①] 而反全盘西化论者则相反，潘光旦认为中国有自己的个别的地理与物质环境，有自己"个别的历史文化与社会组织"[②]，有自己"比较个别的民族性格。这一切都要认真地研究"。"中国的地理与物质环境自有它的特点，不能与别的国家相提并论。……中国的历史文化更有它的特殊之点，更不能和任何别的国家混为一谈。"[③] 潘光旦在这里已不是单纯地谈东西差别，而且提出改变这种差别的首要条件是认识中国社会的特殊性："我们要科学，我们要组织，我们要工业化……哪一件近代国家所有强大法宝我们不要？但我们的条件能力能否满足？和满足到何种程度，大家都没有问。"[④] 这场争论的另一个意义在于：它使人们逐渐抛弃以往全盘吸收西方文化、忽视中国文化的倾向，进而转向对中国社会本身的研究。从某种意义上说："新文化启蒙运动"是自五四运动后的又一次思想解放运动，也是一场认识方法上的革命。它为在中国进行实地研究和实地研究中国社会开辟了道路。

如果说，"全盘西化"和"反全盘西化"的斗争打破了自五四运动以来隐含在中国社会科学研究中的一个基本假定：世界服从于一个统一的模式，西方社会是人类社会发展的高级阶段的话，那么发生在 20 世纪 30 年代前后的学术上的三大论战则表明中国社会科学已经开始从实际上研究中国的情况。我们可以将其视为对中国社会认识的深入。

从 20 世纪 20 年代末起，中国社会科学界展开了关于中国社会性质问

---

① 陈序径：《再谈全盘西化》，《独立评论》第 147 号，1935 年 4 月 21 日。
② 潘光旦：《谈"中国本位"》，《华年周刊》四卷三期，1935 年。
③ 潘光旦：《谈"中国本位"》，《华年周刊》四卷三期，1935 年。
④ 潘光旦：《谈"中国本位"》，《华年周刊》四卷三期，1935 年。

题、中国社会史问题和在中国农村性质问题的争论。这些与中国社会发展密切联系的思想斗争推动了中国社会科学的发展，也推动了中国特色社会科学理论与方法的探索与发展，形成了一系列具有中国特色的人文和社会科学学派。建设中国特色的社会科学体系始终是中国现代史上的一个重要话题，其本质是对中国发展道路的探索。

三、实现中华民族伟大复兴梦想必须成为青年接续奋斗的不竭动力

习近平总书记指出，"五四"运动以来的 100 年，是中国青年一代又一代接续奋斗、凯歌前行的 100 年，是中国青年用青春之我创造青春之中国、青春之民族的 100 年。

近代著名的思想家、政治家梁启超在其著名散文《少年中国说》中提出，"少年智则国智，少年富则国富，少年强则国强，少年独立则国独立，少年自由则国自由，少年进步则国进步，少年胜于欧洲，则国胜于欧洲，少年雄于地球，则国雄于地球"。[①] 梁启超指出了中国近代以来的问题所在，提出了青年在民族复兴中的作用。"五四"运动既是一场伟大的爱国主义运动，也是一场伟大的思想解放运动，还是一场青年运动。在"五四"运动不久，1921 年诞生了中国共产党，从此中国的面貌就焕然一新了。中国青年在中国共产党的领导下，实现着民族复兴的理想。

---

① 梁启超：《少年中国说》（梁启超作散文），百度百科，https://baike.baidu.com/item/ % E5 % B0 % 91 % E5 % B9 % B4 % E4 % B8 % AD % E5 % 9B % BD % E8 % AF % B4/1075?fr=aladdin#1。

中国的社会主义现代化建设是全体中国人民的历史使命，更是青年一代的历史使命。新中国成立后，1957 年 11 月 17 日，毛泽东在莫斯科大学接见中国留苏学生和实习生时说："世界是你们的，也是我们的，但是归根结底是你们的。你们青年人朝气蓬勃，正在兴旺时期，好像早晨八九点钟的太阳。希望寄托在你们身上。"① 毛泽东的期望使这些留苏学生备受鼓舞，青年们树立了"为党奋斗 50 年""为祖国工作 50 年"的坚定信念。改革开放后针对中国社会主义现代化建设，1987 年 4 月，邓小平在会见西班牙工人社会党副总书记、政府副首相格拉时指出："现在我们可以说，第一步的原定目标（指实现温饱——笔者注）可以提前在今年或者明年完成。这并不意味着第二步（指实现小康——笔者注）就很容易。看起来，第二步的目标也能完成，但第三步比前两步要困难得多。已经过去的八年多证明，我们走的路是对的。但要证明社会主义真正优越于资本主义，要看第三步，现在还吹不起这个牛。我们还需要五六十年的艰苦努力。那时，我这样的人就不在了，但相信我们现在的娃娃会完成这个任务。"② 这是中国共产党第二代领导集体对中国现代化目标的进一步规划，他们把希望寄托在青年一代身上。

在党的十九大报告中，习近平总书记再一次强调，"青年兴则国家兴，青年强则国家强。青年一代有理想、有本领、有担当，国家就有前途，民族就有希望。中国梦是历史的、现实的，也是未来的；是我们这一代的，更是青年一代的。中华民族伟大复兴的中国梦终将在一代代青年的接力奋斗中变为现实。"③

---

① 《1957 年 11 月 17 日毛主席说："世界是你们的，也是我们的，但是归根结底是你们的。"》，http://cpc.people.com.cn/GB/64162/64165/72301/72320/5047765.html。

② 《三步走的发展战略目标》，http://news.cntv.cn/special/shiming/20110420/111904.shtml.

③ 《习近平在中国共产党第十九次全国代表大会上的报告》，http://cpc.people.com.cn/n1/2017/1028/c64094-29613660-15.html。

　　一代代领导集体对青年寄予厚望，要求中国青年必须树立为中华民族复兴努力奋斗的伟大理想和伟大梦想。正是这伟大理想和伟大梦想激励着中国青年百年奋斗，使中国民族显示出其生生不息的强大生命力。

　　理想和梦想的特有性质意味着，它必然对主体的行为起着深层的导向作用。五四运动以来先进中国人的信念、信仰、理想的一大特殊功能，就在于它们总是成为人们心目中价值判断的尺度，用以评量好坏得失，权衡长短轻重，使中华民族确定自己行为的方向、态度和方式；它也使个体有自己的理想。个体的理想是个体人生追求、精神寄托和精神动力所在。人们总是尽可能按照自己的理想去生活，有什么样的理想就有什么样的精神面貌和行为取向。同时，国家和社会也一定有自己的主导理想。一个社会的主导理想构成它所特有的文化、文明的精神实质和显著标志，是这个国家和社会赖以维系的精神支柱，也是社会决策的动机和目的之所在。正因为如此，理想在思想文化建设中往往占有核心和基础的地位。建设富强民主文明和谐美丽的社会主义现代化强国的伟大理想，激励中国青年不断追求，并维系着中华民族的团结与统一。

　　当前，正处在价值观念深刻变革时代。在世界上，东西方之间、传统与现代化之间、发达国家与新兴发展中国家和民族之间等不同文化和价值观体系的冲突，在国际生活和社会生活中表现得越来越明显，其影响也日益突出，正成为一个具有全球性、时代性的问题。建设富强民主文明和谐美丽的社会主义现代化强国，实现中华民族的伟大复兴这一空前伟大的事业，必然要求有一套与之相应的主导理想，作为具有高度凝聚力和推动力，为我们事业的成功提供有力的精神保证。这一切都告诉我们，正在走自己民族振兴之路的中国，必须确立自己的社会理想，切实加强主导理想的培养，以使我们在民族文化和人类文化发展的关键时刻，做出无愧于历史的贡献。中国共产党提出富强民主文明和谐美丽的社会主义现代化强国作为全党全国人民团结奋斗共同的理想和目标，确立了新时期社会主义价值观体系的核心和基础。

百年岁月，百年青春，百年梦想。共同的理想和追求，共同的文化和情感，是中华民族历经磨难而生生不息的强大精神支柱。自五四运动以来的历史表明，同一社会虽然可以有多个层次多元并存的思想价值体系，但国家层面的指导思想、理想信念、意识形态应当是共同的、一元的。这是一个社会保持健康、稳定、协调发展的保证。经过 100 年社会主义革命、社会主义建设和改革开放，我国社会经济成分、组织形式、利益分配和就业方式等日益多样化，人们的价值取向、道德观念、文化生活也日趋多样化。我们应该认识到这种多样化是社会进步的体现，承认这种多样化，推动这种多样化，发展这种多样化。与此同时，必须强调和坚持指导思想与主导价值的一元化，重视确立和巩固社会的共同理想信念，确立和巩固国家的社会理想，确立和巩固民族的精神支柱，使其成为实现民族复兴的核心价值。

志愿机制形成的社会机理

志愿服务已经成为中国社会极为普遍和广为人知的社会现象。人们为什么会把自己的时间、精力、知识自愿地奉献给他人、群体和社会？产生人们志愿行为的机制是什么？机制就是一系列利益、激励办法、制约因素或其他一些规定，它们引导人们去行为。志愿机制是人类发展理论的核心概念之一，它旨在解决志愿服务项目启动前如何动员人们参与其中和项目启动后如何保持志愿者不流失，为此，我们提出一个核心概念来解释这一机制："自我—社会满足感"。当前，我国经济社会发展进入新时代，厘清志愿机制的机理理应成为一个重要的学术话题。

重视志愿机制的意义在于：一是通过志愿精神的弘扬来淡化社会急速转型过程中过度"市场社会"内涵，提升发展的社会内涵，实现经济和社会齐头并进。面对社会进步中出现的各种问题和挑战，要重新审视社会资源的动员机制，以决定哪些是由市场机制动员、哪些是由志愿机制动员。否则，人类会把市场变成市场社会。在市场社会，市场经济将不再是实现人类福祉的手段，而成为人类生活的本身。二是在中国，志愿服务越来越成为一种有影响的社会现象，在志愿服务信息系统中实名注册的志愿者已经超过上亿人，参与志愿服务的社会成员逐年增加，全国各类志愿服务组织和志愿服务团体有 58 万之多，成为社会事业发展和推进社会治理现代化的重要力量；党和政府越来越重视志愿服务体系建设，党的十九届四中全会明确要求健全志愿服务体系，将其作为国家治理体系和治理现代化的重要内容。三是如果说，改革开放的前四十一年是通过完善市场经济体制来释放市场主体活力的话，那么，进入新时代，中国需要通过完善以市场为基础的经济所需要的制度完善来进一步提高生产效率，建立合理的利益格局，充分动员公众参与社会生活，通过公众参与使居民承担起更多的社会事务，减少政府在公共领域和社会领域的投入和负担，实现社会发展方式的根本转变。在中国这样一个世界上人口最多的国家搞现代化，如何使每个人都从发展改革开放中受益，最根本的办法是鼓励支持和创造条件使每个人参与经济和社会生活。社会领域发展的可持续性必须是全体社会成员的广泛参与，以及具备现代国家所需要的文化价值和社会行为规范。四是培育志愿机制，需要提升人们对志愿机制的认识。志愿服务是一种体现了社会活力的精神和行为，也是一个公民精神。在现代社会，社群的意志通过行为准则、民主、公众舆论、法律、法规公正无误地表达出来。在这样的环境中，生机勃勃、真正持久的共同体生活才能建立起来。"伟大时代呼唤伟大精神，崇高事业需要榜样引领。"① 社会要在榜样引领下，使每个社会成员都承担起社会的责任，建立起和谐的人际关系，创造友好的社会氛围，努力使志愿服务成为一种社会习惯，使志愿精神成为一种共同价值。当社会成员通过正式和非正式的途径参与志愿服务成为社会的主流，这就需要培育全体社会成员的共同理想、共同信仰和共同参与的意愿。五是当代中国，年轻家庭的房贷、工作上的加班加点、业余时间接送孩子、上下班的路途、对于手机的过于迷恋，等等，若再拿出一定的时间做志愿服务，是需要非凡的勇气和极大的进

---

① 习近平：《习近平谈治国理政》，外文出版社 2014 年版，第 165 页。

取心。若是志愿服务能够涉及与这些年轻家庭的日常生活密切结合，必定会是另外的样子。激发和体现利他主义的社会活动和社会项目一定要与时代发展密切结合起来才能够彰显出巨大的生命力和动员力。六是对志愿机制的深层次研究能够提升志愿组织的工作质量和志愿服务质量。志愿组织可以遵循志愿服务规律完善组织构架和进行制度建设，并设计志愿者喜闻乐见的服务项目。

二、研究现状和理论框架

（一）学术界研究状况及观点梳理

从 20 世纪后期，我国学术界就开展了与志愿服务的有关研究，大致可以分为，一是引进国际上志愿服务的理论和实践及经验；二是对具体领域志愿服务的学理研究；三是对实操特征比较明显的志愿服务技巧开展探索。从机理上研究志愿服务机制的成果还是不多见。在各类研究中，涉及志愿机制的论文一共有 29 篇，但它们中大部分并不讨论志愿机制问题，只有几篇研究志愿机制，主要聚焦在：一是志愿机制的地位和作用。[①] 二是志愿机制需要的制度环境。在操作层面，培育志愿机制需要理顺政府与社会的关系，发挥志愿机制在社会动员中的作用以及思想界对以利他主义为纽带的公共生活和社会秩序的意识自觉。[②] 三是资源配置需要双轮驱动，既要发挥市场机制配置资源的作用，也要发挥志愿机

---

① 傅小随：《论社会志愿机制及其承载的第三次分配》，《特区理论与实践》2017 年第 2 期。

② 丁元竹：《为什么志愿机制是可能的》，《学术研究》2012 年第 10 期。

制的作用；既要激发人们创造财富的热情，也要激发人们参与社会生活的热情。① 四是人们在讨论市场机制失灵时也讨论志愿机制失灵。从事社会治理和志愿组织研究的学者们把志愿组织发展归结为市场失灵；由于市场失灵，必须发挥志愿组织的作用。与志愿机制比较，学术界对市场机制探索的比较多，改革开放初期，经济学者和经济部门的政策制定者对市场机制进行了大量的国内外比较研究②，市场机制的生成机理已比较明确。中华人民共和国成立 70 多年来的经济社会发展也证明了市场机制在配置资源中的有效性，发挥市场机制在配置资源中的决定性作用写入了党的重要文件，社会主义市场经济体制成为我国的基本经济制度。

国外学者在这个领域研究较多，尤其聚焦于志愿服务动机的研究，美国佛罗里达国际大学（Florida International University）慧珍·邦（Hyejin Bang）和明尼苏达大学斯蒂芬·罗斯（Stephen D. Ross）研究发现，人们的志愿服务动机有多种，包括价值观表达、社区参与、人际交往、职业发展、个人发展、外在奖励，以及热爱运动，主要测量志愿者满意度的动机因素有三个：价值观表达、职业机会和对运动的热爱。③ 美国圣凯瑟琳学院吉尔·克莱里（Gil Clary）和明尼苏达大学马克·斯奈德（Mark Snyder）从功能角度分析了志愿服务动机，认为志愿服务具有实现某种价值、促进认知、提升心理素质、减少负面情感、促进个人职业和加强社会联系等功能。④ 包括凯伦·史密斯（Karen A. Smith）在内的来自新西兰、澳大利亚、美国的学者所进行的国际比较研究发现，年轻人参与志愿服务

---

① 丁元竹：《探索社会动员力量机制的着力点》，《中国经济时报》2012 年 8 月 15 日。

② 柳红：《80 年代：中国经济学人的光荣与梦想》，四川人民出版社 2019 年版。

③ Hyejin Bang, Stephen D. Ross, Volunteer Motivation and Satisfaction, https://pdfs.semanticscholar.org/57bc/d374bf289b02f99651d06adda4bdde4208f5.pdf.

④ Gil Clary, Mark Snyder, The Functional Approach to Volunteers' Motivations, https://generosityresearch.nd.edu/assets/13636/clary_snyder_volunteer_function_inventory_scale.pdf.

受到动机和利益的双向驱动。① 总体来说，国际上的研究主要是从三个方面来探讨志愿服务的机制，初级层次互助与自助驱动、中等层次的社会关系驱动和高层次的价值与信仰驱动。

国内外相关研究主要关注志愿服务自身机制，尤其是内在的动机，对于生成内部动机的社会环境考量较少。我们认为，系统研究志愿服务机制，必须梳理这样几个问题：第一，是什么机制激励人们不为报酬的前提下自愿把自己的时间、精力、知识奉献给他人？第二，它在什么样的内在和外在环境下会生成？第三，社会如何去建立和完善这样一个机制，以便动员更多的社会成员推动社会进步，更好激励和使用好志愿者这一重要社会资源？最大限度发挥志愿机制的作用需要什么样的边界条件？这些是我们研究的重点和突破点。

（二）理论框架

我们以马克思关于"人"的理论、吉登斯关于社会构成理论以及志愿服务的国内外经验作为分析框架，基于人是"经济人"和"社会人"相统一这一基本假设。

马克思关于人的理论为分析志愿机制提供了理论支撑。马克思在《〈政治经济学批判〉序言》中说，"人们在自己生活的社会生产中发生一定的、必然的、不以他们的意志为转移的关系，即同他们的物质生产力的一定发展阶段相适合的生产关系。这些生产关系的总和构成社会的经济结构，即有法律的和政治的上层建筑竖立其上并有一定的社会意识形态与之相适应

① Karen A. Smith, etc, Motivations and Benefits of Student Volunteering: Comparing Regular, Occasional, and Non-Volunteers in Five Countries, Canadian Journal of Nonprofit and Social Economy Research, Vol. 1, No 1 Fall / Autume 2010, 65–81.

的现实基础。"① 马克思从历史唯物主义理论出发来阐述人们的社会生活和社会关系。志愿服务作为一种社会动员和社会服务方式，同时也是一种社会关系模式。

社会构成理论为分析志愿机制提供了分析框架。英国学者安东尼·吉登斯（Anthony Giddens）认为，"任何一个个体都既定位于日常生活流中，又定位于他的整个生存时段即'寿命'中，同时还定位于'制度性时间'的绵延，即社会制度'超个人'的结构化过程中。"② 由此可以引申出这样的框架：人们首先在日常生活中存在和发展，日常生活是他们的基本社会活动。人们的日常生活，就每一个个体来说，又通过特定的社会规范予以约束。在这里，个体生活具有时空性，就时间来说，个体的行为规范源自他（或她）的社会化过程；就空间来说，个体的行为受制于他的社会网络、公共空间和公共活动。

志愿服务的国内外历史和经验为我们研究志愿机制提供事实借鉴。研究志愿服务理论需要本着"统之有宗，会之有元"③ 的思路来展开。宗是指会合，志愿服务理论是各种理论的综合：国内的和国际的，历史上的和当代的；志愿服务也是各种文化背景志愿服务的汇合，人类有交流就会有行为和文化汇合，国际上志愿服务理论的引入大大拓展了中国志愿服务的视野。元是指起源，任何一个民族的志愿服务都有其历史渊源。中国社会和中国文化造就了中国的志愿服务，因为有中国国情、中国社会和中国文化才有了中国的志愿服务。近代以来，各种思潮、观点和文化无一例外是在与中国国情和实际结合后才得以发展。中国的民族性决定了中国志愿服务的特点和理论特色。

---

① 《马克思恩格斯选集》第二卷，人民出版社 2012 年版，第 2 页。

② 安东尼·吉登斯：《社会的构成》，中国人民大学出版社 2016 年版，第 12 页。

③ 钱穆：《历史与文化论丛》，贵州出版集团、贵州人民出版社 2019 年版，第 76 页。

在上述理论和实践基础上，我们提出"自我—社会满足感"这一理论作为志愿机制分析核心框架，其逻辑机理包括：人类的共生性、伴生性决定了个体的自利必须通过共同体和公共生活来满足。这里，"自我"是指志愿行为都有志愿者自身的个人需要，利己或利他、自助或互助、自我或慈善；"社会满足感"是指志愿行为最终会使志愿者本人从社会共同体、公共生活、人际关系中得到认同而产生兴奋、愉悦、归属、社会、获得（知识）、① 幸福、贡献和舒适等感觉。个体通过社会生活、精神生活、个体的利己与利他主义本性、社会分化下的社会福利制度，在共同体和公共生活中获得"自我—社会满足感"，产生一定环境下的志愿行为。法国社会学家弗雷德里克·马特尔（Frederic Martel）所概括的文化志愿者是这样的，"从多个侧面看，文化义工接近于富有捐赠人的慈善行为，其动机经常是因为需要获得承认和社会地位"②。与"自我—社会满足感"对应的是"志愿服务动机的个性特征"和"社会认同"。"志愿服务动机的个性特征"是指每个志愿者参与志愿服务活动的动机是不一样的，每个志愿者都有内在个性；"社会认同"则是指志愿组织在其组织内部或组织外部通过各种方式（会议、媒介、教育奖励、物质奖励，等等）承认和认同志愿者的行为，使其获得激励，得到自己需要的东西，获得满足感。格劳里（Gloria N）、肯雅塔·艾格尼丝（Kenyatta1 Agnes）、扎妮（P. Zani）研究发现，人们自愿参加志愿服务有下列原因：获得学习机会并获得经验（51.1%）；受到同龄人的鼓励（18.8%）；以完成学校项目（16.7%）；寻求就业机会

---

① Gloria N. Kenyatta, Agnes P. Zani, An Evaluation of the Motives behind Volunteering and Existing Motivational Strategies among Voluntary Organizations in Kenya, Research on Humanities and Social Sciences www.iiste.org ISSN (Paper) 2224-5766 ISSN (Online) 2225-0484 (Online), Vol.4, No.23, 2014.

② [法] 弗雷德里克·马特尔：《论美国的文化》，商务印书馆 2013 年版，第 302 页。

（13.3%）。① 我们将围绕这样的一个框架对志愿服务机制的机理做出全面解释，建构一个较为基础性的志愿服务机理的"宏观结构"。

我们的逻辑建构是，避免简单地从理论上的利己主义或利他主义来诠释人们的志愿服务行为，而是以社会生活作为逻辑起点，进而从日常的社会生活切入利己主义和利他主义以及利己主义和利他主义在社会生活中如何重叠，再深入社会共同体和公共生活如何导致利己主义和利他主义的形成，最终用"自我—社会满足感"这一核心概念来解释说明志愿机制的形成。

三、日常生活中的"自我—社会满足感"

（一）社会生活的"自我—社会满足感"

个体要在参与社会生活并在与他人交往或团队活动中满足自己的沟通和情感需要，实现自己信念、信仰、价值取向，我们将其称为"自我—社会满足感"。第一，志愿服务形式与日常生活密切相关，并使生活具有人情味和人性化，诸如，在城市运行方面，有义务指路、文明引导、交通疏导等；在社区服务方面，有邻里互助等；在文化教育方面，有文化传播、法律及科普等；在绿色环保方面，有环保宣传及环保行动、环境污染的发现与改进治理等；在关爱服务方面，有帮助残障、老人、流动人口等弱势

---

① Gloria N. Kenyatta, Agnes P. Zani, An Evaluation of the Motives behind Volunteering and Existing Motivational Strategies among Voluntary Organizations in Kenya, Research on Humanities and Social Sciences www.iiste.org ISSN（Paper）2224-5766 ISSN（Online）2225-0484（Online），Vol.4, No.23, 2014.

群体等；在应急救援方面，有防灾救灾知识宣传普及，灾后紧急救助、危险应急救援以及相关心理干预等；在赛会服务方面，有体育赛事、展览及博览会、国际及国内的会议服务、政府及公益庆典等；在医疗卫生方面，有健康养生、禁毒防艾、医疗保健等；这些年来与时俱进，还发展出了网络志愿服务，等等，无一不是生活的组成部分。作为社会生活的一部分，志愿服务展示了一种基本的社会关系：第一，既体现个体对社会的贡献，也在服务中形成人与人之间的互动与交流。第二，日常生活中的一些志愿服务是通过非正式组织方式开展。在一些国家，非正式志愿服务不计算在志愿服务统计体系中。为了激励志愿服务事业和弘扬志愿服务精神，发展中国家一般把非正式志愿服务作为志愿服务的一种形式进行统计。根据调查，北京市非正式志愿服务在各类参与率中居首，占38.45%。20小时以下占49.77%。每一两周固定做志愿服务的占14.59%。节假日做志愿服务占18.04%。① 现实生活中，人们把节假日的休闲活动拓展到公民服务领域，把个人的休闲与公共生活联系起来，不局限于个人休闲，而将其作为利他主义的社会服务活动。第三，志愿服务参与社会生活能够帮助人们承受各种生活压力，提升生活品质。不同志愿群体组成的核心价值是基于群体认同。例如，一些经历个人人生中的重大事件，如生病、精神刺激、个人社会挫折，会在恢复或反思期间积极寻求社会团体的生活，包括参与志愿服务和社区生活，在这些生活中得到愉悦、放松和愉快，进而使身体、生活得到恢复，回归社会。人类需要社会生活，需要在公共领域中生活和获得自己需要的生活品质，私人领域不能解决人类所有问题。第四，除了日常生活的志愿服务活动，还有几种志愿服务方式与日常生活或多或少发生联系。一是单位组织参与志愿服务具有中国特色。很多人只有在单位组

---

① 参阅丁元竹等主编：《志愿服务指标体系研究》，清华大学出版社2018年版。

织时才参与志愿服务，这就是人们经常讨论的所谓志愿服务"灰色领域"。经过 40 多年的改革开放和发展，越来越多的人脱离单位成为社会人，但对相当一部分人来说，单位依然是最具归属感的组织。尤其对那些依然在工作的人们，工作单位依然是他们社会生活的主阵地，甚至一些离退休的人依然会回单位参加体育锻炼。这从另一个方面说明，社区建设还需要进一步加强。二是改革开放以来，国际上的志愿精神和志愿服务活动与中国的社区生活和社会组织生活结合起来，尤其是在 2008 年的北京奥林匹克运动会中，志愿服务的国际合作进入一个新阶段，国际合作推动中国志愿服务迅速发展。中国志愿服务通过与国际志愿服务有机结合，无论在项目拓展还是在理论研究中都有创新。历史和现实证明，交流和合作是志愿服务事业发展的重要推动力之一。尽管各国国情不一样，但在服务于人类事业中都有着共同的价值取向。三是应急志愿服务这些年得到较大发展，通常将其视为非常态的志愿服务。应急志愿者在重大突发性事件中的影响，尤其是在 2008 年汶川地震救灾中的作用大大凸显，受到社会的重视。有人将 2008 年称之为中国志愿服务元年。大量社会志愿者自觉组织起来参与救灾活动，在社会中产生了巨大影响，也引起了政府关注，并将其纳入政府工作议程——当时的北京市社会建设办公室设专题讨论如何开展社会动员，并在此基础上设计了社会动员试点方案和选择了一系列的街道社区开展试点工作。

约翰·格雷说，"人的需要有两种：一种是作为有生命的生物所固有的需要；一种是作为有理智的生物所有的需要。"① 这种"作为有理智的生物所有的需要"就包括社会生活的需要。传统的农业社会之所以能够生长出让滕尼斯流连忘返的社区生活，就在于它的相对稳定，在相对稳定的社

① ［英］约翰·格雷：《人类幸福论》，商务印书馆 2009 年版，第 10 页。

区中，人们相互认识、认同、帮助，产生归属感、认同感、地域感。一旦社会流动起来，一个人需要花时间在新社区扎根。居所的稳定性和居民参与公共生活之间的关系非常密切。经常迁居会导致社区纽带脆弱，居住人口频繁更换住所会导致社区的融合度降低，也会导致居民的安全感下降。稳定的邻里关系是社会生活的基础。

可以从市场经济和志愿机制比较中进一步分析志愿活动。市场经济或者在其之前的物质生产，个体为满足自己的生计必然会产生"利己"动机，人们不能单枪匹马来满足自己的"需要"，他（或她）必须与群体一道来面对自然，面对自己群体以外的其他群体，由此产生了而且必须有"利他"行为。这种与生俱来的东西，我们可以谓之"性"，即人性。人们满足自己的生计过程中的行为在远古和工业革命之前称之为谋生，在传统的乡土社会也将其称之为"谋生"，进入近代社会，尤其是进入工业社会，就成为"职业"。"职业"是组织化、制度化的谋生，与有组织谋生相连的是社会保障制度，后者在农业社会通常是由家庭和社区来安排的。有组织的企业与员工发生雇佣关系，为了维护劳动者的权益，在雇佣关系基础上产生形成了社会保障制度。志愿服务会成为社会保障制度的补充，是现代国家的制度安排。现代社会中，职业是人类社会生活的基础。但是，人生的意义和价值不在谋取生活，而在享受生活，这也就有了在职业活动之外的"闲暇活动"。闲暇活动通常是，人们交往交流、社会沟通，以及追求美的艺术生活和助人为乐的社会生活，这是人的社会性的另一面。

（二）志愿精神与"自我—社会满足感"

精神生活有两个方面的意义，一是人们内心的精神追求，包括志愿服务的激励机制；二是人们的精神生活本身，个体把奉献自己的时间、知识和精力于他人视为自己内心的满足。人们奉献自己的爱心总是伴随着使自己享有幸福的欲望，我们开始时称其为"自我—社会满足感"。

志愿服务行为是可见的，志愿精神通过志愿行为表现出来。志愿精神是个人对生命价值、社会、人类和人生观的积极态度，是积极的人生观。志愿服务是一种品质生活。不管各国之间文化有多大差异，把自己的时间、精力和知识奉献给他人是志愿精神的核心。习近平指出，"一种价值观要真正发挥作用，必须融入社会生活，让人们在实践中感知它、领悟它。要注意把我们提倡的与人们日常生活密切联系起来，在落细、落小、落实上下功夫。"① 这道出了志愿精神的深刻内涵。志愿精神基于个人对人类及社会的积极认知、对于社会发展的积极价值取向，而这种取向又来自个人的背景、教育和经验，也来自于社会环境的作用。人类社会要存在和发展，就必须有共同的价值目标和行为规范，并要求全体社会成员共同去维护和遵守之。

志愿精神既是社会认同过程，也是道德秩序。一方面，志愿服务不仅是人们的日常活动方式，是带有文化印记的东西。例如，中国文化的骨子里不缺乏志愿精神。中华民族历来就有扶贫济困、助人为乐的传统美德。中国传统文化中"先公后私""公而忘私"，无一例外地构成我国志愿者行动的文化底蕴。志愿者行动的最高理念在于自觉自愿。志愿者行动重在参与，依靠传统文化的再生力，凭借道德教化的感召力，志愿者行动在社会建设中展现中华民族的传统美德。另一方面，志愿精神是一种社会责任。人是社会的存在物，人要在社会中生活，就必须遵循社会组织为维持一定的社会秩序而建立的各种社会价值，其中诚实、承担责任是最普遍的、最广泛的、渗透性最强的社会规范。作为个体的人之所以必须从基本的社会价值出发，进行道德选择，是出于自身和社会生存与发展的需要。一个人

---

① 习近平：《习近平谈治国理政》，外文出版社 2014 年版，第 165 页。

能否得到社会和他人的认同和赞许，是人的一切利益中最基本的利益，而得到认同和赞许的关键，则在于个人是否有美德和具有社会责任感。社会责任感是培养人的道德品质和美德的重要途径，是满足人类生存和发展的客观需要。

中国志愿服务精神源自于中国文化历史演变和国际文化交流交融的内在逻辑。首先，与西方或世界上一些其他国家比较，中国文化中没有热烈的宗教情结，做人修身向来是从做人出发的，尤其是把修己作为文化核心，如钱穆所言，中国人做人之最高境界是道德与艺术。道德始于善，艺术始于美。这些都是身心健康发展的内在需要，他写道，"至于善与美之真是根据，则是人类心灵之真的内在要求，而不在宗教与哲学所信仰、所指证之外，在超越之无何有之乡。"① 由此也可以用来解释国人到年老后多把自己的精神世界转向人生哲理、绘画艺术之机理。其次，对中国文化讲修身齐家治国平天下就比较容易理解。先修己，而后治人，由自己的"小己""小我"推及"大我"；由个人的"己心"，有时甚至是"私心"走向人群的"公心"。这也是为什么孔子注重"为己之学"的原因。中国文化骨子里不乏志愿精神，只是它有自己的特质。

四、"自我—社会满足感"的利他主义和利己主义机理

诠释志愿服务活动必须从日常生活进入人们内心世界，由表及里。在哲学伦理学中，人们基于抽象的理论建构和价值判断，认为利己主义和利

---

① 钱穆：《历史与文化论丛》，贵州出版集团／贵州人民出版社 2019 年版，第 47 页。

他主义通常是对立的，非此即彼，甚至从人类本性上对其互相否定。人们用利己主义解释市场机制，用利他主义解释慈善公益等。在现实生活中，利己和利他交互在一起的，在逻辑上是兼容。

（一）利他主义的视角

人类理解自己存在的基本途径之一是体验。因为有体验，才有社会生活。现代志愿服务组织的发展，是历史上人类互惠制度演化和扩张的自发、自然历史过程。当代各种志愿服务，包括大规模组织起来的志愿服务是从古代开始，由小变大由简单到复杂，逐步演化过来的。J.G.弗雷泽在描述人类思维形成与发展的轨迹时指出，在古代，"巫术既可以用来为个人服务，也能为全社会服务，据此可将巫术分为个体巫术和公众巫术。其中，公众巫术地位举足轻重，如果他能够精明就能一步步成为酋长或国王。在未开化的野蛮社会，一些酋长和国王之所以赢得无上权威，主要是由于同时兼任的职能巫师能为他带来巨大声誉"①。这对于理解公共行为和社会行为极有启发意义。不管巫师们的动机如何，他们确实对社会发展产生了巨大作用，也赢得了社会的认同。

20世纪90年代后期，联合国通过提出关于志愿服务形式的分类，包括自主与互助、利他和慈善、治理、倡导与运动就反映了人类志愿服务进化的过程。互惠互利是人类的本性之一。历史和逻辑是统一的。从人类进化历史来看，志愿服务很有可能是人类在互惠基础上建立的合作方式之一。邻里互助历来是人们友好相处的价值遵循。当然，这里也包含了人们对优秀人物、社会精英的社会责任、义务和社会期待。那些愿意奉献社会的人们会在承担社会责任中满足社会的期待，受到社会的尊重，自己也会

---

① ［英］J.G.弗雷泽：《金枝》，重庆出版社2017年版，第23页。

感觉到社会的尊重。

利他主义是人类的本性之一。克鲁泡特金写道，"在人类道德的进步中，起主导作用的是互助而不是互争。甚至在现今，我们仍可以说，互助的范围，就是我们人类更高的进化的最好保证。"① 个体不能离开他人孤立生存，人们不仅追求索取，也谋求对他人的付出。当一个国家涌现出更多的慈善捐赠和更多的人参与志愿服务，那一定有它的体制原因、历史原因。如果全世界，不论地区、种族、文化、宗教信仰，都把志愿服务、奉献他人、公益事业等作为社会生活的重要选项，那一定有其人类本性的深层次解释。这种解释之一就是利他主义。从利他主义本性出发，人类在几千年的历史中不断扩大针对弱势群体的社会福利、慈善事业和志愿服务。利他主义，促进了社会合作，减缓了财富的分配不公和社会分化，扩大了公共领域，引导了资源在公共领域配置，还导致了政府对社会组织的支持和规制。

在人类的各种情感、利他和奉献行为中，父母与子女关系另当别论，不能等同于一般意义上的情感和人际关系。费孝通在谈到奉献他人的精神时，曾把这种精神称之为"宗教的热忱"，在他看来，这种宗教热忱不在于拜神，而在于一种为他人服务的信仰，他写道，"这种宗教的热忱实在维持着一切的社会制度。最显明的是家庭。若我们要讨取一个为什么父母肯为儿女当牛马，肯情愿把自己的享乐来分给他们的子息，肯不为自己打算，辛辛苦苦地工作劳顿的理由是复杂的。俗语所谓'想不穿'实在是维持着家庭的最大的势力。若是我们打着算盘说话，头脑冷静一些，看看穿，父母们都觉得为儿女当牛马是一件不公平的事，这一念之差，立刻会使家庭制度破坏到不成样子。这一个世界哪一处不安定在'想不穿'上，

---

① ［俄］克鲁泡特金：《互助论》，京商务印书馆2009年版，第27页。

唯其因为人们都想不穿，才有这世界，这'没有想穿'或'不去想穿它'认真地做人，就是宗教的热忱。"① 从这段表述我们可以看出两层意思，一是社会是以情感为纽带的，家庭成员自然不用说了。二是这"认真地做人"也是中国文化的基本内核，是对中国文化志愿精神渊源的合理解释，也就是罗伯特·帕克所说的制度背后的价值因素。罗伯特·帕特南（Robert D.Putnam）在《社会资本研究 50 年》中发现，"如果拥有更多的社会资本，如果每个人都可以相较于工作更多地关注家庭和个人生活，如果政府可以在保护环境和教育儿童上投入更多的资源，那么显然，这个世界会变得更美好"②。帕特南把个人的家庭生活和个人生活也作为社会资本的一部分。关心个人身体健康和心理健康是当代社会的一个重大问题，许多社会问题由此产生，没有引起社会和个人的足够重视，帕特南已经在提醒人们。另外，他把家庭视为一项重要的社会资本，家庭对个人的心理健康和身体健康极为重要，对孩子的成长不言而喻。健康的人生是从健康的家庭启航的。帕特南从个人和家庭找到了社会资本建设的源头。之前，他所想象的社会资本更具体体现为人们参与到社区生活和更多参与志愿服务活动、课外活动、校外活动，甚至包括到邻居和朋友家的娱乐活动。

利他主义曾有一个被遗弃的阶段性，例如，在工业革命以来的西方和在中国改革开放后的一个时期。20 世纪 80 年代曾经流传着一句话，"雷锋叔叔不见了"，现在回过头来看，当时"十亿人民九亿商"的局面，确实有值得反思的地方。"稻盛和夫（第二电信 DDI 创始人——笔者注）认为利他主义其实是资本主义发展初期的伦理规范，也正是它促进了资本主义的快速发展。而现在经济领域出现的诸多问题，正与利他主义这种资本

---

① 《费孝通全集》第一卷，内蒙古出版社 2009 年版，第 265—266 页。
② ［美］罗伯特·帕特南：《社会资本研究 50 年》，《探索与争鸣》2019 年第 3 期。

传统被人们遗弃有关。"① 当人们重拾利他主义，意味着资本主义伦理经历了一个否定之否定的过程。目前来看，这个否定之否定过程还在延伸，一些对近几百年甚至更长历史进行反思的思想和观念不断涌现。

（二）利己主义的视角

很多志愿服务行为在外在表达方式上是以利他主义展示出来的，但其内心却是出于利己的动机，志愿服务动机的复杂性也在此。阿马蒂亚·森认为，"在进化情境中，合作可能是更可取的，然而从理论上来说，在工业或商业背景中，自私策略是个人更可能采取的策略。但在实践中，人们总是采取各种合作策略，因为人们的观念中不仅有自己，也有别人；他们有集体观念，并想维持这种集体观念。换句话说，人们普遍具有不完全自私的生活伦理观。"② 一方面，个体的人会本能地维护自己的生命，但这使个体不能"独善其身"，它必须通过参与到既定的文化体系和与他人发生社会交往方能实现自己的生命延续。另一方面，个体一旦加入社会群体之中，便会将自己深深嵌入到社会规范体系中，并受着社会规范的约束。朱光潜写道，"人本是社会的动物，要见好于社会是人类天性。羞恶之心和西方人所谓'荣誉意识'是许多德行的出发点，其实仍是起于个人对于社会舆论的顾虑。"③ 这是一个"小我"与"大我"关系的建构过程。"大我"，也即群体组织的最大障碍是"小我"的私心。只有当让人们充分认识到社会的一切参与最终会使自己受益时，才会消除"私心"，从"小我"走向"大我"。

---

① 张邦松：《听稻盛和夫将以德服人》，《经济观察报》2010 年 6 月 21 日。

② ［英］彼得·沃森：《20 世纪思想史：从弗洛伊德到互联网》，译林出版社 2019 年版，第 934—935 页。

③ 朱光潜：《谈美·谈修养》，群言出版社 2014 年版，第 155 页。

人们认为利己主义是人类的本性。"按照托克维尔的说法，自私是人的一种古老本能，始终伴随着人类。"①当然它在世界的各个文化中的表现方式不尽相同，诸如基督教文化、伊斯兰文化、印度文化、儒家文化、非洲文化、南美文化，等等。梁漱溟先生说过，西方文化更注重物质，中国文化关注人与人之间的关系，印度文化纠缠于神与人之间。不能在一般意义上去讨论利己主义，必须把利己主义放在各个具体的文化中加以审视，这样才能看出各个民族的利己主义的特点。就人类本性来说，工业革命以来的市场体制建设和经济快速发展确实刺激了利己主义，这是近几个世纪以来世界经济快速发展的动力之一。"在人类占有欲、阶级爬升需求或仅仅是物质需求丰裕的驱动下，消费增长是现代化的一个不可避免的特征。"②马克斯·韦伯在其《新教伦理和资本主义精神》一书中指出，新教重视现世的物质享乐，既要苦修来世，还要腰缠万贯。"很多人把时间和精力都放在我们想要得到的东西上了。我们拥有的物质不仅占据了我们现有的生活，还占据了我们的思想。"③利己主义激发的人们对物质产品的巨大欲望是近代以来人类社会发展的动力之一。改革开放四十多年，从初期的物质贫乏到目前发展的不充分不协调，其中隐含着对于生产力发展的巨大需求，包括个体需求：市场经济体制激发了亿万人民的积极性和创造性。必须记住，利己主义和非道德偏好并不能完全实现经济资源的有效配置，社会满足感在市场经济环境下也是必须的要素。

利己主义不仅可以解释市场机制，也可以用来解释志愿机制。相对于市场机制，志愿机制更为复杂。罗伯特·伍斯诺（Robert Wuthnow）在研

---

① 秋风：《利己主义的魅惑》，《文化纵横》2010年第2期。

② ［美］莫尼卡·普拉萨德：《过剩之地：美式富足与贫困悖论》，上海人民出版社2019年版，第12页。

③ ［美］雷切尔·博茨曼：《共享经济时代》，上海交通大学出版社2015年版，第34页。

究了美国的小镇居民生活后写道，"志愿活动并不能让整个社区直接且平等地受益。虽然小镇居民把志愿服务活动看作是当地人值得赞赏的品格，但是，从他们对志愿服务所做的叙述来看，类似这样的活动所带来的好处是有选择性的。就像在一个较大的地方，居民们志愿去学校服务是因为他们的孩子在学校，志愿去养老院服务是因为他们年迈的父母住在那里，志愿去教会服务是因为他们自己的选择，去海外退伍军人协会薄饼早餐会做志愿者是因为这些有益于他们的老战友。"[①] 伍斯诺的阐述或许并不全面，尤其是忽视了那些带有慈善性质的志愿服务，但在某种程度上解释了志愿服务的部分动机，人们在志愿服务的过程中，或多或少要考虑自己的选择，至于这种内心选择是什么，则触及了人类的本性。

（三）制度化志愿服务的"自我—社会满足感"解释

20世纪以来，国家参与志愿服务动员，推动志愿服务制度化建设。回顾历史，志愿服务经历了自助和互助到制度化是有着其内在逻辑的。工业化、城市化和人口流动史无前例地把人类生活分成公共和私人两部分。在现代社会中，个体在公共和私人生活之间不断穿梭。生活的意义、价值、幸福感、获得感和安全感既要在私人领域得到实现，也要通过公共领域去实现。当家庭、社区和社会组织的善意和行为不能应对复杂的社会需要时，利他本性就从个体、家庭、社区和社会组织行为转变为政府行为，成为一种社会福利制度和社会服务制度。

现代政府要在利己主义和利他主义之间找到平衡。本杰明·雷德克利夫的这段表述把现代社会利益格局中的私人选择和公共选择说得很明

---

① ［美］罗伯特·伍斯诺：《小镇美国：现代生活的另一种启示》，文汇出版社2019年版，第426页。

确，"在现代福利国家制度之前，去商品化是由家庭和教会开展的，他们竭尽其有限的能力帮助弱势群体。诚然，这些机构提供的社会支持不稳定且水平较低，但他们为社会提供了情感上与精神上的支持，这显然超过了只有物质供应所带来的好处。由于提供社会支持并不是这些机构存在的原本目的——我们并没有强迫家庭或者教会照顾那些需要帮助的人，他们出于慈善之心自觉地承担了这一责任，于是催生了一种专门为帮助弱势群体的机制的出现。这种机制并不是把这一事业当作慈善，而是把它当作社会权利，这就是福利国家的制度。随着福利国家的发展，它代替了家族和教会，成为去商品化的核心提供者，并随之降低了那些机构的社会关联度。可以认为，这些机构与人们生活关联的减弱对社会有着不利影响，这体现了人们突然间很难找到生活意义之所在"①。这段话阐释了福利制度的产生过程，指出了福利制度的弱项。某种意义上，福利制度是利他主义的国家化和制度化。纵观各国历史和现实，市场体制在有的国家表现得好，在有的国家表现得差；在有的时期表现得好，在有的时期表现得差，这与政府的干预和福利体制的纠偏能力不无关系。就世界范围而言，人们不怀疑政府的作用，但对其作用范围和干预力度存在不同看法。大部分人承认，一个好政府是经济发展的必备要素。无论是社会活动还是市场活动都离不开政府的规制和保护，欧文 E.休斯指出，"所有的政府活动需要组织和人员——公共服务或市民服务"。②"毫不夸张地说，公共部门影响整个经济和社会。合同若没有法律框架保障，私人部门将陷入混乱。法规、税收、许可、基础设施、标准、就业条件都对私人部门的决策产生影响。政府提

---

① ［美］本杰明．雷德克利夫：《人类幸福的政治经济学》，北京大学出版社 2018 年版，第 69 页。

② Owen E. Hughes, *Public Management and Administration: An Introduction*, Palgrave Macmillan, 2003, pp.71-72.

供公共服务使公共消费成为可能，后来发生的公共领域扩大也是在这个基础上进行的。公共部门在决定真正的生活标准方面发挥决定性作用，这些标准使人民依赖于政府的服务质量，包括教育、卫生和医疗、社区服务、环境、公共交通、法律和秩序、城市规划以及福利服务——至少是大量消费的物品和服务。"① 没有政府的参与，整个社会、社会组织和慈善事业也将陷入无序状态。政府为市场和居民社会活动提供框架和范围，有时也会干预市场的正常运行和正常的社会生活秩序。政府在社会事务中的作用越来越强大，主要是因为社会事务越来越复杂，单靠社会和市场解决不了面临的社会问题。但这并不意味着政府可以取代志愿组织和市场单独来处理社会事务。政府行为是一种行政行为，不同于志愿行为。社会福利更体现为法定的政府行为，它始于政府对人们的社会权的保护，也是政府作为纳税人的代表来提供集体的社会服务。

志愿服务不仅作为社会资源来补充国家社会保障制度的不足，也扮演着私人和公共部门之间的中介机构角色，它把私人和公共生活链接起来，诸如邻里、社区、慈善组织、志愿组织等，赋予私人生活和公共生活更多的"社会"意义。各国政府在建立和完善福利体系的过程中，与慈善事业一道，把志愿服务纳入其中，英国著名经济学家威廉·贝弗里奇毕生致力于社会保障体系建设，在他构想的新福利国家里，志愿活动是不可或缺的组成部分。第二次世界大战之后，发达国家纷纷建立自己的福利体系，一开始是政府单打独斗，后来发现必须依靠社会组织和志愿者，如加拿大。福利体系是现代国家的重要制度安排，在人类对福利要求越来越高，政府提供的标准不断提升情形下，若不动员类似志愿服务等非资本化的资源参

---

① Owen E. Hughes, *Public Management and Administration: An Introduction*, Palgrave Macmillan, 2003, pp.71-72.

与，已经持续一个世纪的社会福利体制将面临严重资源不足。

政府福利制度是代表全体纳税人履行职责。而慈善和志愿服务大部分而言是指个人行为，是个人基于自己的意愿把自己的财产、时间、精力、知识奉献给社会的行为，它仅代表个人的意愿和行为。在这个意义上，社会福利和慈善与志愿服务形式上是有区别的，但本质上没有区别，本质上都是人类的利他行为，前者是全体社会成员的意愿通过政府去实施，后者是个人意愿通过自己来实施，二者都是健康的社会的基本要素。现代福利制度主要是基于不平等现象来对那些需要帮助的人们实施的慈善活动，只是它不是通过社会组织或者个人来实施，而是通过政府来实施，是更加制度化的慈善活动。1929年至1933年世界经济危机后，美国政府采用了约翰·梅纳德·凯恩斯（John Maynard Keynes，1883-1946）扩张公共领域的办法促进经济增长和推动社会公平，其中包含了对志愿服务发展的推动，这个时期的美国公民服务迅速发展。进入20世纪下半叶以来，各国政府通过制度化的福利制度和社会治理制度把志愿服务纳入到社会保障和社会治理体系中，使之成为国家福利体系和社会治理制度的重要组成部分。

2019年11月，党的十九届四中全会通过的《中共中央关于坚持和完善中国特色社会主义制度推进国家治理体系和治理能力现代化若干重大问题的决定》要求"健全志愿服务体系"就是要求把志愿服务纳入国家治理体系和治理能力现代化，为中国志愿服务发展指明了方向，是建设现代国家制度的重要内容。

（四）利己与利他的个体自我复杂机理

各种文献中分析利己主义和利他主义的缺陷之一是，忽视了个体自我之复杂特征，亦即作为个体的"我"的复杂性。费孝通在晚年说过，"在诸多'我'中，有些'我'是看得见、摸得着的，是可以公开说清楚的，但这部分'我'很有限，每个人都有很大一部分'我'，只在心里，讲不出来，这部分'我'实际上是公众之外的'我'。这部分'讲不出来的我'，常常是自己也不知道的，自己日常的生活、工作、举止言谈、社会交往等等。"① 在后来的阐述中，费孝通把人们的"我"分成了"讲得出来的我""讲不出来的我"和"不想讲出来的我"。"讲不出来的我"在某种程度上是人们的习惯使然，是一种不自觉的行为。而"不想讲出来的我"是人们出于对自己和对社会关系的各种考虑不愿意说出来的东西。志愿服务动机是人们内在的心理过程，志愿服务活动是结果。结果和动机并非总是一致。理论上，人们可以通过结构去猜测动机。利他行为未必就是由利他动机驱动的，慈善和志愿服务的动机极其复杂，是公共领域研究和志愿者服务研究中的世界难题之一。在定量研究中，非常难以把志愿者的动机说清楚，主要是涉及作为志愿者的调查对象是否说出来自己的真实动机。有的志愿者参与志愿服务可以说是自己愿意奉献社会，实际也确实奉献了社会，但就其本意来说，可能是为了寻找个人的发展机会或者是满足交友等方面需求。志愿者动机的复杂性决定了其动员机制的设计难度。在中国文化意境下，人们讲面子，面子有时会掩饰人们的真实动机和真实想法。把个体的利己、利他、面子等诸因素综合起来，方可进一步理解志愿服务行为及其激励机制。文化分为不同类型，不同文化背景下的志愿服务的动机不一样，有宗教的，也有非宗教的，还有其他的，这是把握全球志愿精神和志愿服务的重要视角。各个国家给志愿精神赋予自己文化上的含义。无论如何，人类都希望在甜蜜、美好、和谐中生活。

整体而言，利己主义和利他主义是可以实现共同发展的，并协同

---

① 《费孝通文集》第十六卷，群言出版社 2004 年版，第 162—163 页。

驱动志愿行为。在个体内心存在"三我"的环境中，个体的志愿服务行为与社会共同体和公共利益目标是一致的，但是个体动机就未必是一致的。

五、自我—社会满足感生成的社会机理

通常，哲学或伦理学意义上的利己主义和利他主义是以对自然人为分析单位的。实际生活中，利己主义和利他主义的交互作用是通过社会共同体和公共生活完成的。人们之所以会在理论上造成利己主义与利他主义之间的对立，主要是缺少对两个因素的分析，即社会共同体、公共生活。日常生活中，具有利己和利他本性的个体在什么环境下会把自己的时间、精力和知识奉献给他人或社会来实现自己的"自我—社会满足感"呢？我们认为，"自我—社会满足感"的生成机理包括加入社会生活共同体和参与公共生活。

（一）社会共同体

参与群体活动会使人们感到骄傲、满足、兴奋、交友、归属，等等。① 建立良好的人际关系是志愿者们的目的之一。人类在长期演化过程中形成了共生和伴生关系，即共同体。有研究发现，志愿者的参与对保持与个人收益、志愿组织内部关系以及志愿者与同伴之间的关系极为重

---

① Maggie Wenthe, Why Community Involvement and Volunteering Make Better Employees, https://www.itagroup.com/insights/community-involvement-volunteering-make-better-employees.

要。① 基于利益交集的共生与伴生形成合作和凝聚力。在共同体中，个体的存在和发展取决于共同体的命运。社会共同体具体体现为家庭、社区、社会组织等。家庭是建立在个人相互亲密熟悉基础上的。感情、习惯、理解和传统习俗使人们可以成为生活共同体。在现代资本主义出现之前，共同体，尤其是家庭和社区，在社会生活中发挥着主要的作用。近代以来，一些国家失灵的市场经济体制和个人主义极端化，击碎了传统意义上的共同体，个体主义取代了集体主义，原子社会的组织形态替代了共同体。

社会共同体也是人类本质的表现。在马克思看来，"人的本质不是单个人所固有的抽象物，在其现实性上，他是一切社会关系的总和"②。这是我们理解志愿服务机制的理论基础之一。可以把个体视为"小我"，把群体视为"大我"。"小我"和"大我"是相对的，不断变化的。历史上的"大我"从家庭开始到社区。早期的人类社会，家庭作为处理和解决社会事务的单位，具有"大我"的功能，随着政府在公共领域中承担的责任越来越多，家庭作为"大我"的角色就发生了变化。进入工业化社会，政府似乎承担了全部或部分的"大我"角色，随着社会组织的发育和发展，社会组织也在承担起"大我"的角色，作为社会问题的处理者出现于公众生活。互联网将这种变化加速了和扩大了。斐迪南·滕尼斯（Ferdinand T?nnies，1855—1936），这位通常意义上的"社区"思想创立者（其实，在他之前，英语世界在十六七世纪就已经提出了这一名词），滕尼斯在少年时代曾经生活在德国乡村的一个大牧场，每天晚上都会有许多邻居或朋友到他的家里来聚会，其乐融融，热闹之程度可以想象。这给滕尼斯留下了终生难忘

---

① Lok Ping Wong, Wing Hong Chui, corresponding author and Yan Yuen Kwok, The Volunteer Satisfaction Index: A Validation Study in the Chinese Cultural Context, https://www.ncbi.nlm.nih.gov/pmc/articles/PMC3166136/.

② 《马克思恩格斯选集》第一卷，人民出版社 2012 年版，第 135 页。

的印象。童年的记忆总是让人流连忘返。后来随着工业化和城市化进程加速，他和他的家庭搬到大城市生活，城市的社会规范、人与人之间的隔阂都深深影响了滕尼斯，他的"社区"与"社会"或许就是对这种具有明显地域性生活的反思和理论化。在这一点上，滕尼斯和帕特南没有什么根本的区别，他们都强调了社会共同的机理和价值。

不同文化意义下的"小我"与"大我"具有不同内涵。例如，在宗教影响下，印度传统文化更加注重精神生活，而不是物质生活。在印度，在物质生活上的攀比心理没有那么严重，而且大部分印度人还有一种扶贫济困的心态。不同国家有着不同的社会资本形态。社会结构与价值体系密不可分，经济体制有社会体制做其背后的支撑，如本杰明·雷德克利夫所说，"还有我们称为'社会结构'的事物，它要求生活内容不仅包括生产和交易，还包含个体之间超越私利的联系。这种观点恰好与撒切尔夫人的观点对峙，她认为社会的存在取决于对市场独自支配人类生活的程度的限制。这种设想只有在市场从属于民主原则时才能实现；反之则行不通"①。撒切尔的观点体现了西方文化理念以及西方人重物质的理念。人们通常所讲的社会资本在某种意义上也是公共领域的一部分。"社会学家特别迷恋'社会资本'的观点，是因为个体对社会网络融合所带来的人际信任和互惠主义的常态化。大量证据显示，这种社会'联结性'与更高层次的精神幸福和物质幸福有关。"② 人们的幸福感多半不是因为物质上得到多大的满足，而是在社会关系所处的位置和公平正义得到多大体现，这正是志愿机制的社会共同体机理。

---

① ［美］本杰明·雷德克利夫：《人类幸福的政治经济学》，北京大学出版社 2018 年版，第 83—84 页。

② ［美］本杰明·雷德克利夫：《人类幸福的政治经济学》，北京大学出版社 2018 年版，第 84 页。

一旦把利己主义和利他主义都视为人类的本质，做事的方式就会发生根本的变化：一方面，激励人类通过获取自身的利益来创造财富，另一方面通过利他主义的激励来鼓励为他人服务。"爱因斯坦提出人类有两股主要的'内驱力'：其一是'私人化'或者自我本位，他鼓励一个人'保护自己的存在'和'满足私欲'；其二是'社会化'，他鼓励'从（一个人的）同伴中获得认同感，分享欢乐，排解忧伤'。两者显然都是存在且必要的，而且'它们具体的结合方式决定了个体能够实现内在平衡的程度。'"① 个人的生活水平和生活质量取决于他（或她）如何在"私人化"和"社会化"之间平衡，只有这二者实现平衡了，个体才能过上幸福的生活。包括福利制度在内的公共领域提高了生活水平和生活质量，减少了在市场竞争失败中产生的恐惧，提升了人们安全感和幸福感，促进了生活中人们之间亲密关系的形成。

现代意义上的社会组织在试图摆脱"行政化"上下了很多功夫，但是，它们总是与行政系统有着千丝万缕的联系。如同现代意义上的社区建设一样，政府和社会组织面对的是一个日趋复杂的社会，工业化和城镇化、人口规模扩大、社会事务暴增等，人们很难再回到传统意义上的社会组织和社区组织状态，但在走向"亲情性"和"社会性"方面，社会组织和志愿组织依然有很大的拓展空间，它们会形成居民对公共决策形成新的影响，铸造制度化的参与空间。国家福利制度可以使更多的人享受较高水平的生活，改善生活质量，提高了社会安全感，也带来了社会情感方面的缺失。因此，建设一个柔性的社会体制比建立一个硬性的社会体制的成本要降低很多。柔性的社会体制是"社会"治理为基础的，其力量源自社会成员的

① ［美］本杰明．雷德克利夫：《人类幸福的政治经济学》，北京大学出版社 2018 年版，第 80 页。

群策群力，社会以自身的自组织和社会规范来约束社会成员，不是简单依靠政府和技术的强行管理。硬性的社会体制是以"政府"治理为基础，其力量源自政府的组织动员，源自巨大公共财政和行政体系，这是各国社会治理未来面临的重要选择：选择的成本低和有效的治理，在其中，志愿服务发挥重要作用。

（二）公共活动

个体需要通过公共生活满足自身的需要，形成公共活动，得到社会认同。公共活动是基于共同利益的个体一道实现公共目标的活动。不论是传统社会还是现代社会，都会出现在市场以外的公共领域。当然，不同的人对于公共领域的理解是不一样的。有学者将公共利益理解为，"'公共'是很多人的综合（integration）是'大我'理念。共享、共有、共同的公共利益（common good）是否存在？……相对而言，公共利益就不是私立的妥协，而是'独立'于私利（但不一定'对立'于私利）和'超越'私利的整体性综合利益。也就是中国的小我、大我之利。"① 在中国传统文化中，人们常用"小我"来替代"大我"，是"大我"为"小我"，尤其是在乡土社会。"公共利益"首先需要"小我"做出奉献和牺牲，奉献和牺牲自己的时间、精力、智慧来服务"大我"，其中，他（或她）得到"大我"的支持、尊重、信任，以及广泛认同，"小我"在服务"大我"的过程中自身的利益也得到了实现。公共利益着眼于需求一致的利益，有自己边界。大部分情况下，社会成员的大多数既不会完全自私，也不会完全忘我，他们是需要相互兼顾的。完全自私的个人在社会生活中不可能长期持

---

① ［加］梁鹤年：《西方文明的文化基因》，生活·读书·新知三联书店 2014 年版，第379 页。

续下去；完全忘我也是一样，一个人不能把自己一生的时间全部用来做志愿者，因为他（或她）需要生活，需要养家糊口，但可以在一生中一段时间里把自己的时间、精力，甚至知识奉献给他人或社会。社会也不能祈求一个人一生不间断地做志愿者，除非他（或她）已经衣食无忧。在任何一个社会，为了大我，忘却小我的人，其品质都是难能可贵，令人钦佩的，不论他（或她）忘我了多少，忘我了多长时间。"小我"（自我）通过志愿服务把自己纳入公共生活，推动社会发展，实现自我满足。一个大学生想通过参与志愿服务获得人际交往、扩大生活圈子、为将来就业做准备，这是志愿服务过程中常有的现象，志愿组织接纳了他（或她），这个大学生圆满完成了志愿组织安排的任务，他（或她）个人的目的也实现了，这是一个"自我"和"社会"双赢的过程。志愿组织无须"控制"或"知晓"志愿者的动机，因为他（或她）无害志愿服务活动的开展，但是，志愿者必须接受志愿组织的目标、任务、组织、纪律等要求。学者或者希望知道志愿者的动机，那是可以通过统计方法获得一些概然的知识，在当代，或许大数据也可以帮助完成这样的任务。

公共利益及其产生的问题必须由人来解决。"公共问题不是孤立存在的，也不会自动发声。公共问题得有人辅佐推动，有人操持经营。公共问题是那些为之奔走，向公众解释并阐述其严重性的人们建构出来的。"① 这个建构过程就是公共活动。我们看到的那些提出公共问题的通常由社区的某个人倡导，社会组织的某些人，以及有人文情怀的知识分子，他们各有特点，动机各异。他们提出的公共问题能否得到公众的响应，取决于个人的能力、组织的影响，以及他们调动资源的多少。关键还是他们提出的问题是否关系大众的利益，这是成为公共问题或公共议题的关键。在中国，

① ［法］柯蕾：《公众参与和社会治理》，中国大百科出版社 2018 年版，第 55 页。

面对一些公共问题，著名学者、退了休的官员参与其中，并产生了巨大的推动作用，这与他们的人文精神、个人能力都有关系。国际上也不乏其人，美国前副总统阿尔·戈尔就是利用自己的政治经历来积极推动保护环境，当然这其中必定充满了人文精神。阿尔·戈尔的《倾斜的地球》以及后来他拍摄的一系列关于环境生态的影片，确实在那些关心人类可持续发展的人群中产生了共鸣。

公共活动中，志愿者得到参与者、服务对象的认同（recognition）、尊重（respect）、接纳（community）、装备（equip）、感激（thanks）、理解（understandings）非常重要，这意味着在公共活动参与中，志愿者的奉献得到肯定、认可、欣赏、尊重和理解，在其内心产生满足和舒适。

个体的利己和利他本性通过社会共同体和公共生活有机结合，在社会共同体和公共生活中以不同程度和不同形式表现出来。至于人们的"自我"如何表现，则取决于个体的"我"的自身状况和社会共同体和公共生活状况。这样，我们在理论上把"自我—社会满足感"解释清楚，对志愿机制做出了明确的诠释。它要求，在制定志愿服务政策过程中，必须充分考虑个人偏好，关注志愿者的"自我"需求。

志愿服务是社会共同体内的公共生活方式，它以公共活动为基础，以社会共同体为边界，发挥"社会满足机制"在社会中的激励作用，我们将其简称为"志愿机制"。人类具有志愿行为的本质或者叫做本质属性，如何让这种本质性的东西展现出来？需要制度和习惯。志愿行为的制度环境至少应当包括，建设良好的社会共同体，形成公平的利益格局和让社会成员轻松自如地参与。合理的利益格局和公正的社会关系会调动大部分社会成员的积极性和创造性。社会进步必须加强顶层设计。顶层设计不是理论，而是操作，不是口号，而是现实。让志愿服务成为社会习惯、全社会的共同偏好和个人习惯，需要利己主义和利他主义的协调并进，需要社会生活、公共生活、社会共同体。培育志愿精神对抑制传统社会遗留下来的"私"和市场经济中的"市场社会"倾向极为重要。

培育志愿机制需要做三件事情；

事情之一：倡导奉献精神、社会服务精神和服务于人类福祉的精神；团结合作、参与积极有意义的社会生活；培育感恩之心；

事情之二：建立和完善社会的评价机制来提高全体社会成员的参与公共事务热情，不断完善社会共同体，扩展公共生活，开展公共活动，衡量个人对家庭、社区的贡献，和他人的关心帮助；

事情之三：动员更多的社会成员参与志愿服务，激励措施非常重要，必须重新定义成就，消除仅仅视经济成功和财富多寡来评价个人和群体的成就观，拓展生活中的"好"的含义；把关注社会，关注人类面临的重大问题，有担当，有情怀，有情操，有格局作为评价"好人"的标准。

对于人类本性的误解使经济问题的思考带有致命的缺陷，这是造成当代经济问题的深层次原因。一旦对这个问题有了清醒的认识，就必须摈弃对人类本质的单一尺度的解释，代之而起的多尺度的视角，创造一个推动社会进步的机制。把激励方向把握好了，让自愿志愿发挥作用，坚持公平正义的原则，不断改革创新社会体制，是繁荣志愿服务事业的基本路径。

我们需要深刻理解这句话的内涵，"'我们生来便不只是为自己而活着；我们的国家、我们的朋友都和我们息息相关。'21 世纪正需要我们承认这一担当。"[1] 国家或社会只有了解社会成员的内在动力并满足了他们的心理愿望，才有可能把更多社会资源动员起来去建设一个更加美好的社会。

---

[1] ［南非］伊恩·戈尔丁、［加］克里斯·柯塔纳：《发现的时代：21 世纪风险指南》，中信出版社 2019 年版，第 290 页。

鼓励开展青年服务

　　最近，中央组织部等七部门联合发文，要求引导高校毕业生到城乡社区就业，助力完善城乡社区治理体系，提升社区治理能力。引导高校毕业生到城乡社区就业，需要尽快完善各项配套政策，将其纳入到统筹经济发展与生态环境保护、基础设施建设与人力资源配置、城市建设与乡村振兴、公共服务与社会治理等国家战略中。要长计划短安排，使有文化、有知识、德才兼备的高校毕业生成为我国基层建设和乡村振兴的生力军和社会主义现代化建设的重要力量。我们讲的城乡社区就业是指有偿地安置性就业。

　　除了引导高校毕业生到城乡社区进行有偿的安置性就业外，推动青年服务也可以成为当前缓解就业压力的选项之一，我们将其称为无偿的为再就业做准备的青年服务。换句话说，青年服务是指应届高校毕业生和其他青年在一定时期内通过政府或由政府认可的组织、部门奉献自己的时间和精力，不索取报酬或只要很低补偿的服务活动，具体说来它具有下列特点：青年服务通过项目方式或通过组织提供服务，诸如通过政府部门、社区或社会团体等；它需要应届高校毕业生和青年人有实质性承诺；参与青年服务工作的高校毕业生把自己的时间、智慧贡献出来，用于生态环境保护、基础设施建设和社区发展；服务有一定期限，具有志愿服务性质，但不是偶尔的志愿服务活动；政府或有关部门对参与者给予最低货币补偿，仅限于生活，不属于有偿的安置就业服务，服务期满可以就业或继续升学。青年服务与就业的不同之处在于：前者的价值不完全通过货币价值体现，而是通过其他方式来计价，比如服务者获得自我满足、获得经验、在服务活动中建立社会联系等，这样，至少使那些暂时不能就业的学生不因居家滞留太久而与社会疏离，不造成专业生疏和脱离社会等现象。

一、充分认识组织高校毕业学生开展青年服务的重要意义

2020 年疫情造成的应届毕业生就业消化可能需要几年时间，或许会延伸到"十四五"规划中期，对此要通盘考虑。尽管相当一部分应届毕业生家庭可以资助子女生活和支持其居家待业，但从社会发展，尤其从学生个人成长和社会资源有效利用考虑，及时把应届毕业生组织起来，参与到经济社会建设中，事关未来、事关国家长治久安。

（一）缓解疫情造成前所未有的就业压力

2020 年经济下行压力增大，居民就业和收入受到不同程度影响。一是长时间社会疏离，居民消费不充分，多数企业开工不足，新增订单减少。二是中小企业经营困难带来大量劳动力就业难，城镇失业率已达到 6%。2020 届 874 万高校毕业生面临企业招聘需求紧缩的挑战。三是 2020 年财政增收压力增大，财政支出和收入之间有较大缺口。四是因居家办公和待业等情况，很多人薪资减少，我国首次出现改革开放以来居民可支配收入下降局面。

（二）为乡村振兴提供新生力量

乡村振兴是党的十九大报告提出的重要战略思想。乡村振兴需要年轻一代参与。不过，因实际情况不同，年轻一代参与的方式会不一样，需要具体分析。中国目前的村庄大致可以分为三种类型：第一类是城郊型农村，这样农村中的青壮年人大部分在城市或郊区开发区就业，往返于城郊之间，农村中剩下的多是老年人，我国这样的村庄大约占10%，未来必将成为城市的一部分。这类村庄的基础设施建设、公共服务布局、基层治理安排另有特点，需要青年人的参与，也需要做出具体安排。第二类是边缘村庄，青壮年劳动力基本转移出来，大多是空壳村，老年人将来或迁移出去，或者终老在村子，几十年后这样的村子将不复存在，我国这样的村子大约占60%。这类村子不需要全面考虑基本公共服务布局，只需解决临时服务需求，这些服务需求安排一定数量的青年人参与其中，使其逐步顺利实现过渡。第三类是中心村，这类村子随着产业发展逐步聚集人口、服务设施，成为新的城镇中心，我国这类村子大约占30%。这类村子目前已经吸引大学生返乡，如果再安排一定数量的青年服务，会加速其城镇化建设进程和推动基层治理水平提升。例如，这几年安徽省合肥市率先启动村庄分类工作，包括集聚提升类3896个、搬迁撤并类7169个、城郊融合类729个、特色保护类95个、其他类5682个，各项分类工作在2019年底已经基本完成，进入报批程序阶段，2020年底将完成各类村庄的国土空间规划布局规划工作。随着这项工作的推进，大量基础设施建设、公共服务等领域需要各类专业人才，这将为应届高校毕业生就业和开展青年服务提供机会，要及早安排，未雨绸缪。

（三）满足城乡基层治理创新所需人才

把应届高校毕业生充实到社区服务企业、社区公共服务组织、社会组织，是新时代我国城乡社区治理体系和公共服务体系发展的需要。我国城乡社区公共服务和乡村振兴需要大量有文化、有知识、德才兼备的人才。习近平总书记指出："治国安邦重在基层，党的工作最坚实的力量支撑在基层，最突出的矛盾和问题也在基层。"一是基层治理和基层服务是国家治理体系的基石和末梢。"治国犹如栽树，本根不摇则枝叶茂荣"。历史经验证明：治天下，不如安天下，安天下，不如天下安，要充分发挥青年在基层治理中的中坚作用。二是经历 2020 年抗击疫情，基层在应对突发事件中的基础性作用越来越凸显。抗击疫情中，北京、上海等城市的技术企业推出支持基层抗击疫情智慧治理和服务系统，大大提高了基层治理和服务水平，未来基层智慧治理是发展方向，需要增强基层干部的治理水平和服务能力，这一方面要对基层干部加强培训，另一方面要引进新人，尤其是引进懂技术、有文化的年轻人；广大青年志愿在抗击疫情斗争中，身先士卒，不分昼夜，通过服务社区、服务公共卫生机构，为抑制疫情做出了自己应有的贡献。三是从实地调研情况看，基层公共服务和社会治理需要加强人力配置，例如，一些地方的村级综合性文化服务中心缺乏真正的专业人员，且其中部分人员又经常被抽调从事其他工作，加上待遇不高、工作任务重，导致基层思想文化阵地作用不能有效发挥。

二、实施青年服务的可行性与现实性

（一）大学生志愿服务西部计划

21 世纪初期开始，国家实施大学生西部志愿服务计划就带有青年服务的性质和特点。2003 年，根据《国务院办公厅关于做好 2003 年普通高等学校毕业生就业工作通知》和《全国高校毕业生就业工作电视电话会议精神》，由团中央和教育部组织实施大学生志愿服务西部计划。该项目本着公开招募、自愿报名、组织选拔、集中派遣的原则，每年招募一定数量的毕业大学生到西部工作，财政部、人社部给予相关政策、资金支持。该项计划从 2003 年开始实施，每年招募一定数量的普通高等学校应届毕业生或在读研究生，到西部地区的基层部门进行为期 1 ~ 3 年的志愿服务活动，服务领域覆盖教育、卫生、农技、扶贫等，服务地区多达 22 各省市自治区。这项工作紧紧围绕党和国家大局工作、国家实施西部大开发战略，结合各地具体实际，充分考虑毕业大学生的个人愿望，组织项目实施，取得重要成效，既锻炼了年轻人，也推动了西部地区发展。实践证明，在当前开展一定程度的青年服务是完全可行的。

（二）乡村文化建设的积极探索

近年来，各地在乡村振兴中发挥志愿服务的作用也为青年服务提供了借鉴，说明开展青年服务在广袤的农村可以大有作为。在 2020 年 6 月的实地调研中看到，安徽省潜山市的志愿服务在振兴乡村，提供优质公共文化服务充实留守老人和留守儿童"农家书屋"的精神文化生活中发挥了重要作用。一是在 16 个乡镇文化广播站和 164 个行政村建设"农家书屋"，配置适应老人和儿童需要的读物。二是在 16 个乡镇文化广播站和 164 个行政村设置 1 个以上的文化活动室，为老人和儿童参与社会生活搭建公共空间，老年人和儿童可以在其中看报、下棋、打球、跳舞，满足社会交流、交往、休闲需要，大大拓展了他们的社会空间，不因其留守而孤独。三是开展老人和儿童喜闻乐见的文体活动，如黄梅戏、舞蹈、小品等，组织为留守儿童服务的文艺会演和体育赛事。在开展上述活动中，潜山市招募志愿者做文化辅导员，使各项活动得以开展，志愿服务活动得到了广大居民的普遍认同。

三、青年服务的主要任务及服务领域

（一）主要任务

基于当前疫情面临的问题和疫情之后可能出现的情况，青年服务的主要任务是：一是提高人民士气。战胜疫情带来的冲击，需要采取经济措施，也需要鼓足人民的士气。提高全体人民的社会责任感在任何一个历史紧要关头都至关重要。信心比黄金更重要。二是通过青年服务项目把毕业后就业难的高校学生、返乡青年农民工、城市待业青年组织起来，参与乡村和城市基础设施建设、植树造林、社会治理和公共服务等，使他们参与集体活动和社会交往、交流活动，不因经济下行和就业难闲置家中，造成社会疏离，甚至带来社会问题，也为即将到来的经济快速发展周期夯实生态环境、公共设施、社会治理和公共服务基础。让青年人通过自己的服务践行习近平总书记倡导的"金山银山不如绿水青山"的美好愿景，为步入社会主义现代化新阶段的中国创造更加美好的生态环境。

（二）服务领域

根据青年大学生和其他青年人的特点以及乡村发展需要，设计符合乡村振兴的服务项目，诸如维护社会治安、边远地区或城市周边地区的植树造林、社区绿化养护、农田水利工程、文化文艺、社区服务、基层治理等。具体说来，一是文化下乡，帮助农民改变传统的思想观念，适应新时代的发展要求。乡村振兴最大难点是改变乡村居民的传统观念。这些年来，国家在农村地区和贫困地区投入了大量资金，大部分地区接入互联网。这些地区储藏大量文旅、地方土特产资源，甚至包括"非遗"资源，却因当地居民"头脑里的距离",使其远离全国和全球市场。解决好这个问题,需要技术和文化下乡,在乡村倡导新理念,普及新技术,让青年人在农村居民与国际国内市场之间搭起技术和文化桥梁。二是帮助留守老人,为留守老人提供日常生活服务。可由民政或共青团、妇联等部门组织牵头,建立起长期服务队伍,解决留守老人面临的种种生活困难。三是关心留守儿童。通过青年大学生的积极参与,建立关心"留守儿童"农村社区教育和监护体系,及时了解"留守儿童"的学习、生活、健康、安全和心理状态,建立"邻里互助"体系,让留守儿童得到更多方面的照护,为他们的健康成长创造更好条件。四是依托乡村文明实践中心,加强乡村文化机构建设,补足乡村文化机构人才缺短板,充分发挥大学生在乡村文化建设中的骨干作用,建设一支"能创新、用得上、会干事"的乡村文化人才队伍。五是推动城市和乡村基础设施建设。乡村振兴中的"厕所革命"、生活污水治理、农药包装废弃物回收处置、农村饮水安全巩固提升工程、农村路网布局、农村文化、教育、卫生等领域需要大量专门人才,青年人在那里会大有作为。六是参与乡村治理。提升城乡基层组织的社会治理水平的核心是人,关键在体制机制。乡村治理组织、村级社区服务中心(站)需要专业人才,社会工作专业人才大有用武之地。

四、政策实施建议

(一)建议考虑部分新增财政赤字和抗疫特别国债用于青年服务项目

把青年服务项目纳入国家公共投资计划,作为公共服务项目,安排一定人员参与青年服务，扩大公共消费。现代政府的职能决定了政府通过扩大公共物品和公共服务支出增加公共消费，提供服务，配置物品，例如，开展社会基础设施建设、城市发展和规划、乡村振兴、生态环境保护等，进而扩大国内消费需求。国民收入分配过程中的消费和投资包含私人消费和公共消费、私人投资和公共投资。青年服务项目可以作为公共投资和公共消费的一部分，在国家的总盘子中予以考虑。当前，面对疫情冲击，确定公共消费和公共投资的比例不能仅仅依据经济学理论，而是要依据经济社会发展客观现实，在对客观现实进行深入的理论研究和实地分析基础上确定用于青年服务的公共投资比例。为减缓抗击疫情造成的经济下行压力，国家新增财政赤字和抗疫特别国债共 2 万亿元资金直达市县，支持地方落实帮助扶持那些因受疫情冲击最大的中小微企业、个体工商户和困难群众，加强公共卫生等基础设施建设和用于抗疫相关支出等，建议从中拿出一部分设立青年服务项目，用于乡村振兴、城乡基础设施建设、生态环境保护等。

（二）完善青年服务实施政策

建立和完善青年服务项目需要一系列配套政策。一是青年服务应不少于 6 个月，具体安排视各地各部门及工作性质而定，把项目设计和实施权力下放给地方政府或其委托机构。青年服务要先从推动大学毕业后就业难的学生群体开始，逐步扩展到其他社会群体。二是政府对于参加青年服务的大学毕业学生给予一定生活补贴，保证其基本生活。可以考虑以各地最低生活保障线为标准，如果涉及在外地作业，应当包括交通和住宿，要特别强调青年服务的基本特性——给予少量补贴。政府负责购买参与青年服务项目人员的医疗保险和其他必要保险。三是组织青年服务项目的机构要为参与服务的大学生提供必要的培训。四是要处理好就业与青年服务之间的关系，青年服务不能挤占就业岗位；要采取措施避免个别地方和部门把青年服务当成廉价劳动力使用，确保充分调动青年的积极性和创造性。五是建立青年服务激励机制，使服务提供者在服务活动中获得自我满足、生活经验、社会经历，建立社会联系，建议组织专门机构和专家设计相关服务项目，创造舆论氛围，使全社会尊重、认同和支持青年服务。六是建立青年服务基金，基金由政府从公共消费等有关财政资金中专门划出，同时鼓励企业和社会赞助。

（三）建立协调机制和具体执行机构

　　建立和实施这样的青年服务项目是我国在新形势下的必要举措，也是探索经济社会协调发展、社会创新的有益尝试，需要相应的组织实施机构。一是建议成立由中央文明办、国家发展改革委、农村农业部、人力资源和社会保障部、教育部、民政部、水利部、交通部、文化和旅游部、共青团中央参与的全国性青年服务协调机构，制定青年服务计划和组织指导实施工作。二是建议由共青团中央和教育部共同作为实施单位。三十多年来，共青团在组织各类志愿服务活动中发挥了突出的作用，成功地实施了"西部计划""援外志愿者"等青年服务项目；教育部在统筹考虑高校应届毕业生流向的基础上，安排参与青年服务的人数和规模。中央文明办、国家发展改革委、农村农业部、人力资源和社会保障部、教育部、民政部、水利部和交通部等在业务和项目建设上给予指导和监督，特别是在服务内容和重点领域上，帮助青年服务设计具体服务项目，推动群众积极参与，减轻和缓解就业压力。三是建议由中央文明办、国家发展改革委、农村农业部、城乡建设部、人力资源和社会保障部、教育部、生态资源部、文化旅游部、民政部、水利部、交通部、共青团中央等单位共同成立青年服务基金管理委员会来管理青年服务基金；同时也鼓励建立其他基金，包括鼓励现有基金会参与支持青年服务活动。四是青年服务项目设计和实施交由地方政府运作。地方政府根据本地城市发展、乡村振兴、生态环境保护等具体情况组织实施。实施过程中，可考虑把有偿的安置性就业与无偿的为再就业做准备的青年服务有机结合起来，统筹规划、协调行动、稳步推进。五是把青年服务项目纳入"十四五"国民经济和社会规划编制工作，从长计议，推动社会健康持续发展。

民生保障和社会治理制度

民生保障制度和社会治理制度是党的十九届四中全会的重要理论创新之一，也是对以往社会建设和社会体制理论的新发展。这次全会提出，坚持和完善统筹城乡的民生保障制度，满足人民日益增长的美好生活需要，坚持和完善共建共治共享的社会治理制度，保持社会稳定、维护国家安全。民生保障和社会治理制度是中国特色社会主义制度的具体体现。坚持以人民为中心，以促进社会公平正义、增进人民福祉为出发点，坚持和完善民生保障和社会治理体制，不断增强人民群众的幸福感、获得感、安全感。党的十八届三中全会以来，党中央审议通过了《关于进一步推进户籍制度改革的意见》《关于深化考试招生制度改革的实施意见》《关于城市公立医院综合改革试点的指导意见》《统筹推进世界一流大学和一流学科建设总体方案》等重要文献，通过制度安排、法律法规，进一步发展和完善了民生保障和社会治理制度。2019 年 9 月 24 日，习近平总书记在主持中央政治局集体学习时强调，要在坚持好、巩固好已经建立起来并经过实践检验的根本制度、基本制度、重要制度的前提下，坚持从我国国情出发，继续加强制度创新，加快建立健全国家治理急需的制度、满足人民日益增长的美好生活需要必备的制度。民生保障和社会治理制度是满足人民日益增长的美好生活需要必备的制度。

我们在学习十九届四中全会精神基础上，结合以往对社会建设和社会体制理论的研究，对民生保障和社会治理制度进行探讨，并求教于各界同人。

一、民生保障和社会治理制度的制度功能

（一）民生保障和社会治理制度的结构与功能

任何一项制度都有它的结构和功能。民生保障和社会治理制度就其本质来说是人们的社会关系模式，它由至少两个以上的个体在社会互动中形成，个体的相互作用有着共同的指向和目标，并发生在一定的公共空间中。通常，这些社会互动是逐步开放的。换句话说，民生保障和社会治理制度以利益格局为核心，以公共利益为纽带，以公共领域为范围，来构筑社会的基本秩序，编织人们之间的社会关系模式。民生保障和社会治理制度的功能是促使社会开展日常活动，形成社会基本氛围，激发社会活力，促进社会和谐，有时还要应对社会冲突，其中，激发社会发展活力和维护社会秩序是民生保障和社会治理制度改革和创新的核心点。民生保障和社会治理制度是由一系列的元素组成的：利益格局、公共利益、公共空间、社会空间和社会关系模式。我们提出的元理论是：任何一个人文区位上的社会关系都有自己的独特模式。民生保障和社会治理制度是人类在自己的人文区位上建构出来的。它同样也可以用来说明中国特色社会主义民生保障制度和社会治理制度的历史方位。形成这样的元理论的逻辑来自对于人们行为的理解，这就是人类的行为是由其文化信仰、价值观念、社会规范决定的。特定的文化信仰、价值观念、社会规范总是产生于一定的人文区位。在这样的环境下，经济逻辑对社会关系网络的影响是，资本、信息、

技术会逐步改变人们的文化信仰、价值观念、社会规范，至少会引起它们的变化。这些文化信仰、价值观念、社会规范在时下被人们称之为"社会资本"，与其相对应的是"经济资本"。人们通常将资本、信息、技术称为"经济资本"。值得注意的是，在"经济资本"中，技术对于利益格局的影响越来越重要，这是进入新世纪后经济逻辑变化的一个显著特征。当然，也有人认为技术是制度创新的产物。人工智能不仅会带来就业和消费的变革，也会带来财富的裂变。经济资本和社会资本是互相嵌入的。在历史的演化进程中，社会资本和经济资本，尤其是经济制度之间总是互相作用的和互为因果的，在发展进程中互为建构和持续再建构的。

我们在这里提出一个表述来进一步说明民生保障和社会治理制度的各个要素之间的关系，就是"有公共空间无社会空间模式"。在进入 20 世纪后期，一些国家，比如战后日本的一些城市地区都有过这样的经历：由于土地和地价等原因，房地产开发商介入城市建设，在城市周边开发了大量住宅区，也建设了相应的配套服务设施，包括社区活动中心、体育馆、游泳池、绿地、花园等公共空间，但是这些新住宅区远离城市中心，交通缺乏便利性，医疗和教育服务配置不到位，居住人口不多，或在一个时期内居住人口不多，已经建成的配套服务设施不能配置人力资源和提供有效的服务，房屋空置与服务缺位恶性循环；由于缺乏足够的人气，住宅区的社会空间也难以拓展，形不成能够满足人们需求的社会纽带，即社会关系模式，住宅区冷冷清清，社区的民生保障和社会治理制度建设也无从谈起。

由"有公共空间无社会空间模式"可以进一步引申出公共空间，它强调的是公共设施及其服务功能和分布，社会空间则强调在公共空间中的社会活动和参与的社会性。尽管二者都强调空间，但侧重点是不一样的，从我们通常所说的社会建设这一概念来解释它们就是，公共空间与公共服务和社会事业是密切交集的；社会空间与社会治理是密切交集在一起的。美国乔治城大学教授乔丹·桑德（Jordan Sand）在描述 20 世纪 60 年代左右的日本公共空间与社会空间时是这样写道的，"人们能够买到的房屋却越来越远离市中心。这导致了上班族们更长的通勤时间，并使得郊区居民不得不生活在没有任何社会纽带的新社区里。"① 这种现象也似乎在美国也曾发生过，罗伯特·帕南特在《独自打保龄》一书中对美国过去几十年的社会资本消失曾有过这样的描述，与日本的情况很相似。由此进一步说明，利益格局、公共利益、公共空间、社会空间，和社会关系模式是现实社会生活的基本要素，也是民生保障和社会治理制度的基本要素。这五个要素说到底是围绕着利益格局和人们的不同需求展开的。从这些要素出发来考虑民生保障和社会治理制度改革、规划和政策设计就会更具操作性。当前，中国各地城市建设几乎都已经完成了住房和相应配套设施建设阶段，大小城市座座高楼拔地而起、宽阔的马路布局合理、相应的服务设施有的已经建成，有的正在建设中，可以说现阶段的中国城市已经不乏公共空间，但大量闲置住宅如何拓展社会空间和建立社会纽带需要提到议事议程，这个过程就是民生保障和社会治理制度完善和发展过程。

（二）民生品质和社会治理能力是民生保障和社会治理制度的具体体现

1. 民生保障和社会治理制度是社会秩序的表达方式

基于历史、政治、经济、文化等不同，每个国家的民生保障和社会治理制度都会表现出自己的社会发展效能。民生保障和社会治理制度具有历史性、国别性、全球性。在一个不断全球化和信息化的时代，被互联

---

① 〔美〕乔丹·桑德：《本土东京：公共空间在地历史拾得艺术》，黄秋源译，清华大学出版社 2019 年版，"导言"，第 12 页。

网、贸易等连接起来的各国民生保障和社会治理制度在相互的社会互动和交流中又进入全球性演化进程。但是，民生保障和社会治理制度是具体的，而不是抽象的，社会中的各种活动，包括经济活动，是通过一个个具体的个人、具体的组织和具体的群体来进行的，不同组织和个人掌握不同的资源，拥有相对的独立性；从文化活动来看，这些个人、组织和群体因发展阶段、不同的地理区位和不同的历史而有着文化上的差异，对同一活动的理解大相径庭，他们具有相对独立的活动空间；从国家主权来，主权国家治理下的社会拥有自己独立的社会劳动力市场、社会保障和社会福利制度、社会治理体系。概而言之，每一民生保障和社会治理制度都有它的本土性，都有自己的关于规范、习俗、空间以及本土生活的记忆和话语体系。外来人进入他人的民生保障和社会治理制度需要费时费力去理解和适应这些规范、习俗、空间及其话语体系，甚至表现出不适而需要有一个调适的过程，而本民生保障和社会治理制度中长大的人们则对其习以为常。通常我们将其称之为文化差异，文化差异也是一种民生保障和社会治理制度差异。

从这样的意义出发，也可以认为民生保障和社会治理制度是指一种秩序，一方面，它是人们在自己的社会生活中适应环境而逐步建立的人与人关系的模式；另一方面，它是为了社会生活而建立的约束个人行为的秩序，包括如何最有效最合理地分配财产，如何对社会生活进行决策，以及人们如何参与社会生活，等等。它表现为一定地区或社会内的社会法、制度体制和政府行为中的一系列道德、政治和经济原则。民生保障和社会治理制度决定着人们之间的关系模式。换句话说，民生保障和社会治理制度是指在特定的社会中，人们之间社会关系的模式，它以利益格局和参与方式为边界条件，通过社会机制配置资源，充分激发个人和集体的参与热情。社会有秩序，社会呈强关系模式，社会治理成本就会大大降低。在这个意义上，可以将民生保障和社会治理制度具体化为民生品质和社会治理能力。

2. 民生保障和社会治理制度是社会聚合能力

民生保障和社会治理制度是一种聚合体，它将许多社会关系整合在一个系统之中，既包括了民生保障制度，也包括了社会治理制度。从实证的角度说，人们需要从利益格局、公共利益、公共空间、社会空间、社会关系模式以及个人在"复杂社会"中的角色来观察民生保障和社会治理制度的存在。民生保障和社会治理制度不是孤立存在的，也不是抽象地，它与市场、文化、生态环境交互作用，在市场领域中存在着非市场社会关系。市场体制机制之所以在各个民族国家的表现形式不一样，美国的纯市场模式（其实自 1929 年的经济危机以来，美国政府介入经济运行的程度已经很深）、欧洲的社会市场模式、亚洲的国家市场模式等，就是因为在所有民族的生活中，经济生活是嵌入民生保障和社会治理制度中的。市场机制的运用在任何一个国家或地区都离不开特定国家或地区的社会习俗，而社会习俗或者是由来自外部力量的作用形成的，或者是由于偶然事件带来深远影响造成的，也可能是历史进化过程中逐步形成的。社会习俗也是一种历史现象，有生有灭。这一点，人们在以前考虑的不多，尤其是经济学家，特别是那些参与经济决策的经济学者对此考虑的不多，因此在进行制度设计和经验借鉴时往往把市场体制看成是一纯粹的东西，甚至可以照搬，其实现在看来，民生保障和社会治理制度就是市场经济的制度环境之一，对市场体制的运行方式和运行效果产生非常重大的影响。另外，反思这些年的社会治理体系建设，也感觉对社会习俗等因素的作用考虑有限，在社会治理过程中，对各个治理主体之间的关系考虑比较多，对于各类主体中的个体的和群体的行为规范考虑较少，或者说，对于作为社会治理主体的人们的社会生活本身考虑不多。离开了人们的日常生活来考虑社会建设，犹如离开了衣食住行考虑经济发展一样，最终会造成与实际脱节。

这里所说的"社会机制"更类似人们经常讨论的"市场机制"，即如何通过制度设计激发社会活力是其关键。通过各个国家的历史发展，尤其是对不同国家的历史发展来观察民生保障和社会治理制度，其效果更加明显，丹尼·罗德里克认为，"那些常常被经济学家们认为理应存在的社会安排，如一个清晰的产权系统，一个抵制欺诈、垄断和道德的监管机构，一个充满信任和合作且富有凝聚力的社会，抵御风险和管理社会冲突的社会和政治制度，法治以及廉洁等在贫穷的国家都不具备"[①]。丹尼·罗德里克所谓的"充满信任和合作且富有凝聚力的社会"更具有人们中所说的"民生保障和社会治理制度"的意味。理想的体制环境或许在特定国家是可以具备的，但在相当一部分国家是不具备这样的制度环境的发展，尤其是健康高质量发展需要各种体制的巧妙搭配。历史上，很多国家为了使一项制度得以执行和实现，进行改革和创新来建立一个更加适合目标体制所需要的制度环境，有的改革成功了，有的失败了，原因错综复杂。国家和社会发展本来就不是由一个因素决定的。各种体制因素的合理搭配会大大提升制度运行能力。

（三）民生保障和社会治理制度是价值取向

人是制度的产物。人的社会行为产生于他们生活其中的民生保障和社会治理制度。一个以贴近民生和人民群众关心的问题设计的民生保障和社会治理制度，会更加符合主流的民意，获得千千万万民众的遵从，从而调动和激发他们的积极性和创造性，最终建立和完善社会的激励机制和动员

---

① 丹尼·罗德里克：《相同的经济学，不同的政策处方——全球化、制度建设和经济增长》，张军扩译，中信出版社 2009 年版，第 143 页。

机制。当全体人民团结起来为了一个目标而为之奋斗，这个社会的体制机制就会完善起来。人民一般会从也只能从他们日常生活的经历中去感受获得与失去、喜怒与哀乐、幸福与悲伤、宁静与浮躁、和谐与冲突，感受民生保障和社会治理制度的存在。一个基于基层人民社会生活设计的民生保障和社会治理制度会使这个社会坚不可摧、所向披靡。

民生保障和社会治理制度的讨论必须基于"文化"概念，这里谈的"文化"是文化精神、文化价值，而不仅仅是作为形式的文化产业和公共文化社会设施。作家王蒙就曾经引用曹丕的一个说法，叫作"'文章者，经国之大业，不朽之盛事'，文艺必须有益于世道人心"[①]。讲的是文化的社会价值和文化精神，文化具有影响道德风尚和精神教化的作用。仅仅把文化嵌入产业是不够的，或者说仅仅把动漫、网络文学等称为文化产业是不够的，必须使它们能够"以文载道"，文化产业必须具有精神追求。缺乏文化精神和文化价值的文化产业和公共文化设施充其量只能是一堆 GDP，这样来倡导文化所造成的社会是一个原子化的社会，不是一个有机体。一个时期以来，文艺界不时暴露出来的丑闻，无论是演艺方面的，还是个人生活方面的，都引起人们对文化产业化过程中的文化精神和文化价值培育的担心。在大力推进文化产业千万不能忘记文化价值和文化精神的生产，必须把文化精神和文化价值的塑造摆在首要位置，且要始终记住：文化价值是民生保障和社会治理制度的核心和基础。我们经常讲诚信是社会治理的价值基础的意义也在于此。任何制度背后都有一套价值体系支撑着。

从社会生活去品味民生保障和社会治理制度就会发现，医患之间的矛盾反映了医药卫生体制的问题与矛盾，人们对于孩子作业太多或者学校教学质量的抱怨，折射出教育体制的问题与矛盾，房价过高和买房难折射的

---

① 王蒙：《王蒙执论》，人民出版社 2014 年版，第 73 页。

是土地制度、财政体制、收入分配等领域的问题。对于同样的社会经济问题，不同的社会阶层，会有自己的不同感受，这是利益格局决定的。曾经参与 2016 年大选的美国民主党总统候选人伯尼·桑德斯描述了自己少年时代的情景，他说，那时"住在公寓的是工人阶级，而住在私宅的是中产阶级。这是我印象中阶级划分的表现之一"①。这就是那个时代的利益格局和社会关系模式，也就是当时美国民生保障和社会治理制度的特点之一，很显然，住在公寓中的人们的思想和感受与住在别墅和豪宅中的人们的思想和感受不会完全相同。这种利益格局决定了人们的不同心态、行为模式、处世方式，也最终决定了人们之间的社会关系，对社会生活的态度，等等。人们的价值取向和社会态度是释放社会治理效能的重要催化剂。

二、民生保障和社会治理制度通过协调利益关系提升民生品质和释放社会治理效能

民生保障和社会治理制度的核心是在收入分配体制基础上形成的利益格局。收入分配体制问题，既是一个经济问题，也是一个社会问题；既是一个中国问题，也是一个全球问题；既是人类在当代必须面对的一个重大问题，也是一个各个国家都想处理好但却一直没有处理好的发展中的核心问题。民生保障和社会治理制度涉及问题之多、范围之广，要求必须从多个角度进行分析。

---

① ［美］伯尼·桑德斯：《我们的革命：西方的体制困境和美国的社会危机》，钟舒婷译，江苏凤凰文艺出版社 2018 年版，第 5 页。

党的十九届四中全会对习近平新时代中国特色社会主义的利益格局进行了新的界定，这就是，毫不动摇巩固和发展公有制经济，毫不动摇鼓励、支持、引导非公有制经济发展。坚持按劳分配为主体、多种分配方式并存。坚持多劳多得，着重保护劳动所得，增加劳动者特别是一线劳动者劳动报酬，提高劳动报酬在初次分配中的比重。健全劳动、资本、土地、知识、技术、管理、数据等生产要素由市场评价贡献、按贡献决定报酬的机制。加快完善社会主义市场经济体制。建设高标准市场体系，完善公平竞争制度，全面实施市场准入负面清单制度，改革生产许可制度，健全破产制度。

（一）利益格局是民生保障和社会治理制度的核心

无论是民生保障制度，还是社会治理制度的核心都是利益格局。利益格局问题同样也是一个全球性问题。在国际上，桑德斯在 2017 年美国总统竞选后说道，"我们让大家关注美国收入差距悬殊、不平等的问题，也强调了应拆分将美国经济引入崩溃边缘的大型银行，也暴露了美国当前糟透的贸易政策、已破裂的刑事司法体系，以及群众承担不起高昂的医疗和高等教育费用等问题。"[1]20 世纪后半叶美国思想理论界开始了对美国的收入分配、医疗卫生、教育和就业等问题的深度讨论，不乏深刻的、批判性的，和带有深刻反思的思想，也可以将这些反思视为对资本主义制度的反思。社会问题只是民生保障和社会治理制度的表象，不同的民生保障和社会治理制度会表现出不同的社会问题，桑德斯所说的美国社会问题是美国民生保障和社会治理制度的具体体现，收入差距扩大、不平等问题是美国

---

[1] ［美］伯尼·桑德斯：《我们的革命：西方的体制困境和美国的社会危机》，钟舒婷译，江苏凤凰文艺出版社 2018 年版，"前言"，第 2 页。

长期争论不休的社会问题，甚至在讨论 1929 年的经济危机发生的原因时，有人将其归咎为当时的收入差距过大，例如美国著名经济学家、诺贝尔经济学奖获得者保罗·格鲁克曼（Baoluo·Gelukeman）就是这样认为的。无论是从国内，还是从国际，收入分配体制都是一个发展中的重大问题，既是经济体制的核心问题，也是民生保障和社会治理制度的核心问题，也将是人类长期面对的问题。

　　民生保障和社会治理制度的内在问题往往通过一些具体的社会问题表现出来，尤其是那些关系民生的问题，就像身体机理会通过疾病体现出来一样。在西方国家，由于社会问题和各种社会现象的直接责任者是政府，所以人们在遇到各类社会问题和社会现象时往往首先把矛头对准政府，政府为了博取民意，往往把解决民生问题作为工作议题和竞选议题，例如，美国总统奥巴马为了解决医疗卫生问题，颁布实施了医改和平价医疗法案，唐纳德·特朗普上任后又将其废止。早在竞选期间，特朗普就提出废除奥巴马医改和平价医疗方案。2017 年 1 月 20 日，他签署行政命令，废除《平价医疗法案》。唐纳德·特朗普在与医保法案的"受害者"会面时，痛陈"平价医疗法案"带来的种种弊端。医疗卫生历来是民众最为关心的问题和媒体最为关注的热点话题。同样，医疗卫生问题在我国也是人民群众最关心、最直接、最现实的利益问题。解决好这些具体领域的问题是完善和发展中国特色民生保障和社会治理制度的基本要求，也是中国特色社会主义制度的基本要求。

　　同一个医疗卫生体制在其他国家或地区实施起来效果不错，为什么到了另外一个国家或地区就会产生问题和偏差？这里存在一个特定社会的价值体系、人口地理，以及政府管制等组成的制度环境差异问题。例如，出租汽车的牌照在我国的香港地区可以拍卖和私人拥有，在内地实施起来带来的问题是，牌照价格无限上涨，层层转租，司机生存压力巨大，出租汽车司机为争取自身利益和改善自身工作环境的抗争不时发生。为什么？因为香港是一个封闭的市场（进入这个地区是需要港澳通行证的），劳动力的供给是有限的，尤其是在香港从事低端行业的劳动力更是有限的，而内地的劳动力供给从某种程度上讲是无限的，各地的劳动力可以从四面八方云集广州，展开激烈竞争，一下子就把出租车驾驶员的工资给拉下来了，而把出租车营业执照的价格拉上去了，因为政府发放的出租车牌照是有限的，这种制度环境进而带来劳资关系紧张等社会问题。在这个意义上，民生保障和社会治理制度是与特定的人文生态和制度环境联系在一起。一项体制机制的好与坏不能绝对化，不能一般而论，必须放在具体的制度环境中加以分析和评价。鞋子挤不挤脚，只有自己知道。改革开放四十一年来，我们在各个领域都借鉴了其他国家的经验和理论，最终都不能脱离中国的现实来实践。21 世纪初期开启的医疗卫生体制改革，就曾研究和参照多国经验，目前看到的正在推进的医疗卫生体制决不是某一个具体国家医疗体制的简单照搬，它在借鉴中被嵌入中国既有的民生保障和社会治理制度中。

（二）公共利益在不同社会形态中的不同社会治理效能

民生的相当一部分是与公共利益结合在一起的。按照生产方式和技术进步状况，可以把民生保障和社会治理制度划分为不同类型。在传统的农业社会里，以家庭、家族和社区为核心的基本社会秩序和社会关系模式成为人们公共生活和社会生活的基础，在这样的社会里，各种矛盾纠纷的解决、生老病死的处理都是通过家庭、家族和社区来进行的，一些人一辈子生于斯，死于斯。家庭、家族乃至传统的社区构成了人们社会生活的公共领域。就业也是在传统的村落中进行的。在这样的经济社会环境中，不存在严格意义上的失业，但会存在隐性失业，家庭、家族和社区的帮助可以把剩余的劳动力淹没在隐性失业中。为了维护公共利益，使个人的社会生活得以维持，人们规定了公共活动的社会规范，包括家族规矩和乡规民约。久而久之，这些社会规范内化于心，就成为习惯，也就是传统文化和传统习俗。成为习惯的文化是骨子里的东西，是经过家庭和社区不断倡导，最终是经过公众筛选，且必须严格遵守的，而且是不自觉地遵守的东西，这些我们在费孝通 20 世纪 40 年代出版的著名著作《乡土中国》一书中已经看到了，诸如长老统治、长幼有序、无讼，等等。由于乡土社会不流动或流动性不强，家规和乡规民约对人们行为的约束力是非常强大的。由此也可以理解，为什么费孝通在《乡土中国》一书中写出乡土中国的"无讼"的用意。在这样的社会中，公共利益与个人家庭、家族利益交织在一起，文化、价值在治理中的意义会更大一些。

进入近代工业社会，乡村人口急速向城市集中，原先生活在农村的人们开始到工厂和在城市生活。在日本，"随着各地移民在 20 世纪 50 年代末和 20 世纪 60 年代作为日本经济奇迹的劳动力基础而涌入东京和其他日本城市，日本的人口结构从农村人口占主导变成了以城市人口为主流"①。这些进入城市工作和生活的居民发现，原先那个他们生活其中并为他们提供公共生活的公共领域的乡村社区远离他们而去。陌生人社会取代了熟人社会，正如德国社会学家裴迪南·滕尼斯所说的，法理的社会取代了传统的社区。原先那些由家庭、家族和社区承担的公共责任逐步由政府承担起来，这是进入工业社会后人类社会的重大变化。进入工业社会，意味着社会组织性的强化，工业，尤其是机器大工业是以组织性、纪律性、标准化、规模化等为其核心要求的，在这样的经济组织基础上形成新的社会关系模式不足为奇。与城市住房制度私有化和核心家庭同时出现的是体现了

---

① ［美］乔丹·桑德：《本土东京：公共空间在地历史拾得艺术》，黄秋源译，清华大学出版社 2019 年版，"导言"，第 9 页。

工业社会基本特征的私域的出现。在这个私域中，核心家庭支撑着工业劳动力的日常生活、社会生活的一部分，以及自身的"再生产"，而核心家庭及其成员又通过就业以及社会保障和社会福利制度等公共域支撑着他们的生活，现代工业社会就这样替代了传统的农业社会。这已经是完全不同的两种民生保障和社会治理制度，它们有着全然不同的公共域和私域，截然不同的公共利益、公共空间、社会空间，和社会关系模式。

由于工业社会和城市化造就了不同于传统农业社会的民生保障和社会治理制度。面对资本主义的矛盾和危机，从 19 世纪末期，德国开始建立保险制度，20 世纪初期英国建立福利国家，从 1935 年美国国会通过《社会保障法》到 20 世纪 70 年时任英国首相玛格丽特·希尔达·撒切尔（Margaret Hilda Roberts）和罗纳德·威尔逊·里根（Ronald Wilson Reagan）开启的新公共管理革命，政府在公共领域发挥的作用越来越重要。政府建立基本公共服务体系，创造了一个不同于传统社会的新的公共领域，人们在其中建立起来了新的社会关系模式。这些，我们可以从裴迪南·滕尼斯的《共同体与社会》以及《滕尼斯传》看到，滕尼斯是这个过程的亲历者，这似乎也是他提出社区和社会概念的初心。"在《共同体与社会》一书中，滕尼斯认为，现代社会的标志是全新的行动主义倾向，其特点是个人行为从习俗规范中解放出来，这种转变有利于个人独立自主地判断自己的意图，并评估可以采取的手段，但是，其代价是'共同体'被边缘化。而'共同体'本来是一个小规模的、面对面的社会存在形式，其中个人追求的是共同体的目标，'共同体'的目标就是他们每个人的目标。"① 这段论述中讲的"共同体"是传统意义上的乡村共同体。当然，这不是说滕尼

---

① ［英］加雷斯·戴尔：《卡尔·波兰尼：市场的限度》，焦兵译，中国社会科学出版社 2016 年版，第 41 页。

斯希望回到从前的那个传统意义上的"共同体"，而是要建设一个新时代意义上的共同体，一个文明时代的共同体。历数 20 世纪初期开始的各国社区重建，人们可以从中品味出一些意义和价值。在一个更具有法理社会特质的社会中，对于法制的要求自然会更高一些。

进入信息化时代，公共领域、人们的社会关系模式都发生了新的变化。一方面，信息化、贸易全球化、资本的全球流动、劳动力的全球流动，造就了全球经济一体化，在经济一体化的进程中，各个主权国家的民生保障和社会治理制度在缓慢变化着；另一方面，信息化时代，公共领域有"虚实"之分，虚拟的公共领域发生在社交媒体和移动互联空间中，在线互动大大改变了人们传统意义上的面对面的互动。"微信""微博"等社交媒体造就了相互重叠的、大量的朋友圈，人们活跃于这些朋友圈中，形成了新的社会关系模式。传统意义上的公共服务依然由政府在进行着制度的安排，以往发生在公共服务领域的各种互动依然存在，但很多都与互联网沟通起来的，医疗服务平台、志愿服务平台、社会保障公共服务平台等，大大改变了各类服务的提供方式。这些，可以通过现实生活的体验和观察品味和认知。在经过平台、大数据重新组合的社会关模式中。智慧治理被提升议程，智慧治理会大大提升社会治理的效能。

从公共利益开始，延伸出公共领域、公共空间、社会空间、社会关系模式等，所有这些，都是我们在分析民生保障和社会治理制度改革问题所必须考虑的。正如马克思说的，历史从哪里开始，逻辑就应当从哪里开始。但是，历史和逻辑都遵循着越来越复杂的发展和演化原则。新的技术带来新的变化，也要求用新的分析手段开展社会研究。

（三）合理的公共利益有利于扩大公共空间

收入分配制度及其形成的利益格局不管其形式如何，都会产生公共利益。公正制度的核心是利益格局的设计，包括私人利益和公共利益。公共利益是相对于私人利益尤其是私人财产而言的。私人利益包括居民的合法收入、储蓄、房屋和其他合法财产，以及在此基础上发生的家庭生活，也可以统称为私域。公共利益是全体社会成员都可以享受和共同分享的利益，诸如公共设施、公共卫生和医疗、义务教育、人口服务、残疾人服务、公共服务、环境生态、文物古迹和风景名胜，等等。除了私人利益和公共利益外，还有一个第三域，就当代中国而言，通常是旧城改造、开发区建设、科技园区、经济技术开发区等典型的第三域。第三域既不是私人利益，也不是公共利益。我们之所以做出这样的区分，是针对一些地方政府和相关部门，打着公共利益的旗号，强行拆迁，侵占私人利益，破坏生态环境，给国家和民族带来不可弥补的损失。这些年，人们已经到看了诸如此类的现象不断发生，有些强行拆除带来了惨绝人寰的人间悲剧。在一些房地产的开发过程中，个别"不良官员"和那些不良不法的商人互相勾结，打着公共利益的口号，侵吞了大量公共利益和私人利益，造成了社会关系的高度紧张，带来了严重的社会治理问题。随着经济社会的快速发展，社会公共领域的范围不断扩大，居民的社会生活不断丰富，人们社会交往的范围会越来越扩大，公共服务供给也会不断改善。这样，一个以公共利益为核心的社会公共领域会逐步扩大和完善，成为社会活动和社会生活的基础空间。它包括了人们在传统意义上所说的社会事业，但又宽泛于社会事业这一概念，而且会在社会公共空间基础上，通过社会互动、社会交往和社会沟通生长出来新的社会关系和社会生活方式，这些，都需要纳入民生保障和社会治理制度改革研究的范围，并将其转化为社会治理效能。

从这样的一个视角分析可以得出如下结论：理想的民生保障和社会治理制度应当是公共利益合理设计，合理的公共利益设计会造就合理的公共空间，在合理的公共空间中，社会空间也会朝着合理的方向推进。党的十六届五中全会首次提出推进基本公共服务均等化就是试图对公共空间进行合理布局的重要战略部署。基本公共服务体系建设战略实施十几年来，取得了重大成效，尤其在城乡、区域基本公共服务布局中成就显著。例如，大量常住人口，尤其是"农民工"子女在大城市和特大城市获得义务教育的权利，大大缩小了城乡人口的社会空间，改变了他们之间的关系模式。当然，进一步扩大这种公共空间的可能性依然存在，他们之间社会关系融洽的机会依然很多。民生保障和社会治理制度改革就是要推动全体社会成员关注公共利益，建设公共领域发达，社会秩序稳定、人际关系充满友情和信任、日常活动成本较低、充满友好氛围的社会关系模式。在这样的社会关系模式基础上进行的社会治理成本会大大降低，社会治理现代化水平会大大提高。提升社会治理现代化水平要在重构社会关系模式上下大力气，在完善和发展中国特色民生保障和社会治理制度上下功夫。

从社会学的观点看民生保障和社会治理制度，人类在其历史发展，尤其是特定人文区位上的人群，会形成独特的行为模式和习惯，这些习惯潜移默化，成为支配人们日常行为的社会规范和习俗，我们将这些也视为民生保障和社会治理制度的一部分。

三、运用中国特色民生保障和社会治理制度提升民生品质和社会治理效能

运用中国特色社会主义基本经济制度保障和改善民生，扩大就业，完善公共服务体系。2013 年 11 月，在党的十八届三中全会上，习近平总书记明确提出了民生保障和社会治理制度改革的任务。这是对党的十八大

报告思想的进一步发展。党的十八大报告指出："中国特色社会主义制度，就是人民代表大会制度的根本政治制度，中国共产党领导的多党合作和政治协商制度、民族区域自治制度以及基层群众自治制度等基本政治制度，中国特色社会主义法律体系，公有制为主体、多种所有制经济共同发展的基本经济制度，以及建立在这些制度基础上的经济体制、政治体制、文化体制、民生保障和社会治理制度等各项具体制度。"① 这段重要论述在坚持中国特色社会主义基本政治制度的同时，对中国特色的利益格局作出了基本的描述：公有制为主体、多种所有制经济共同发展的基本经济制度，民生保障和社会治理制度是建立在基本经济制度之上的。发展和完善中国特色社会主义制度的任务不是抽象的，而是具体的，它具体到各个领域的体制改革、完善和创新。不断深化各项具体领域的制度改革就是不断完善中国特色社会主义制度的过程。

坚持和完善民生保障和社会治理制度改革是以习近平同志为核心的党中央推进民生为重点的社会建设的重要举措，是以民生为重点的社会领域中的制度建设。2013 年 11 月，在党的十八届三中全会上，习近平总书记明确提出了民生保障和社会治理制度改革的任务，要求"紧紧围绕更好保障和改善民生、促进社会公平正义深化社会体制改革，改革收入分配制度，促进共同富裕，推进社会领域制度创新，推进基本公共服务均等化，加快形成科学有效的社会治理体制，确保社会既充满活力又和谐有序"。按照习近平总书记的要求，深化民生保障和社会治理制度改革，必须紧紧围绕着保障和改善民生，以收入分配和走共同富裕道路这条主线，通过激发全体社会成员的内生动力，参与国家事务、经济社会事务和解决自身问

---

① 胡锦涛：《坚定不移沿着中国特色社会主义道路前进，为全面建成小康社会而奋斗》，人民出版社 2012 年版，第 10 页。

题这一途径，使社会运行成本最低化，社会整体稳步向前，社会成员信心满满，社会充满动力和活力。这为新时期民生保障和社会治理制度改革指明了方向，也是研究中国民生保障和社会治理制度改革的基本目标和配套政策必须坚守的基本原则。

走共同富裕道路是中国共产党对中国特色社会主义制度的伟大探索。利益格局是改革开放初期中国共产党人就全面考虑的一个事关全局的问题。早在改革开放初期，邓小平就指出，要鼓励和支持一部分人、一部分地区先富起来，到了一定的阶段一定要走共同富裕的道路。邓小平的走共同道路的思想始终是改革开放以来坚持的基本原则。党的十八届三中全会把发展和完善中国特色社会主义制度，推进国家治理体系和治理能力现代化作为全面深化改革的总目标；党的十九大报告提出到2050年基本实现全体人们的共同富裕，是对中国社会主义现代化目标的坚定遵循。努力实现全体人民共同富裕的目标是中国共产党的基本纲领和基本任务。这个过程也就是逐步改革和完善民生保障和社会治理制度的过程。对中国而言，收入分配体制改革将是一项长期的任务，不会一蹴而就，扩大中等收入群体也是调整利益格局的应有之义。

民生保障和社会治理制度，也是涉及民众关切的各类民生问题的体制机制，诸如利益格局、公共利益、公共空间、社会空间、社会关系模式、教育体制、社会保障体制、就业体制、收入分配体制、基本公共服务体制、文化体制、教育体制、保障性住房制度、社会治理体制、社会组织体制等民生保障和社会治理制度安排。纵观世界各国，每个国家都有自己的特色民生保障和社会治理制度。即便是一个国家从另外一个国家学习了某种民生保障和社会治理制度，如教育体制、社会保障体制，也往往是嵌入式的学习，即把外来的制度体制嵌入自己的文化和制度环境中。

党中央提出坚持和完善中国特色社会主义制度、推进国家治理体系和治理能力现代化的总体目标是，到中国共产党成立 100 年时，在各方面制度更加成熟更加定型上取得明显成效；到 2035 年，各方面制度更加完善，基本实现国家治理体系和治理能力现代化；到新中国成立 100 年时，全面实现国家治理体系和治理能力现代化，使中国特色社会主义制度更加巩固、优越性充分展现，这为发展和完善中国特色民生保障和社会治理制度和提高社会治理效能指明了方向。

把制度优势转化为治理效能

党的十九届四中全会通过的《中共中央关于坚持和完善中国特色社会主义制度、推进国家治理体系和治理能力现代化若干重大问题的决定》要求把制度优势转化为治理效能，并特别强调：把我国制度优势更好转化为国家治理效能，为实现"两个一百年"奋斗目标、实现中华民族伟大复兴的中国梦提供有力保证；发挥人民政协作为政治组织和民主形式的效能；提高行政效能，建设人民满意的服务型政府；强化军委战略管理功能，加强中国特色军事法治建设，提高军队系统运行效能。

自中华人民共和国成立至今，中国特色社会主义现代化建设的过程，就是中国人民在中国共产党领导下，不断探索发展和完善中国特色社会主义制度，把制度优势转化为治理效能，不断满足人民对美好生活需要的过程。

一、党和国家机构改革，把制度优势转化为治理效能的积极探索

2018年3月，党的十九届三中全会审议通过了《中共中央关于深化

党和国家机构改革的决定》。一年多来，各地区各部门坚决贯彻党中央决策部署，推动党和国家机构改革，取得了巨大成效，不断践行把制度优势转化为治理效能的要求。

党和国家机构改革，包括党的领导体系、国家治理体系、政府治理体系、武装力量体系、群团工作体系。它们构成了党和国家机构的职能体系。2018 年初启动的党和国家机构改革，是国家治理体系和治理能力现代化的深刻变革。它的意义可以从党的十八届三中全会提出的全面深化改革的总目标——完善和发展中国特色社会主义制度，推进国家治理体系和治理能力现代化来得到深刻、全面的理解。

这次改革的最鲜明特征是加强党的全面领导。《中华人民共和国宪法》指出，中国共产党领导是中国特色社会主义的最本质特征。在所有国家机构中，中国共产党统一领导各类机构，协调行动，增强合力。这就把中国特色社会主义制度的本质特征体现出来了。

国家治理体系和治理能力现代化表现在这样几个方面：一是提高党科学执政、民主执政、依法执政水平；二是提高国家机构的履职能力；三是提高人民群众参与国家事务、经济和社会发展事务以及解决自身问题的能力和水平。2014 年初，习近平总书记在省部级主要领导干部学习贯彻党的十八届三中全会精神全面深化改革专题研讨班开班式上发表的重要讲话中指出，要提高人民群众依法管理国家事务、经济社会文化事务、自身事务的能力。当前我们面临的矛盾问题非常多，特别是在基层，各种民生问题、社会治理问题、环境问题、生态问题、公共环境问题等等，都是与人民群众最直接相关的问题。解决好这些问题，最重要的是坚持党的全面领导，发挥政府更加积极的作用，也要有基层组织、社会组织和人民群众的广泛参与。只有广泛地动员人民群众解决身边的事，更好地提升他们解决自身问题的能力和水平，才能够更好地应对各种矛盾和问题，更好地维护社会秩序，推动社会不断发展和进步。

党和国家机构改革是解决好党和国家机构面临的基本问题的重要途径、重要手段。在推进社会主义现代化和推进全面建成小康社会目标实现的进程中，我国面临着一系列体制机制问题，解决这些问题需要深化党和国家机构改革。一是机构设置和职能配置不够健全有力。党和国家机构改革把职能相同的部门统一起来，加强党的领导，使机构配置更加合理、更加健全。二是党政机构重叠、职责交叉、权责脱节突出。三是机构设置和职责划分不科学，效能不高。四是职能上下一般粗。五是基层机构服务能力需提高。提升基层机构的服务能力，特别是提高民生领域、公共服务领域、公共管理领域的管理能力和水平非常重要。六是军民融合发展水平有待提高。七是群团组织政治性、先进性、群众性需要增强。八是事业单位定位不准、职能不清、效率不高现象比较明显。九是受到权力运行制约，个别干部存在滥用职权、以权谋私等问题，造成了恶劣的社会影响。十是机构编制科学化、规范化、法定化相对滞后。

在推进社会主义市场经济体制改革的过程中，需要发挥市场在资源配置中的决定性作用和更好发挥政府作用。现实和历史中存在的问题，一是政府职能转变还不到位。主要体现在市场和社会发挥作用不够充分，一些政府部门该管的事没有管好或没有管到位，该放的没有放或没有放到位，使市场主体和社会组织不能更好地发挥作用。个别部门对微观经济事务干预过多过细，影响了市场在资源配置中的决定性作用。二是社会管理和公共服务职能比较薄弱。如何更好地激发市场主体和社会成员的活力？这些都是把制度优势转化为治理效能需要解决好的问题。三是一些部门职能错位、越位、缺位。

2018年初启动的党和国家机构改革，是对党的十八届三中全会以来确定的全面深化改革总目标的进一步深化，是推进国家治理体系和治理能力现代化的深刻变革，也是围绕"两个一百年"奋斗目标进行的机构改革，目的是为长远发展开展更好的组织设计、制度设计。这次党和国家机构改革针对当前机构中存在的问题、矛盾，特别是存在着影响市场和社会更好发挥作用、影响经济和社会发展等方面问题进行的一次改革。它既着眼于制度建设，又着眼于问题解决；既着眼于短期目标，又着眼于长期目标，更着眼于长期的制度设计，是对把制度优势转化为治理效能战略部署的积极探索。

二、中国社会主义革命建设和改革开放所取得的最大成就是在不断深化党和国家机构改革中取得的

推进党和国家机构改革，既是基于当前面临的矛盾和问题而进行的改革，同时也是我们党在深化改革过程中的一个阶段、一个环节。新中国成立以来，随着社会主义革命、建设的不断深入，不断推进党和国家机构改革成为坚持和完善中国特色社会主义制度的重要内容。

新中国成立以来，党和国家不断加强制度建设。2019 年 9 月 21 日，习近平总书记在中央政协工作会议暨庆祝中国人民政治协商会议成立 70 周年大会上的讲话中指出："新中国成立后，人民政协为恢复和发展国民经济、巩固新生人民政权、完成社会主义革命、确立社会主义基本制度、推进社会主义建设作出了积极贡献。1954 年全国人民代表大会召开后，人民政协继续在国家政治生活和社会生活中开展了卓有成效的工作。"① 由

---

① 习近平：《在中央政协工作会议暨庆祝中国人民政治协商会议成立 70 周年大会上的讲话》，新华网客户端 2019 年 9 月 21 日。

于历史环境等原因，中国人民政治协商会议第一届全体会议，代行全国人民代表大会职权，为新中国诞生作了全面准备。会议通过了具有临时宪法性质的中国人民政治协商会议共同纲领、中国人民政治协商会议组织法、中华人民共和国中央人民政府组织法，作出关于国都、国旗、国歌、纪年的决议，选举产生政协全国委员会和中央人民政府委员会，这标志着人民政协制度正式确立。1954 年全国人民代表大会召开后，人民政协继续在国家政治生活和社会生活中开展了卓有成效的工作。中国特色社会主义制度是在实践中不断发展和完善的，也在实践中不断发挥其效能。

新中国成立以来，中国共产党根据实践发展需要，不断推进党和国家机构改革。1958 年，针对当时的历史条件，毛泽东和党中央提出在中央层面设立一些小组，毛泽东当时明确要求，这些小组是党中央的，直接隶属中央政治局和书记处，向它们直接做报告。大政方针在政治局，具体部署在书记处。只有一个"政治设计院"，没有两个"政治设计院"。大政方针和具体部署，都是一元化、党政不分。具体执行和细节决策权属于政府及其党组。明确提出了加强党对国家机构的领导以及对经济和社会发展事务的领导。

改革开放以来，以邓小平同志为核心的党的第二代中央领导集体把党和国家机构改革摆在重要位置，进一步加强党和国家机构改革，使机构职能不断优化，逐步适应社会主义市场经济要求，实现了从计划经济向市场经济转变下的职能机构调整。例如，改革开放初期，随着家庭联产承包责任制的实施，农村原有的公共服务体系、社会治理体系都发生了深刻变化。到 20 世纪 80 年代中期，随着国有企业的改革，大量下岗职工进入市场，如何确保他们的基本生活、确保医疗养老等基本服务作用的发挥，这是当时党和政府面临的重大挑战。基于这种新的历史性变化，党中央、国务院作出推进社会保障体系建设的一系列重大决策，有力地保障了在企业改革过程中下岗工人的生活水平，有力地兜住了社会安全网，也确保了改革大局的稳定和改革的稳步推进。随着社会保障制度的建设，我国建立了人力资源和社会保障等机构，以适应社会主义市场经济体制改革的要求，确保政府职能履行，确保相关社会政策的实施。再如，随着社会主义市场经济的发展和完善，市场在经济社会生活中发挥的作用越来越大，国家计划委员会的职能也不断进行调整，先更名为国家发展计划委员会，再到现在的国家发展和改革委员会。20世纪80年代初期，国家的改革任务非常繁重，因此设立了国家经济体制改革委员会，改革到了一定阶段后就把发展和改革有机结合起来了，以此更好地推进国民经济和社会发展运行，推进市场体制的不断完善。这个过程就是不断探索中国特色社会主义制度发展和完善的过程，也是不断使制度变革成为治理效能的过程。

为了坚持和完善中国特色社会主义制度，发挥体制机制改革的效能，从改革开放一直到2018年3月，党和国家机构进行了一系列改革。1982年，邓小平提出精简机构是一场革命。根据党中央的部署，中央党政机关机构改革方案实施。在这次改革中，中央机关的30个直属机构，局级减少11%，处级减少10%，总编制减少17.3%，部委正、副职减少15.7%；新班子中新选拔中青年干部占16%，平均年龄由64岁降到60岁。1988年，中央书记处制定了《党中央直属机构改革实施方案》。这次改革后的直属机构和事业单位包括：中央办公厅、中央组织部、中央宣传部、中央统战部、中央对外联络部、中央政治体制改革研究室、中央农村政策研究室；中央顾问委员会机关，中央纪律检查委员会机关；中央直属机关工作委员会、中央国家机关工作委员会；中央党校、人民日报社、中央党史研究室、中央文献研究室、中央编译局。1989年，中直机关机构事业单位调整和"三定"方案结束。这次改革后，有实体的直属机构由24个精简为17个，直属部门人员减少19.5%，直属事业单位人员减少9.9%，

与改革前比人员共减少 15.2%。1993 年，党的十四届二中全会通过了《关
于党政机构改革的方案》。根据这一方案，改革的力度更大、更深、更广。
此次改革主要有两方面内容：一是理顺关系、调整结构、精简内设机构和
人员，包括调整干部结构、提升干部素质、提高工作效率；二是中央纪委
机关与监察部合署办公，工作部门和办事机构有 9 个，即中央办公厅、中
央组织部、中央宣传部、中央统战部、中央对外联络部、中央政法委员
会、中央政策研究室、中央台湾工作办公室、中央对外宣传办公室，其
中，中央台湾工作办公室与国务院台湾事务办公室合署办公，中央对外宣
传办公室与国务院新闻办公室合署办公，派出机构有两个，即中央直属机
关工作委员会、中央国家机关工作委员会。1999 年，党中央通过的政府
机构改革方案决定了议事性委员会或领导小组，包括中央财经领导小组、
中央对台工作领导小组、中央机构编制委员会、中央外事工作领导小组、
中央农村工作领导小组、中央党的建设工作领导小组、中央宣传思想工作
领导小组、中央党史领导小组、中央社会治安综合治理委员会、中央保密
委员会、中央密码工作领导小组、中央保健委员会。

　　在党的机构改革过程中，政府机构改革也在同步进行。党的十四大提
出，下决心进行行政管理体制和机构改革，切实做到转变职能、理顺关
系、精兵简政、提高效率。1981 年到 2018 年 3 月，国务院机构进行了 7
次改革，分别是 1982 年、1988 年、1993 年、1998 年、2003 年、2008 年
和 2013 年，每次改革的任务和目标都是基于当时的历史条件和发展环境
制定和提出的。1982 年，精简机构改革，机构从 100 个精简到 61 个，人
员缩减 25%。1988 年，改革的主要目的是转变职能，机构调整由 72 个减
到 68 个，人员缩减 20%。1993 年，机构调整由 86 个减到 59 个，人员缩
减 20%。1998 年，对 9 个专业经济部门进行改革，机构调整由 40 个减到
29 个，人员缩减 47.5%。2003 年，进一步转变职能，机构调整由 29 个减

到 28 个。2008 年，试水大部制，通过职能相同部门的合并，进一步提升政府效率，减少推诿扯皮，机构调整由 28 个减到 27 个。2013 年的政府机构改革的任务是进一步转变政府职能。在转变政府职能的同时，国务院各个部门也在取消和调整行政审批事项，进一步提高政府效率。从 2002 年到 2013 年，国务院各部门取消和调整行政审批事项共进行七批，取消 2100 项行政审批项目、调整 189 项、下放 284 项，共计 2573 项。

通过一系列机构改革和制度创新，我国经济持续稳定发展，社会不断进步，人民生活不断改善。

三、推进党和国家机构在改革中不断提升治理效能

党的十八大以来，以习近平同志为核心的党中央高度重视全面深化改革和党和国家机构改革。

2018 年 2 月，在党的十八届三中全会作出全面深化改革决定的基础上，在全面深化改革的进程中，党的十九届三中全会审议通过了《中共中央关于深化党和国家机构改革的决定》和《深化党和国家机构改革方案》，针对党和国家机构改革过程中的要求作出重要部署，稳步推进党和国家机构改革。一是建立健全党对重大工作领导体制机制，发挥党委在重大问题中的决策作用、领导作用。强化党组织在同级组织中的领导地位，加强党对同级组织的领导。更好发挥党的职能部门作用。统筹设置党政机构。党的有关机构可同职能相近、联系紧密的其他部门统筹设置，合并设立或合署办公。二是改革范围的全面性。党和国家机构改革涉及党、政府、人大、政协、司法、群团、社会组织、事业单位、跨军地，涵盖中央和地方

各层级机构。《深化党和国家机构改革方案》规定，为适应统筹推进"五位一体"总体布局需要，加强社会建设，创新社会管理，更好保障和改善民生，推进社会领域法律制度建设，整合全国人大内务司法委员会、财政经济委员会、教育科学文化卫生委员会的相关职责，组建全国人大社会建设委员会，作为全国人大专门委员会。《深化党和国家机构改革方案》规定，要加强人民政协民主监督，增强人民政协界别的代表性，加强委员队伍建设，优化政协专门委员会设置。《深化党和国家机构改革方案》规定，公安边防部队不再列武警部队序列，全部退出现役。武警部队不再领导管理武警黄金、森林、水电部队，等等，充分体现了这场改革的全面性。三是改革深度的革命性。这次改革的特色之一是重塑新的利益格局。过去，部门之间在一些利益问题上经常有纠纷，甚至因为利益问题互相扯皮。通过改革打破了利益格局，加强对资源的统一部署和使用。《深化党和国家机构改革方案》规定，为更好实现病有所医，将人力资源和社会保障部的城镇职工和城镇居民基本医疗保险、生育保险职责，国家卫生和计划生育委员会的新型农村合作医疗职责，国家发展和改革委员会的药品和医疗服务价格管理职责，民政部的医疗救助职责整合，组建国家医疗保障局。破除弊端，包括发挥市场在资源配置中的决定性作用，更好发挥政府作用，全面实施市场准入负面清单制度等。四是遵循改革设计的科学性。避免政出多门、责任不明、推诿扯皮。《深化党和国家机构改革方案》规定，优化党和国家机构设置和职能配置，坚持一类事项原则上由一个部门统筹、一件事情原则上由一个部门负责。同时，要加强相关机构配合联动，各部门要相互合作。精干设置各级政府部门及其内设机构，科学配置权力，减少机构数量，简化中间层次。三是明确要求正确理解和落实党政职责分工，保证党实施集中统一领导，保证其他机构协同联动、高效运行。减少多头管理，减少职责分散交叉。《深化党和国家机构改革方案》提出组建退役军人事务部，将民政部的退役军人优抚安置职责，人力资源和社会保障部的军官转业安置职责，以及中央军委政治工作部、后勤保障部有关职责整合，组建退役军人事务部。这次专门成立退役军人事务部，主要职责是拟订退役军人思想政治、管理保障等工作政策法规并组织实施，褒扬彰显退役军人为党、国家和人民牺牲奉献的精神风范和价值导向，负责军队转业干部、复员干部、退休干部、退役士兵的移交安置工作和自主择业退役军人服务管理、待遇保障工作，组织开展退役军人教育培训、优待抚恤等，指导全国拥军优属工作，负责烈士及退役军人荣誉奖励、军人公墓维护以及纪念活动等。退役军人事务部的成立是一件大事，体现了我们在党和国家机构改革中不断把事情做好的态度。五是发挥中央和地方两个积极性。这次党和国家机构改革既是横向方面的改革，又是纵向方面的改革，因此要发挥中央和地方两个积极性。加强中央集中统一领导、顶层设计、整体谋划，同时又要加大地方的积极性，对于条件成熟的允许加大突破，条件暂不具备的可以先行试点。这也是我们党在推进改革和发展过程中的一条宝贵经验。"枫桥经验"的特点就是当地在解决矛盾、解决群众问题的过程中，小事不出基层，在基层解决和化解。时任浙江省委书记的习近平在浙江工作时也高度重视"枫桥经验"。地方机构也要根据自身特点进行改革。一方面要加强中央集中统一领导，进行顶层设计和整体谋划，另一方面要允许各地根据自身情况，进行积极试点，大胆突破。关于基层改革，上海市从2014年开始进行积极探索。2014年，习近平总书记在全国"两会"期间参加上海代表团审议时强调，要努力走出一条符合特大城市特点和规律的社会治理新路子。2014年，上海市委市政府部署启动一号课题"创新社会治理、加强基层建设"。经过一年的调研，提出了"1+6"文件："1"，就是《关于进一步创新社会治理加强基层建设的意见》；"6"，就是深化本市街道体制改革、完善居民区治理体系、完善村级治理体系、组织引导社会力量参与社区治理、深化拓展网格化管理提升城市综合管理效能、社区工作者管理等 6 个实施意见、管理办法。2017 年底，北京市从实际出发，在总结平谷经验的基础上，提出"街乡吹哨、部门报到"的解决基层问题的方案。从 2017 年底到 2018 年，北京市在这方面进行了大胆探索。2018 年底，中央全面深化改革委员会第五次会议指出，北京市委以"街乡吹哨、部门报到"改革为抓手，积极探索党建引领基层治理体制机制创新，聚焦办好群众家门口事，打通"最后一公里"，形成行之有效的做法。

2018 年 3 月以来，党和国家机构改革紧锣密鼓地推进。2019 年 7 月，深化党和国家机构改革总结会议召开。短短一年多时间，党和国家机构改革任务总体完成。加强党的全面领导得到有效落实，维护党的集中统一领导的机构职能体系更加健全。党和国家机构履职更加顺畅高效，各类机构设置和职能配置更加适应统筹推进"五位一体"总体布局和协调推进"四个全面"战略布局需要。省市县主要机构设置和职能配置同中央保持基本对应，构建起从中央到地方运行顺畅、充满活力的工作体系。跨军地改革顺利推进。同步推进相关各类机构改革，改革整体效应进一步增强。习近平总书记在深化党和国家机构改革总结会议上强调，完成组织架构重建、实现机构职能调整，只是解决了"面"上的问题，真正要发生"化学反应"，还有大量工作要做。党和国家机构改革，开启了我们党的领导新局面，开启了机构提升效率的新局面。

新中国成立 70 年的历史发展进程就是中国特色社会主义制度不断发展和完善的过程，也是党和国家适应不同历史阶段的特点不断深化改革的过程，是中国人民在中国共产党的领导下把一个一穷二白的旧中国建设成为经济繁荣、人民安居乐业的新中国的光辉历程。在坚持和完善中国特色社会主义制度，不断深化改革的过程中，我国的现代经济体系从无到有，从弱到强，综合国力不断加强。根据有关资料和国家发展和改革委员会《关于 2020 年国民经济和社会发展计划执行情况与 2021 年国民经济和社会发展计划草案的报告》①，我国国内生产总值从 1949 年的 679 亿元（当年价格）增长到 1978 年的 3645 亿元，到 2020 年达到 101.6 万亿元，增长 2.3%，稳居世界第二大经济体。2020 年，城镇新增就业 1186 万人，年末城镇调查失业率为 5.2%。居民消费价格指数上涨 2.5%。国际收支基本平衡，外汇储备保持在 3 万亿美元以上。现行标准下 9899 万农村贫困人口全部脱贫，全国 832 个贫困县全部摘帽，12.8 万个贫困村全部出列，绝对贫困和区域性整体贫困得到解决。我国的社会主义建设、改革和发展稳步推进，宏观经济运行平稳、结构合理、物价稳定、新型能源开发利用发展迅速、产业区域布局合理。东部沿海地区繁荣，中部地区崛起，西部大开发成效显著，覆盖城乡的基本公共服务体系逐步完善，基本公共服务均等化水平逐步提高。

国家从建立社会主义计划经济体制开始探索中国特色的经济制度和经济建设道路，到改革开放之后逐步建立和完善中国特色社会主义市场经济体制。党的十八届三中全会、十九届三中、四中全会为新时代发展和完善中国特色社会主义制度指明了方向，为制度优势转化为治理效能明确了路径。但必须看到，改革任重道远，我们还要在进一步通过改革，完善各项制度的进程中，坚持和完善中国特色社会主义制度，不断释放各类制度优越性效能。

---

① 国家发展和改革委员会：《关于 2020 年国民经济和社会发展计划执行情况与 2021 年国民经济和社会发展计划草案的报告》，《人民日报》2021 年 3 月 14 日。

建立美好生活的必备制度

2019 年 9 月 24 日习近平在主持中共中央政治局学习时强调，要在坚持好、巩固好已经建立起来并经过实践检验的根本制度、基本制度、重要制度的前提下，坚持从我国国情出发，继续加强制度创新，加快建立健全国家治理急需的制度、满足人民日益增长的美好生活需要必备的制度。运用中国特色社会主义国家制度解决好人民群众对美好生活的需求与发展不平衡不充分之间的矛盾是国家治理体系和治理能力现代化的根本要求。

一、运用中国特色社会主义国家制度保证人民当家作主

习近平总书记指出，中国特色社会主义国家制度和法律制度具有保证人民当家作主的优势。我国国家制度深深植根于人国特色社会主义国家制度和法律制度具有保证人民当家作主的优势。我国国家制度深深植根于人民之中，能够有效体现人民意志、保障人民权益、激发人民创造力。

为人民谋幸福是中国共产党的根本宗旨，也是中国共产党赢得人民尊

重和支持的源泉。中国共产党立党为公、执政为民的本质要求就是增进民生福祉。保障和改善民生就是组织和动员全体人民在中国共习近平总书记指出，"让老百姓过上好日子是我们一切工作的出发点和落脚点"。① 中国共产党坚持立党为公，执政为民，坚持经济建设这个中心不动摇，激励人民为自己的幸福生活奋斗，帮助人民实现美好生活的愿望，不断提升人民的幸福感、获得感和安全感。

党的十八大以来，面对错综复杂的国际国内形势，以习近平总书记为核心的党中央紧紧围绕经济建设和保障改善民生这个中心不动摇，努力践行"人民对美好生活的向往，就是我们的奋斗目标"② 这一庄严承诺，领导国家稳步前进，实现了国民经济稳步健康增长，利益格局逐步调整和完善，高质量就业稳步实现，社会保障体系基本成型，公共服务体系基本建成，教育公平得到落实，全民健康状况明显改善，应对老龄化取得新进展，互联网为公民享受公共服务的权利提供了更加便捷的条件。

二、运用中国特色社会主义国家制度实现在发展中保障和改善民生

习近平总书记指出，发展观决定发展道路，凡是为民造福的事一定要千方百计办好。党的十八大以来，以习近平同志为核心的党中央提出了创

---

① 《让老百姓过上好日子是我们一切工作的出发点和落脚点》，《法制日报》2013 年 9 月 2 日。

② 2012 年 11 月 15 日习近平总书记在人民大会堂同采访十八大的中外记者亲切见面时的讲话。

新、协调、开放、绿色、共享的五大发展理念。民生就是人民福祉。人民福祉是一个国家或地区所能提供给居民以及外来人口能感受和拥有的日常生活所需要的设施、环境、技术、服务等的总和。其中，政府的公共服务是构成人民福祉的主体，在此基础上，还包括社会自组织系统内可能提供的服务，如社区组织、志愿组织、慈善组织等。从微观角度而言，人民福祉是指城市或区域能满足每一个居住者生活个性化需要的水平，它使城市或特定区域更具功能性，更符合特定群体（比如弱势群体等）的生理、心理特征（如智障者、残疾人等）和特定时期（如战争、灾害）所急需的特殊服务（如应急救助、抗灾抢险）等。幸福感是人们享受物质和文化发展成果的过程以及在这个过程中的主观感受和满意程度。幸福感直接产生于客观的生活品质和主观的生活品质。获得感体现在人们的日常生活中，通过人民福祉体现出来，作为经济社会发展终极目标的人通过直接获得经济收入和服务来得到满足，客观供给和主观感受在个体身上最终得到体现。安全感是一种让人放心、舒心、有依靠、可以相信的感受，是一种确定性，以及对不确定性的认可和认同程度。

三、运用中国特色社会主义国家制度确保全体人民共同富裕

深化社会体制改革是以习近平同志为核心的党中央推进民生为重点的社会建设的重要举措，是以民生为重点的社会领域中的制度建设。2013年11月，在党的十八届三中全会明确提出了社会体制改革的任务，要求"紧紧围绕更好保障和改善民生、促进社会公平正义、深化社会体制改革，

改革收入分配制度，促进共同富裕，推进社会领域制度创新，推进基本公共服务均等化，加快形成科学有效的社会治理体制，确保社会既充满活力又和谐有序。"① 按照党的十八届三中全会的要求，深化社会体制改革，必须紧紧围绕着保障和改善民生，以收入分配和走共同富裕道路这条主线，通过激发全体社会成员的内生动力，参与国家事务、经济社会事务和解决自身问题这一途径，使社会运行成本最低化，社会整体稳步向前，社会成员信心满满，社会充满动力和活力。这为新时期社会体制改革指明了方向，也是研究中国社会体制改革的基本目标和配套政策必须坚守的基本原则。

结合习近平总书记在党的十八届三中全会上的讲话，我们理解，社会体制改革，在中国的语境下就是，合理布局公共空间："推进基本公共服务均等化"；形成安全有序地社会空间："加快形成科学有效的社会治理体制"；建立符合中国国情的社会关系模式："确保社会既充满活力又和谐有序"。

利益格局是改革开放初期中国共产党人就全面考虑的一个事关全局的问题。早在改革开放初期，邓小平就指出，要鼓励和支持一部分人、一部分地区先富起来，到了一定的阶段一定要走共同富裕的道路。邓小平的走共同道路的思想始终是改革开放以来坚持的基本原则。党的十八届三中全会把发展和完善中国特色社会主义制度，推进国家治理体系和治理能力现代化作为全面深化改革的总目标；党的十九大报告提出到 2050 年基本实现全体人们的共同富裕，是对中国社会主义现代化目标的坚定遵循。努力实现全体人民共同富裕的目标是中国共产党的基本纲领和基本任务。这个过程也就是逐步改革和完善社会体制的过程。对中国而言，收入分配体制

---

① 《中共中央关于全面深化改革若干重大问题的决定》，人民网 2013 年 11 月 15 日，http://wcpc.com.cn/n/2013/1115/c64094-25559163.html。

改革将是一项长期的任务，不会一蹴而就，扩大中等收入群体也是调整利益格局的应有之义。

理想的社会体制应当是公共利益合理设计，合理的公共利益设计会造就合理的公共空间，在合理的公共空间中，社会空间也会朝着合理的方向推进。党的十六届五中全会首次提出推进基本公共服务均等化就是试图对公共空间进行合理布局的重要战略部署。基本公共服务体系建设战略实施十几年来，取得了重大成效，尤其在城乡、区域基本公共服务布局中成就显著。例如，大量常住人口，尤其是"农民工"子女在大城市和特大城市获得义务教育的权利，大大缩小了城乡人口的社会空间，改变了他们之间的关系模式。当然，进一步扩大这种公共空间的可能性依然存在，他们之间社会关系融洽的机会依然很多。社会体制改革就是要推动全体社会成员关注公共利益，建设公共领域发达，社会秩序稳定、人际关系充满友情和信任、日常活动成本较低、充满友好氛围的社会关系模式。在这样的社会关系模式基础上进行的社会治理成本会大大降低，社会治理现代化水平会大大提高。提升社会治理现代化水平要在重构社会关系模式上下大力气。

四、运用中国特色社会主义国家制度保障经济健康 持续稳定发展

让老百姓过上好日子必须千方百计推动经济健康持续稳定发展。民生目标需要通过稳步推进经济发展来实现。改革开放四十多年的经验证明，只有紧紧抓住经济建设这个牛鼻子，才能有扩大的就业，高质量的教育，才能不断改善人民群众的医疗卫生状况，才能确保社会保障体系不断完

善，社会福利的大大提升，公共文化日益繁荣。发展的目的就是要使人民群众在实际中得到实惠，在生活上得到改善，在权益上得到保障。如果发展不能回应人民对幸福的期待，不能让群众得到实际利益，这样的发展就会失去意义。

发展是解决我国一切问题的基础和关键，也是有效防范和化解经济风险危机的基础。改革开放 40 多年来，我国始终坚持以经济建设为中心，不断解放和发展社会生产力，我国国内生产总值从由 1978 年的 3679 亿元增长到 2020 年的超过 100 万亿元，年均实际增长 9.4%，远高于同期世界经济 2.9%左右的年均增速。我国国内生产总值占世界生产总值的比重由改革开放初的 1.8%上升到 2020 年的约 17%，对世界经济增长贡献率连续多年超过 30%。工业化、城镇化快速推进，建成世界最完整的产业体系，制造业规模居世界第一，主要工业品产量稳居世界前列。全国居民人均可支配收入由 1978 年的 171 元增加到 2020 年的 2.8 万元以上，中等收入群体持续扩大。"十三五"时期 960 多万人易地扶贫搬迁建设任务全面完成。着力巩固"三保障"成果，统筹运用基本医保、大病保险和医疗救助等制度保障，有效减轻贫困人口就医费用负担，脱贫攻坚农村危房改造扫尾工程按期完成，全面解决现行标准下的贫困人口饮水安全问题。开展国家脱贫攻坚普查，建立防止返贫监测和帮扶机制。现行标准下 9899 万农村贫困人口全部脱贫，全国 832 个贫困县全部摘帽，12.8 万个贫困村全部出列，绝对贫困和区域性整体贫困得到解决。① 可以说，正是坚持以经济建设为中心不动摇，坚持发展是硬道理，保持经济持续健康发展，我国才取得如此巨大的发展成就，并为有效应对各种风险和挑战、保持社会和

---

① 国家发展和改革委员会：《关于 2020 年国民经济和社会发展计划执行情况与 2021 年国民经济和社会发展计划草案的报告》，《人民日报》2021 年 3 月 14 日。

谐稳定奠定了坚实的经济基础。

五、运用中国特色社会主义国家制度保障在发展中
解决好不充分

一是坚持积极的就业政策，以稳定增长促进就业，以创新扩大就业，帮助经济困难地区解决就业问题。面对国际国内的各种不确定因素，要防止出现较大范围失业风险，确保基本民生不受影响。当前，面对经济转型升级和科技革命不断加速，更要通过教育改革和加强培训提升劳动力技能。二是完善和改革社会保障体系，构筑人民生活的安全线。完善社会保障体系要基于对今后相当长的一个时期经济社会发展，特别是人口结构变化来推进社会保险体制改革。要深入研究与建设高质量经济体系所适应的社会保障体系问题，以及在2020年中国特色社会主义制度基本定型所要求的社会保障制度。"十四五"规划的编制，要在保基本、全覆盖、可持续的基础上，通过深化改革和创新驱动，推动社会保障体制的进一步创新，为在2020年建成制度更加完善的社会保障体制奠定基础。三是继续深化医疗卫生体制改革，努力解决人民群众看病难、看病贵等最关心、最现实、最直接的问题。继续提高城乡居民基本医保和大病保险保障水平，进一步减轻大病患者、困难群众医疗负担。深化医保支付方式改革，优化医保支出结构。落实和完善跨省异地就医直接结算政策。完善药品集中采购和使用机制。深化公立医院综合改革。促进社会办医。发展"互联网＋医疗健康"。提升分级诊疗和家庭医生签约服务质量。四是努力办好人民满意的教育，努力探索适应建设创新型世界科技强国目标的教育体制应成为

教育体制改革创新的核心和重点。实施创新驱动战略必须依靠人才，关键也在人才。大力发展基础教育，为创新提供支持。鼓励和支持职业教育的发展，为制造业培养大量实用技术人才。五是加快推进住房保障体系构建。坚持市场化改革方向，充分激发市场活力，满足多层次住房需求。政府必须"补好位"，为困难群众提供基本住房保障。

六、中国特色社会主义国家制度就是坚持发展依靠人民和发展为了人民

人民幸福的改善是个体、政府和社会共同努力的结果。调动全体社会成员的积极性、主动性、创造性，为各行业各方面的劳动者、企业家、创新人才、各级干部创造参与以民生为重点的社会建设的环境，动员一切可以动员的社会力量推动民生事业发展。让每个个体获得更多幸福，需要党和政府与全体人民共同努力，也是中国改革开放事业获得久久为功的原动力。

增强制度自信

1992 年，邓小平在南方谈话时指出，再有三十年的时间，我们才会在各方面形成一整套更加成熟、更加定型的制度，在这个制度下的方针、政策，也将更加定型化。[①] 邓小平这里指的制度，就是中国特色的社会主义制度。

当前，我们正处在发展和完善中国特色社会主义制度的关键阶段。进一步增强制度自信要求，在思想上必须坚定对中国特色社会主义制度的信念，在行动上以巨大勇气发展和完善中国特色社会主义制度，在理论上深刻认识当代社会主义面临的机遇与挑战，在实践上百折不挠地推进"两个百年"目标的实现。

就社会而言，自信是一种社会心态，是社会作为整体对自己的历史、国情、意愿的认可和认同；就个人来说，自信是作为个体对自己能力、职业、生活的认可和认同。信心乃人生之本、社会之本。个人的自信不以崇尚他人状况和价值为根本；社会的自信来自不盲从他国或其他社会的价值取向为基础。

---

① 《习近平谈治国理政》第一卷，外文出版社 2014 年版，第 90 页。

一、以史为鉴

建设对保障社会公平正义具有重大作用的制度是历史赋予中国共产党人的光荣使命。1921 年 7 月 1 日，中国共产党第一次全国代表大会明确提出，党的奋斗目标是以无产阶级革命军队推翻资产阶级的政权，消灭资本家私有制，由劳动阶级重建国家，即直到消灭社会的阶级区分等。中国共产党提出这一奋斗目标是中国历史根本要求。危机唤起了民族的危机意识。寻求中国社会的出路几乎成为当时每一个先进的中国人关心的共同要求。百年来，先贤们深深地认识到，中国人民若"不能振作起来，应用最先进的技术以适应工业革命所造成的新环境的能力，则其沦亡，当在不久的将来"。①

中华人民共和国成立后，以毛泽东为代表的中国共产党人着手考虑中国社会主义建设问题。1954 年，中华人民共和国第一届人民代表大会提出了实现工业、农业、交通运输、国防现代化问题。1960 年 1 月中共中央印发的《关于 1960 年计划和今后 3 年、8 年设想的口头汇报提纲》提出了今后 8 年的总要求和基本任务。总要求是：以共产主义的雄心大志，尽可能地加快建设，保证工农业生产的不断跃进，基本上实现我国工业、农业、科学文化和国防四个现代化，建立起独立完整的经济体系，使我国成为一个富强的社会主义国家。

改革开放以后，邓小平多次强调，社会主义要创造出比资本主义发达的生产力，社会主义制度的优越性的根本表现，就是能够允许生产力以旧

---

① 仲逸：《东方论坛：抗日斗争的一年》，《东方杂志》1933 年第 30 卷第 3 期，第 1 页。

社会所没有的速度发展，使人民不断增长的物质文化生活需要能够得到满足，使人民的物质生活好一些，使人民的文化生活、精神面貌好一些。邓小平多次强调，发展生产力是社会主义本质的体现，也是实现共同富裕的基本途径。共同富裕则是社会主义生产力发展的方向和目的。

党的十六大报告指出，经过全党和全国各族人民的共同努力，中国胜利实现了现代化建设"三步走"战略的第一步（解决温饱）、第二步目标（达到小康），人民生活总体上达到小康水平。根据党的十五大提出的到2010年、建党一百年和新中国成立一百年的发展目标，中国要在本世纪头二十年，集中力量，全面建设惠及十几亿人口的更高水平的小康社会。自此，经过几十年的时间探索，中国共产党提出了自己的第一个百年目标，即到2020年全面建设小康社会。习近平总书记指出，"公平正义是中国特色社会主义的内在要求，所以必须在全体人民共同奋斗、经济发展的基础上，加紧建设对保障社会公平正义具有重大作用的制度，逐步建立社会公平保障体系"。①2016年5月16日，在中央财经领导小组第十三次会议上，习近平总书记强调，扩大中等收入群体，关系全面建成小康社会目标的实现。必须坚持有质量有效益的发展，为人民群众生活改善打下更为雄厚的基础。保障和改善民生必须坚持公平正义，不断完善收入分配制度。

二、立足国情

20世纪30年代，美国芝加哥大学社会学系教授罗伯特·帕克在燕大

---

① 《习近平谈治国理政》第一卷，外文出版社2014年版，第13页。

期间曾经讲道，中国是一个"完成了的文明"，"一切中国的东西，任何一项文化特质——器具、习俗、传习，以及制度无一不相互地极正确地适合，因之，它们结合起来，足以给人一种它们适合而一致的整体印象"。①帕克还认为，中国的各种事物，就像各种职业用于分工而专门化，由于悠久的历史而协调和适合，使中国的社会变动，必须在整体变动下进行，单一因素的变动是困难的。这是一个外国人看中国，指出了中国与其他国家的不同，指出了中国特色—悠久的历史、独特的问题、广袤的土地、巨大的人口，决定了中国必须走自己的道路，探索适合自己发展道路的制度。

五四运动开启了中国的新文化运动，有人将其称为"启蒙运动"。"全盘西化"派和"反全盘西化"派的斗争表面上看是如何对待西方文化问题，实质上是如何看待各国的社会发展规律问题，即承不承认每个国家、每个社会都有自己的特点。"全盘西化"和"反全盘西化"的斗争打破了自五四运动以来隐含在中国社会科学研究中的一个基本假定：世界服从于一个统一的模式，西方社会是人类社会发展的高级阶段。

五四运动以来的文化和科学运动唤起了中国人对自己民族和国家发展道路的审视，这种审视到 20 世纪 30 年代已经由社会表层深入其内部。从 20 世纪至今，东西方文化的讨论、东西方发展道路的选择的思考和探索就一直没有停止过，其实质就是各国和各民族在自己发展道路上的探索不断深入，对人类命运的关怀。追述五四运动以来关于东西方文化的探索，考虑当今处在人类进入全球化的新的历史阶段，处理东西方文化的关系就显得尤为重要，在当今，它已经成为推进国家治理体系和治理能力现代化的大命题。费孝通晚年对这个问题看得比较清楚，他认为，中西文化碰了头，中西文化的比较就一直是中国知识分子关注的问题，他们围绕着中华

---

① 《费孝通全集》第一卷，内蒙古人民出版社 2009 年版，第 134 页。

民族的命运和中国的社会变迁争论不休，可以说至今还在继续中。20 世纪末年，在回顾自己几十年来走过的路程，费孝通说，"我对于中国的社会调查在中国开创了一种新的社会科学的研究方法，即用实证方法、通过研究者和研究对象的直接接触吸取研究材料，进行分析研究，取得理解，进而按照自己的认识想方设法去提高各民族人民对于自己发展道路的理解"。①

三、着眼全球

进入 20 世纪后期，随着前苏联的解体和西方国家经济社会发展面临诸多挑战，发展道路和制度创新问题成为一个全球性问题。全美发展银行执行副总裁南西·博德塞奥（Nancy Birdsall）说，"自《共产党宣言》发表至今，已经 150 年有余，全球不平等在不断加剧"。② 从全球历史以及各国的具体历史看，贫富差距扩大问题是一个普遍现象。美国历史学家斯塔夫利阿诺斯（L.S. Stavrianos）通过对历史和当代的分析发现，人类社会发展越来越不公平。贫富差距问题正在成为我们这个时代的突出问题，危及人类生存。

美国经济学家加德·博斯腾在《同舟共济——公平经济共识》提出包括贫富差距拉大等不平等问题，不仅仅是一个美国现象，实际上，也是一

---

① 费孝通：《费孝通文集》，第十三卷，群言出版社 1999 年版，第 36 页。

② Nancy Birdsall, Life is unfair: inequity in the world, edited by Charles W. Kegley, Jr. Eugene, R. Wittkopt, The Global Agenda: Issues and Perspectives, The McGraw-Hill Companies, 2001, pp.359.

个全球现象，回顾过去二百多年人类走过的历程，在经济快速发展的同时，人类社会的发展也是一波三折，社会不平等不仅发生在贫富群体之间，也发生在国与国之间。过去二百年，贫富差距、国与国之间的差距并没有随着经济和技术的增长而缩小，相反，却在不断扩大。即便是经济发达国家，诸如美国和日本，它们在其工业化早期就着手建立和完善社会保障体制和社会福利制度，其当代依然出现了收入差距拉大和社会不平等问题。

在这一点上，博斯腾的观点可能会形成一个补充，他从全新的、深深根植于美国历史和文化价值的视角来看美国经济及其发展，并对当前美国经济中的不公平现象，诸如医疗卫生私有化、贫富差距扩大、失业率不断攀升等，进行了大胆的批评。他认为坚持以人为中心和保证人人能够分享发展成果的公平经济是发展政策的核心。博斯腾认为，过分强调个人主义政治和社会哲学正在伤害着美国，危及国家的未来，危及后代的发展，更为荒唐的是，它使那些试图实现美国梦的人变得更加艰难。

历史表明，经济发展遵循一个基本原则，经济增长带来的成果应该主要由那些创造财富的人分享。从这个意义上讲，普通阶层收入的增加与生产力增长之间的差距拉大是不可避免的。在技术进步加速并在经济增长中发挥越来越重要作用的情况下，没有接受过大学教育的劳动力的实际工资必然会减少。这种减少反过来又反映出长期的失业问题、全球化、制造业工作机会向低工资的服务业工作转移等等。私有制本身会造成不平等和收入差距扩大，为了抑制不平等和收入差距过度扩大，保持经济社会发展一定领域的公共性是必不可缺的。这也是我们为什么要发展和完善中国特色社会主义制度，进一步增强制度自信的原因。

激发制度优势的强大动力

党的十九届四中全会要求，要在坚持好、巩固好已经建立起来并经过实践检验的根本制度、基本制度、重要制度的前提下，坚持从我国国情出发，继续加强制度创新，加快建立健全国家治理急需的制度、满足人民日益增长的美好生活需要必备的制度。

一、运用中国特色社会主义制度实现人民当家作主和走向共同富裕

中国特色社会主义国家制度和法律制度具有保证人民当家作主的优势。我国国家制度深深植根于人民之中，能够有效体现人民意志、保障人民权益、激发人民创造力。

实现全体人民共同富裕，是以习近平同志为核心的党中央推进民生为重点的社会建设的重要举措，是以民生为重点的社会领域中的重要制度建设。2013 年 11 月，在党的十八届三中全会通过的《中共中央关于全面深化改革若干重大问题的决定》中明确提出了社会体制改革的任务，要求"紧

紧围绕更好保障和改善民生、促进社会公平正义深化社会体制改革，改革收入分配制度，促进共同富裕，推进社会领域制度创新，推进基本公共服务均等化，加快形成科学有效的社会治理体制，确保社会既充满活力又和谐有序"①。按照党的十八届三中全会的要求，深化社会体制改革，紧紧围绕着保障和改善民生，以收入分配和走共同富裕道路这条主线，通过激发全体社会成员的内生动力，参与国家事务、经济社会事务和解决自身问题这一途径，使社会运行成本最低化，社会整体稳步向前，社会成员信心满满，社会充满动力和活力。深刻理解习近平总书记在党的十八届三中全会上的讲话，社会体制改革，在中国的语境下就是，合理布局公共空间："推进基本公共服务均等化"；形成安全有序地社会空间："加快形成科学有效的社会治理体制"；建立符合中国国情的社会关系模式："确保社会既充满活力又和谐有序"。

二、运用中国特色社会主义制度保持经济社会持续健康发展

习近平总书记指出，要通过中国特色社会主义制度优越性保障我国经济快速发展和社会长期稳定。允许生产力以前所未有的速度发展是社会主义制度优越性的根本表现。经验证明，只有紧紧抓住经济建设这个牛鼻子，才能有扩大的就业、高质量的教育，才能不断改善人民群众的医疗卫

---

① 《中共中央关于全面深化改革若干重大问题的决定》，人民网 2013 年 11 月 15 日，http://wcpc.com.cn/n/2013/1115/c64094-25559163.html。

生状况，才能确保社会保障体系不断完善，社会福利的大大提升，公共文化日益繁荣。发展的目的就是要使人民群众在实际中得到实惠，在生活上得到改善，在权益上得到保障。

发展是解决我国一切问题的基础和关键，也是有效防范和化解经济和社会风险的基本手段。改革开放四十二年来，我国始终紧紧抓住经济建设这个牛鼻子，不断解放思想，扩大社会生产力规模，国内生产总值从 1978 年 3679 亿元增长到 2020 年的 100 多万亿元，实际每年平均增长速度为 9.4%，远远高于同期世界经济 2.9% 左右的年平均增长速度。我国国内生产总值由改革开放初期占世界生产总值的 1.8% 上升到 2020 年的大约 17%。中国全球经济增长贡献率连续多年在 30% 以上，成为世界经济发展的引擎。我国居民人均可支配收入由 1978 年的 171 元增加到 2020 年的 2.8 万元以上，中等收入群体不断扩扩大，成为社会的稳定力量。我国的扶贫事业成绩卓著，从 1978 年到 2018 年，全国贫困人口累计减少 7.5 亿多人，2020 年现行标准下 9899 万农村贫困人口全部脱贫，全国 832 个贫困县全部摘帽，12.8 万个贫困村全部出列，绝对贫困和区域性整体贫困得到解决。正是运用社会主义制度的优势，坚持以经济建设为中心不动摇，坚持发展是硬道理这个基本原则，我国才保持经济持续健康发展，获得如此巨大的发展成就，为有效应对各种风险和挑战、保持社会和谐稳定奠定了坚实的经济基础。

三、运用中国特色社会主义制度保障在发展中解决民生中的各项短板

新中国成立七十年来，我国运用社会主义制度的优势不断在发展中补

齐民生短板，满足人民对美好生活的要求。一是坚持积极的就业政策，以稳定增长促进就业，以创新扩大就业，帮助经济困难地区解决就业问题。二是完善和改革社会保障制度，构筑人民生活的安全线。三是深化医疗卫生体制改革，努力解决人民群众看病难、看病贵等最关心、最现实、最直接的问题。四是努力办好人民满意的教育，努力探索适应建设创新型世界科技强国目标的教育体制应成为教育体制改革创新的核心和重点。

满足人民美好生活的需求是在党和政府的领导下，企业、市场和社会共同努力的结果。运用中国特色社会主义制度调动全体社会成员的积极性、主动性、创造性，为各行业各方面的劳动者、企业家、创新人才、各级干部创造参与以民生为重点的社会建设的环境，动员一切可以动员的社会力量推动民生事业发展，这正是党的十八大以来以习近平同志为核心的党中央推进国家治理体系和治理能力现代化进程中创造的宝贵经验。让全体人民获得更多的幸福感、获得感和安全感，必须在党和政府的领导下，坚持中国特色社会主义制度，动员全体人民共同努力，把制度优势转化为治理效能，这是满足人民对美好生活需要的久久为功的动力。

后　记

　　这本书是我根据最近几年自己在民生福祉问题上的思考断断续续写成的文稿整理编辑而成。整理这些文稿过程中，我以党的十九届五中全会和"十四五"规划纲要作为主线，试图使这些文稿更具逻辑性、系统性、完整性。其中有的文稿已经发表过（包括《开放导报》《中国发展观察》《前线》《中共中央党校（国家行政学院）学报》《中国浦东干部学院学报学报》《国家行政学院学报》《中国特色社会主义研究》《江海学刊》《行政管理改革》《中国建设报》《人民政协报》《中国志愿服务研究》《经济日报》），有的没有发表过中史团校江 X 清同志参与了其中有两篇文稿的写作。反复思考，听取各方的意见，我给这本稿取名为《新发展理念下的社会与民生》，用导论"中国共产党领导增进民生福祉思想的发展"作为贯穿全书的逻辑主线。

　　另外，在编辑书稿过程中感觉有些数据年代较早，根据编辑同志的建议，在统稿过程中进行了调整，我尽量采用 2020 年的最新数据。

　　这里，我要感谢人民出版社侯俊智主任、王维胜老师，他们对本书的出版倾注了大量心血，给予了巨大支持，还要感谢我的博士研究生黎明奇同学，他反复帮助我梳理文献，进行格式调整。

丁元竹

2021 年 9 月

策划编辑：王维盛

责任编辑：侯俊智

助理编辑：程　露

封面设计：汪　莹

责任校对：秦　婵

图书在版编目（CIP）数据

新发展理念下的民生与社会／丁元竹　著．—北京：人民出版社，2021.11

ISBN 978 - 7 - 01 - 023748 - 0

Ⅰ.①新…　Ⅱ.①丁…　Ⅲ.①社会发展 - 中国 - 文集 ②社会保障 - 中国 - 文集　Ⅳ.① D668-53 ② D632.1-53

中国版本图书馆 CIP 数据核字（2021）第 183974 号

新发展理念下的民生与社会

XINFAZHAN LINIAN XIA DE MINSHENG YU SHEHUI

丁元竹　著

人民出版社 出版发行

（100706　北京市东城区隆福寺街 99 号）

廊坊市靓彩印刷有限公司印刷　新华书店经销

2021 年 11 月第 1 版　2021 年 11 月北京第 1 次印刷

开本：710 毫米 ×1000 毫米 1/16　印张：22.25

字数：258 千字

ISBN 978 - 7 - 01 - 023748 - 0　定价：70.00 元

邮购地址 100706　北京市东城区隆福寺街 99 号

人民东方图书销售中心　电话（010）65250042　65289539